臺灣歷史與文化 研究輯刊

二 編

第19冊

「歌仔冊」中的臺灣歷史詮釋
——以張丙、戴潮春起義事件敘事歌爲研究對象(第四冊)

丁鳳珍 著

花木蘭文化出版社

國家圖書館出版品預行編目資料

「歌仔冊」中的臺灣歷史詮釋——以張丙、戴潮春起義事件敘
事歌為研究對象（第四冊）／丁鳳珍 著 — 初版 — 新北市：
花木蘭文化出版社，2013〔民 102〕
目 4+266 面；19×26 公分
（臺灣歷史與文化研究輯刊 二編；第 19 冊）
ISBN：978-986-322-243-9（精裝）
1. 臺灣文學　2. 說唱文學　3. 文學評論
733.08　　　　　　　　　　　　　　　　102002852

ISBN-978-986-322-243-9

9 789863 222439

臺灣歷史與文化研究輯刊
二　編　第十九冊　　　　　　ISBN：978-986-322-243-9

「歌仔冊」中的臺灣歷史詮釋
——以張丙、戴潮春起義事件敘事歌爲研究對象（第四冊）

作　　者　丁鳳珍
總 編 輯　杜潔祥
出　　版　花木蘭文化出版社
發 行 所　花木蘭文化出版社
發 行 人　高小娟
聯絡地址　235 新北市中和區中安街七二號十三樓
　　　　　電話：02-2923-1455／傳眞：02-2923-1452
網　　址　http://www.huamulan.tw 信箱 sut81518@gmail.com
印　　刷　普羅文化出版廣告事業
初　　版　2013 年 3 月
定　　價　二編　28 冊（精裝）新臺幣 56,000 元　　　　版權所有·請勿翻印

「歌仔冊」中的臺灣歷史詮釋
——以張丙、戴潮春起義事件敘事歌爲研究對象

（第四冊）

丁鳳珍　著

目次

第一冊

第一章　緒　論 ……………………………………………… 1

　　第一節　研究動機……………………………………… 1

　　第二節　研究範圍與對象 ……………………………… 3

　　第三節　研究文獻回顧………………………………… 8

　　第四節　研究目的……………………………………… 14

　　第五節　研究方法……………………………………… 15

　　第六節　論文架構……………………………………… 17

第二章　「臺灣歌仔」研究的歷史與現況………… 19

　　第一節　「臺灣歌仔」的名稱與內涵…………………… 19

　　第二節　「臺灣歌仔」與臺灣說唱…………………… 47

　　第三節　「臺灣歌仔」現存文獻及研究現況……… 57

第三章　「歌仔冊」中的臺灣政治敘事歌及其研究

…………………………………………………………… 99

　　第一節　清領時期的臺灣政治史敘事歌………… 99

　　第二節　日治時期的臺歷史敘事歌……………… 101

　　第三節　中華民國統治時期的臺政治史敘事歌 … 107

第四節 「臺灣史詩」類型的臺灣政治史敘事歌 108
第四章 張丙武裝抗清事件與《新刊臺灣陳辦歌》
內容解析 …………………………………… 115
第一節 統治論述中的張丙武裝抗清事件 ……… 116
第二節 《新刊臺灣陳辦歌》版本比較與文字校對
……………………………………………… 133
第三節 《新刊臺灣陳辦歌》的內容解析 ……… 144

第二冊
第五章 《新刊臺灣陳辦歌》 的歷史詮釋 ……… 161
第一節 《新刊臺灣陳辦歌》對起義者的詮釋 … 161
第二節 《新刊臺灣陳辦歌》對客家人的詮釋 … 180
第三節 《新刊臺灣陳辦歌》對官兵的詮釋 …… 184
第四節 《新刊臺灣陳辦歌》對義民、民壯的詮釋
……………………………………………… 194
第五節 《新刊臺灣陳辦歌》對百姓的詮釋 …… 199
第六節 小結 ………………………………………… 204
第六章 戴潮春起義事件與《辛酉一歌詩》內容解
析 ………………………………………… 207
第一節 統治論述中的戴潮春起義事件 ………… 207
第二節 《辛酉一歌詩》的版本與研究 ………… 231
第三節 《辛酉一歌詩》的內容解析 …………… 235
第七章 《相龍年一歌詩》文字校對與內容解析· 303
第一節 《相龍年一歌詩》的文字校注 ………… 306
第二節 《相龍年一歌詩》的內容解析 ………… 321

第三冊
第八章 《辛酉一歌詩》與《相龍年一歌詩》的歷
史詮釋 …………………………………… 357
第一節 《辛酉一歌詩》與《相龍年一歌詩》的比
較 ……………………………………… 358
第二節 《辛酉一歌詩》與《相龍年一歌詩》對戴
軍人物的詮釋 ……………………… 361
第三節 《辛酉一歌詩》與《相龍年一歌詩》對官
兵的詮釋 …………………………… 404

第四節　《辛酉一歌詩》與《相龍年一歌詩》對「義
　　　　民」、「台勇」的詮釋 …………………… 441
第五節　《辛酉一歌詩》與《相龍年一歌詩》對無
　　　　辜百姓的詮釋 ………………………………… 451
第六節　小結 ……………………………………………… 457
第九章　《臺灣陳辦歌》、《辛酉一歌詩》與《相龍
　　　　年一歌詩》的歷史詮釋與文學特色 …… 461
第一節　臺灣庶民的歷史觀 V.S.清國統治者的歷
　　　　史觀 ……………………………………………… 461
第二節　臺灣庶民的「土著化」V.S. 臺灣知識份
　　　　子的「內地化」 ………………………………… 482
第三節　「歌仔冊」的文學特色 ………………………… 486
第十章　結　論 …………………………………………… 497
參考資料 ……………………………………………………… 501

下　冊

附錄一　台語文字及音標轉換對照表 ………… 527
附錄二　清領時期臺灣漢人起義事件敘事歌 …… 531
附錄三　清領時期臺灣漢人起義事件敘事歌唱本
　　　　──「歌仔冊」書影 ………………… 585
附錄四　「歌仔冊」中的臺灣敘事歌作品清單與收
　　　　藏地點 …………………………………… 647
附錄五　「歌仔冊」相關大事年表 ……………… 667
附錄六　相關臺灣歷史表格 ……………………… 735
附錄七　相關臺灣地圖 …………………………… 745
附錄八　臺灣客語「歌子」《新編戴萬生作反歌》
　　　　（連慧珠重新打字版） ………………… 777

附錄一　台語文字及音標轉換對照表

Teng Hongtin 　（丁鳳珍）/整理　　2007.10.25

◎說　明

1. 本表是「Pėh-ōe-jī」（白話字/POJ）、「TLPA」與「臺灣羅馬拼音」（台羅/TL）的對照。因爲「TLPA」與「臺灣羅馬拼音」是「Pėh-ōe-jī」分枝出來的音標，所以「TLPA」與「臺灣羅馬拼音」的格位只標出與白話字不同的符號；若是與白話字一樣，該格就空白。有關台語文字與音標詳情可參見楊允言/主持《九年一貫鄉土語言台語（閩南語）教材中心》網站（http://203.64.42.21/iug/ungian/POJ/poj.asp）。

2. Pėh-ōe-jī（白話字），簡寫「POJ」，是 1 種文字，兼具音標功能。也有人稱爲「教會羅馬字」，公元 2000 年以後越來越多人稱它爲「臺灣羅馬字」（Tâi-ôan Lô-má-jī）（TOLMJ），簡稱「臺灣字」（Tâi-ôan-jī）（TOJ）。使用 POJ 書寫的台文，一開始全都是「白話文」，又稱爲「全羅文」、「臺灣文」；1970 年代以後也有人以「漢羅文/羅漢文」（漢字與羅馬字混用）書寫。想要進一步了解白話字，請進入楊允言管理的【台語文 ê 網站】（網址：203.64.42.21，http://iug.csie.dahan.edu.tw）。

3. 「臺灣羅馬拼音」指 2006.10.14 教育部公布的「臺灣閩南語羅馬字拼音方案」（2006.9.29 教育部國語推行委員會通過），是 2005 年 7 月左右起，由李勤岸等台語界人士發起的一套整合 POJ 與 TLPA 的文字與音標，簡稱「TL」、「台羅」。詳情請參見：李勤岸/著《哈佛台語 101/Harvard Taiwanese 101》（台南：開朗雜誌公司，2005.11，pp.目錄前 1 頁、207～294）。

4. TLPA 是指臺灣語文學會的「臺灣語言拼音方案」（Taiwan Language Phonetic Alphabet，簡稱 TLPA[thơ-lú-pà]），是 1 種音標，使用 TLPA 的人原則上搭配漢字，以「全漢文」來書寫台語文。詳情請見「臺灣語文學會」網站（http://www.tlls.org.tw/）。

1. 子音（聲母）Chú-im/Tsú-im

POJ	p	ph	m	b	t	th	n	l
TL								
TLPA								

POJ	k	kh	ng	g	ch	chh	s	j	h	零聲母
TL					ts	tsh				
TLPA					c	ch				

2. 母音（韻母）Bó-im / Bó-im

POJ	a	e	i	o͘	o	u	ai	au	ia	io
TL				oo/o͘						
TLPA				oo						

POJ	iu	oa	oe	ui	iau	oai	無	無
TL		ua	ue			uai	er	ir
TLPA		ua	ue			uai	er	ir

POJ	aⁿ	eⁿ	iⁿ	o͘ⁿ/oⁿ	m	ng		aiⁿ	auⁿ
TL	ann/aⁿ	enn/eⁿ	inn/iⁿ	ooⁿ/o͘ⁿ				ainn/aiⁿ	aunn/auⁿ
TLPA	ann	enn	inn	oonn				ainn	aunn

POJ	iaⁿ	ioⁿ	iuⁿ	oaⁿ	oeⁿ	uiⁿ	iauⁿ	oaiⁿ
TL	iann/iaⁿ	ionn/ioⁿ	iunn/iuⁿ	uann/uaⁿ	uenn/ueⁿ	uinn/uiⁿ	iaunn/iauⁿ	uainn/uaiⁿ
TLPA	iann	ionn	iunn	uann	uenn	uinn	iaunn	uainn

POJ	am	an	ang	om	ong	im	in	eng	iam	ian
TL								ing		
TLPA								ing		

POJ	iang	iong	oang	un	oan					
TL			uang		uan					
TLPA			uang		uan					

POJ	ah	eh	ih	o͘h	oh	uh	aih	auh	iah	ioh
TL				ooh/o͘h						
TLPA				ooh						

POJ	iuh	oah	oeh	uih	iauh	oaih				
TL		uah	ueh			uaih				
TLPA		uah	ueh			uaih				

POJ	ah^n/a^{n}h	eh^n/e^{n}h	ih^n/i^{n}h	o͘h^n/o͘^{n}h	mh	ngh	aih^n/ai^{n}h	auh^n/au^{n}h
TL	annh a^{n}h	ennh e^{n}h	innh i^{n}h	oonnh o͘^{n}h			ainnh ai^{n}h	aunnh au^{n}h
TLPA	annh	ennh	innh	oonnh			ainnh	aunnh

POJ	iah^n/ia^{n}h	iuh^n/iu^{n}h	io͘h^n/io͘^{n}h	iauh^n/iau^{n}h	oeh^n/oe^{n}h	uih^n/ui^{n}h	oaih^n/oai^{n}h
TL	iannh ia^{n}h	iunnh iu^{n}h	ioonnh io͘^{n}h	iaunnh iau^{n}h	uennh ue^{n}h	uinnh ui^{n}h	uainnh uai^{n}h
TLPA	iannh	iunnh	ioonnh	iaunnh	uennh	uinnh	uainnh

POJ	ap	at	ak	op	ok	ip	it	ek	iap	iat
TL								ik		
TLPA								ik		

POJ	iak	iut	iok	ut	oat	oak				
TL					uat	uak				
TLPA					uat	uak				

3. 聲調（八音）Sia^n-tiäu / Sia^n-tiäu

以a為例	第1聲	第2聲	第3聲	第4聲	第5聲	第6聲	第7聲	第8聲	中央 （合音）	輕聲 *
POJ	a	á	à	ah	â		ā	a̍h		--a ..a
TL	以調號標示法爲正式方案，使用不便時，得以數字標示法取代。									
TLPA	a^1	a^2	a^3	ah^4	a^5	a^6	a^7	ah^8	a^9	a^0

說明：《TÂIÔANJĪ》（臺灣字）雜誌將輕聲符號又分爲兩種，固定輕聲前面以「--」表示，隨前變調輕聲前面以「..」表示。詳見《TÂIÔANJĪ》第 8 期第 2 頁的〈Thõk-chiá tâu-su / Pian-chip Hôe-èng〉（讀者投書/編輯回應）（2001/7/20），網址：http://www.blogger.com/profile/6278693。

◎網路參考資源（2007.10.25）

1. 「白話字 ê 台語文網站」

   http://iug.csie.dahan.edu.tw/taigu.asp http://203.64.42.21

2. 教育部國語推行委員會

   http://www.edu.tw/EDU_WEB/Web/MANDR/index.php

3. 「社團法人臺灣羅馬字協會」http://www.tlh.org.tw/

4. 「九年一貫鄉土語言台語（閩南語）教材資源中心」

   http://iug.csie.dahan.edu.tw/iug/Ungian/POJ/poj.asp

5. 楊允言〈白話字相關書目〉，http://203.64.42.21/iug/ungian/Soannteng/poj.htm

6. 張裕宏，《白話字基本論：台語文對應&相關的議題淺說》，台北：文鶴，2001。

   第一章導論有上網：http://iug.csie.dahan.edu.tw/iug/Ungian/patlang/POJkpl/POJkpl01.htm

7. 國家文學館委託楊允言、張學謙執行「台語文數位典藏資料庫（第二階段）」

   http://203.64.42.112/nmtl/dadwt/pbk.asp

附錄二　清領時期臺灣漢人
起義事件敘事歌

◎說　明

1. Pėh-ōe-jī（白話字）」的介紹請見本論文附錄一。

2. 有關「Pėh-ōe-jī」的入門書籍，請參見：（1）臺灣基督長老教會總會臺灣族群母語推行委員會（編著、發行）《白話字基礎教材》（台北市：使徒出版社，2003.9，1 書 1CD）。（2）張復聚、王淑珍（編著）《臺灣字 ABC》（高雄台語羅馬字協會，2001.8，1 書 1CD）。

3. 有關「Pėh-ōe-jī」的書寫文法，請參見姚正道《台語發音入門》的「文法篇」（台南：人光出版社，1998.8，1 書 2CD）。

一、《新刊臺灣陳辦歌/Sin-khan Tâi-ôan Tân Pān Koa》漢字/Pe̍h-ōe-jī（白話字）對照

Pe̍h-ōe-jī：Teng Hongtin（丁鳳珍）

◎說　明

1. 本處的漢字版採用筆者校改新版，詳見本論文第四章第二節。

校 改 版 漢 字	Pe̍h-ōe-jī（白話字）
聽唱新編一歌詩	Thiaⁿ chhiùⁿ sin pian chı̍t koa-si
正是嘉義崙仔人氏	Chiàⁿ-sī Ka-gī Lūn-á jîn-sī
一位姓陳名辦兄	Chı̍t-ūi sìⁿ Tân miâ Pān hiaⁿ
平生風流結朋友	Pêng-seng hong-liû kiat pêng-iú
粵庄牽伊的牛牯	O̍at-chng khan i ê gû-kó͘
庄老叫著牛還伊	Chng-ló kiò-tio̍h gû hêng i
客仔就請吃牛肉	Kheh-á tiō chhiáⁿ chia̍h gû-bah
若卜活牛再出世	Nā beh o̍ah-gû chài chhut-sì
老夫一時有主意	Ló-hu chı̍t-sî ū chú-ì
回家問著陳辦兄	Hôe-ka mn̄g-tio̍h Tân Pān hiaⁿ
漳泉人人受著驚	Chiang Chôaⁿ lâng-lâng siū tio̍h-kiaⁿ
一時受氣沖起天	Chı̍t-sî siū-khì chhiong-khí-thiⁿ
招集人馬攻客庄	Chio-chı̍p jîn-má kong kheh-chng
双溪客仔驚惶惶	Siang-khe kheh-á kiaⁿ-hiâⁿ-hiâⁿ
請出總理來主意	Chhiáⁿ-chhut chóng-lí lâi chú-ì
整頓器械掠妻兒	Chéng-tùn khì-hâi lia̍h chhe-jî
陳辦個母受迫辱	Tân Pān in bú siū pek-jio̍k
個妻客庄慢凌遲	In chhe kheh-chng bān lêng-tî

屢次攻庄庄不入	Lí-chhù kong chng chng bōe-jip
客仔守庄修竹圍	Kheh-á siú chng siu tek-ûi
陳辦一時無計智	Tân Pān chit-sî bô kè-tì
撋帖請出張丙兄	Thèh-thiap chhiáⁿ-chhut Tiuⁿ Piáⁿ hiaⁿ
詹通黃城並黃奉	Chiam Thong N̂g Siâⁿ kah N̂g Hōng
劉港劉仲與蔡恭	Lâu Káng Lâu Tiōng í Chhòa Kiong
陳連江七連侯虎	Tân Liân Kang Chhit liân Hâu Hó͘
番婆劉邦頂歐綜	Hoan-pô Lâu Pang-téng Au Chòng
咬指插血盟兄弟	Kā chíng chhap-hiat bêng hiaⁿ-tī
若得諸羅做帝都	Nā tit Chu-lô chòe tè-to͘
張丙一時有主意	Tiuⁿ Piáⁿ chit-sî ū chú-ì
請出吳三江商議	Chhiáⁿ-chhut Gô͘ Sam-kang siong-gī
若還謀亂只事志	Nā iā bô-lōan chí tāi-chì
須著陳水來幫伊	Su-tiòh Tân Chúi lâi pang i
雨鰡無水不成龍	Hō͘-liu bô chúi m̄-chiâⁿ liông
封了三江做軍師	Hong-liáu Sam-kang chòe kun-su
諸羅太爺聞反意	Chu-lô thài-iâ bûn hóan-ì
就召衙役來查伊	Tiō tiàu gê-èk lâi cha i
張丙用銀買足伊	Tiuⁿ Piáⁿ iōng gîn bóe chiok i
回覆並無只事志	Hôe-hok pèng bô chí tāi-chì
朱太爺一時有主意	Chu thài-iâ chit-sî ū chú-ì
點起義民卜掠伊	Tiám-khí gī-bîn beh liàh i
義民一時到個庄	Gī-bîn chit-sî kàu in chng
殺死一半歸陰司	Thâi-sí chit-pòaⁿ kui im-si
朱太爺一時無主意	Chu thài-iâ chit-sî bô chú-ì
張丙就來審問伊	Tiuⁿ Piáⁿ tiō-lâi sím-mn̄g i
貪官污吏正名字	Tham-koaⁿ ù-lī chiàⁿ miâ-jī
若還不寫大旗字	Nā iā m̄ siá tōa-kî-jī
叫出刀手來砍伊	Kiò-chhut to-chhiú lâi chám i

寫出復漢滅滿字	Siá-chhut hok-Hàn biȧt-Bóan jī
奸貪狗官無道理	Kan-tham káu-koaⁿ bô tō-lí
剮心剜肉痛半死	Kóaⁿ sim ó bah thiàⁿ-pòaⁿ-sí
一條性命歸陰司	Chȧt-tiâu sìⁿ-miā kui im-si
邵太爺眞正是賢	Siāu thài-iâ chin-chiàⁿ sī gâu
整起民壯來救伊	Chéng-khí bîn-chòng lâi kiù i
賊馬興旺救不起	Chhȧt-bé heng-ōng kiù-bōe-khí
請賊來殺伊忠義	Chhiáⁿ chhȧt lâi thâi i tiong-gī
報馬一時飛來到	Pò-bé chȧt-sî poe-lâi-kàu
報得太爺得知機	Pò-tit thài-iâ tit chai-ki
新舊二官屍已死	Sin-kū nňg koaⁿ si í sí
嘉義無景障行儀	Ka-gī bô kōan chiùⁿ kiâⁿ-gî
呂府一時有主意	Lī hú chȧt-sî ū chú-ì
點起民壯及軍馬	Tiám-khí bîn-chòng kah kun-má
連夜趕到店仔口	Liân iā kóaⁿ-kàu Tiàm-á-kháu
賊馬追趕迫半死	Chhȧt-bé tui-kóaⁿ pek pòaⁿ-sí
民壯軍馬死一半	Bîn-chòng kun-má sí chȧt-pòaⁿ
呂府一命歸陰司	Lī hú chȧt-miā kui im-si
張丙一時思量智	Tiuⁿ Piáⁿ chȧt-sî su-liōng-tì
坐簥鑼牌印連起	Chē kiō lô-pâi ìn-liân-khí
斬殺自由由在伊	Chám-sat chū-iû iû-chāi i
即差詹通來攻城	Chiah chhe Chiam Thong lâi kong siâⁿ
札在西門城墻邊	Chah chāi Se-mňg siâⁿ-chhiûⁿ piⁿ
百姓家內著大驚	Peh-sìⁿ ka-lāi tiȯh-tōa-kiaⁿ
搜半城查某無看見影	Sơ Pòaⁿ-siâⁿ cha-bó bô-khòaiⁿ-iáⁿ
詹通一時有主意	Chiam Thong chȧt-sî ū chú-ì
一千錢銀來買命	Chȧt-chheng chîⁿ-gîn lâi bóe miā
查某閣予我來開封	Cha-bó koh hō góa lâi khui-hong
將銀來送賊兵餉	Chiong gîn lâi-sàng chhȧt-peng-hiáng

張丙大哥自思量	Tiuⁿ Piáⁿ tōa-koa chū-su-liōng
點起賊馬到鹽水	Tiám-khí chhãt-má kàu Kiâm-chúi
得了一位大龍砲	Tit-liáu chit-ūi tōa lòng-phàu
六七十人扛進城	Lȧk-chhit-chȧp lâng kng-chìn siâⁿ
大砲一放轟天響	Tōa-phàu chit-pàng hong-thian-hiáng
砲子一粒八九斤	Phàu-chí chit-liȧp pȯeh-káu kin
墜落北城倒一角	Tūi-lȯh Pak-siâⁿ tó chit-kak
百姓哀怨哭連天	Peh-sìⁿ ai-òan khàu-liân-thiⁿ
劉鎮聽說整軍馬	Lâu tìn thiaⁿ-soeh chéng kun-má
刣得數陣退入城	Thâi-tit sò-tīn thòe-jip siâⁿ
守得嘉義是功勞	Siú-tit Ka-gī sī kong-lô
溫陵一品來助戰	Un-lêng it-phín lâi chō-chiàn
城上盡是女英靈	Siâⁿ-téng chīn-sī lú-eng-lêng
賊仔一時無計智	Chhȧt-á chit-sî bô kè-tì
連圍一月不下伊	Liân ûi chit gȯeh bōe-hā i
張丙一時有主意	Tiuⁿ Piáⁿ chit-sî ū chú-ì
請出沙連九龍庄	Chhiáⁿ-chhut Sa-liân Káu-liông-chng
黃城黃奉兄弟知	Ṅg Siâⁿ Ṅg Hōng hiaⁿ-tī chai
先打斗六較便宜	Seng phah Táu-lȧk khah pān-gî
黃城招集張洪知	Ṅg Siâⁿ chio-chȋp Tiuⁿ Âng chai
若破斗六通義民	Nā phòa Táu-lȧk thong gī-bîn
義民先入營盤內	Gī-bîn seng-jip iâⁿ-pôaⁿ-lāi
馬步衢實是不知智	Má Pō̄-kû sit-sī put-ti tì
眞心用了義民伊	Chin-sim iōng-liáu gī-bîn i
黃城打入營盤去	Ṅg Siâⁿ phah-jip iâⁿ-pôaⁿ khì
掠得馬總焚半死	Liȧh-tit Má chóng hûn pòaⁿ-sí
一條性命歸陰司	Chit-tiâu sìⁿ-miā kui im-si
張丙大哥思量智	Tiuⁿ Piáⁿ tōa-ko su-liōng-tì
請出南路許成兄	Chhiáⁿ-chhut Lâm-lō̄ Khó͘ Sêng hiaⁿ

白良柯神庇名字	Pèh Liông Koa Sîn-pì miâ-jī
相共攻城得城池	Saⁿ-kāng kong siâⁿ tit siâⁿ-tî
開國功臣有名字	Khai-kok kong-sîn ū miâ-jī
澎湖大老無計智	Pîⁿ-ô͘ tāi-ló bô kè-tì
圍困脫逃被賊追	Ûi-khùn thoat-tô pī chhát tui
曾門軍馬死一半	Chan-mn̂g kun-má sí chi̍t-pòaⁿ
大老一時無思量	Tāi-ló chi̍t-sî bô su-liōng
一條性命歸陰司	Chi̍t-tiâu sìⁿ-miā kui im-si
安平大人有主意	An-pêng tāi-jîn ū chú-ì
排兵佈陣慢慢追	Pâi-peng pò͘-tīn bān-bān tui
追至城下救劉鎭	Tui kàu siâⁿ-ē kiù Lâu tìn
賊馬暗埋文昌祠	Chhát-má àm-bâi Bûn-chhiong-sû
橫腰斬殺不由伊	Hôaiⁿ-io chám-sat put-iû i
單刀匹馬扶國主	Tan-to phit-má hû kok-chú
可憐性命歸陰司	Khó-liân sìⁿ-miā kui im-si
平道一時商議智	Pêng tō chi̍t-sî siong-gī-tì
寫出表文奉聖旨	Siá-chhut piáu-bûn hōng Sèng-chí
調撥三馬去平台	Tiāu-poah sam-má khì pêng Tâi
直往廈門配船企	Ti̍t óng Ē-mn̂g phòe chûn-khiā
順風順水駛鹿耳	Sūn-hong sūn-chúi sái Lo̍k-ní
登岸府城去看伊	Teng-hōaⁿ Hú-siâⁿ khì khòaⁿ i
義民軍兵面失色	Gī-bîn kun-peng bīn sit-sek
城垛點火暗守更	Siâⁿ-tó tiám hóe àm siú kiⁿ
大隊操練得精熟	Tōa-tūi chhau-liān tit cheng-sek
直攻西港斬添福	Ti̍t-kong Sai-káng chám Thiam-hok
拔營遇得劉仲哥	Po̍at iâⁿ gū-tit Lâu Tiōng ko
蔡恭賊夥眞不是	Chhòa Kiong chhát-hóe chin put-sī
艷雲小旦排計智	Iām-hûn sió-tòaⁿ pâi kè-tì
一位阿玉背印綬	Chi̍t-ūi A-gio̍k phāiⁿ ìn-siū

一位阿月背龍旗	Chit-ūi A-góat phāiⁿ liông-kî
軍師洛沂調賊馬	Kun-su Lȯk-kî tiāu chhȧt-má
敗陣來營審問伊	Pāi-tīn lâi iâⁿ sím-mn̄g i
過去未來你總知	Kòe-khì bī-lâi lí chóng chai
今日生死如何算	Kin-jȧt seng-sí jû-hô sǹg
啞口無言歸陰司	Ē-káu bô giân kui im-si
劉仲一時思量智	Lâu Tiòng chȧt-sî su-liōng-tì
整頓札營帳房起	Chéng-tùn chah iâⁿ tiùⁿ-pâng khí
整起土垛鎮鎗子	Chéng-khí thô-tó tìn chhèng-chí
連連敗得二三陣	Liân-liân pāi-tit jī-saⁿ tīn
賊馬驚惶當不起	Chhȧt-má kiaⁿ-hiâⁿ tng-bōe-khí
蔡恭劉仲有主意	Chhòa Kiong Lâu Tiōng ū chú-ì
飛報諸羅張丙知	Poe pò Chu-lô Tiuⁿ Piáⁿ chai
大哥若要唐山錢	Tōa-ko nā beh Tn̂g-soaⁿ chîⁿ
馬大人唐山運銀米	Má tāi-jîn Tn̂g-soaⁿ ūn gîn-bí
若得銀米見太平	Nā-tit gîn-bí kìⁿ thài-pêng
個個賊仔携布袋	Kò-kò chhȧt-á chah pò͘-tē
小刀竹透相隨侍	Sió-to tek-thàu saⁿ sûi-sī
詹通一時思量智	Chiam Thong chȧt-sî su-liōng-tì
戰書十八午時刻	Chiàn-su chȧp-pȯeh ngó͘-sî khek
戰敗屢次無體面	Chiàn pāi lú-chhù bô thé-bīn
姦淫鹽水人婦女	Kan-îm Kiâm-chúi lâng hū-lú
賊夥個個出氣伊	Chhȧt-hóe kò-kò chhut-khì i
姿娘罵得賊小子	Chu-niû mā-tit chhȧt-sió-kiáⁿ
雄踢（？）風流無久長	Hiông-that hong-liû bô kú-tn̂g
腳帛截布迌迌（？）伊	Kha-pȯeh chȧh-pò͘ thit-thô i
迌迌（？）恁某做身邊	Thit-thô lín bó͘ chòe sin-piⁿ
招集十二賊夥伴	Chio-chȧp chȧp-jī chhȧt hóe-pōaⁿ
札在竹仔歇竹邊	Chah tī tek-á hioh tek-piⁿ

官兵追趕無主意	Koaⁿ-peng tui-kóaⁿ bô chú-ì
豬肉米飯泲半天	Ti-bah bí-pn̄g phōaⁿ pòaⁿ-thiⁿ
賊仔大半歸陰司	Chha̍t-á tōa-pòaⁿ kui im-si
安溪寮一時有思量	An-khe-liâu chi̍t-sî ū su-liûⁿ
辦棹就請詹通兄	Pān-toh tiō chhiáⁿ Chiam Thong hiaⁿ
灌酒醉醉綑縛伊	Kòan chiú chùi-chùi khún-pa̍k i
解功叫賞上下庄	Kái-kong kiò-siúⁿ téng-ē chng
玉大老頭功來解伊	Gio̍k tāi-ló thâu-kong lâi kái i
詹通黃掛稱先鋒	Chiam Thong n̂g-kòa chheng sian-hong
賜得酒肉醉半死	Sù-tit chiú-bah chùi pòaⁿ-sí
張舉人一時有計智	Tiuⁿ kí-jîn chi̍t-sî ū kè-tì
請得宗兄來商議	Chhiáⁿ-tit chong-hiaⁿ lâi siong-gī
掠得張丙劉港兄	Lia̍h-tit Tiuⁿ Piáⁿ Lâu Káng hiaⁿ
番婆坐籤畏人驚	Hoan-pô chē kiō ùi-lâng-kiaⁿ
斗六黃城不知死	Táu-la̍k N̂g Siâⁿ m̄-chai sí
張洪掠伊來凌遲	Tiuⁿ Âng lia̍h i lâi lêng-tî
黃奉江七並侯虎	N̂g Hōng Kang Chhit kah Hâu Hó͘
個個英雄剖半死	Kò-kò eng-hiông thâi pòaⁿ-sí
張丙詹通並陳連	Tiuⁿ Piáⁿ Chiam Thong kah Tân Liân
解京爛肉慢凌遲	Kái Kiaⁿ lóan-bah bān lêng-tî
陳辦割肉分身屍	Tân Pān koah bah hun sin-si
勸恁世上忍一時	Khǹg lín sè-siōng lún chi̍t-sî
不通思量只謀意	M̄-thang su-liûⁿ chí bô͘-ì
八月間內回榜止	Po̍eh-go̍eh kan-lāi hôe-pn̂g chí
骨肉慢慢痛半死	Kut-bah bān-bān thiàⁿ pòaⁿ-sí
正是臺灣反意歌	Chiàⁿ-sī Tâi-ôan hóan-ì koa

二、《辛酉一歌詩/Sin-iú Chit Koa-si》漢字/Pèh-ōe-jī（白話字）對照

漢字原稿：楊清池、賴和、楊守愚（宮安中）

漢字校訂、Pèh-ōe-jī：Teng Hongtin（丁鳳珍）

◎說　明

1. 《辛酉一歌詩》（又名：天地會的紅旗反、戴萬生反清歌），約在 1926 年左右由楊清池彈唱，賴和（筆名「懶雲」、「賴甫三」）以漢字記錄，1936 年宮安中整理發表在《臺灣新文學》。〔註1〕這個版本是《辛酉一歌詩》最原始的刊本。本處漢字、標點符號採用這一版本。

2. 部分台語音讀參考：（1）宮安中注音（1936）；（2）陳憲國、邱文錫在 1997 年編註的《辛酉一歌詩》〔註2〕。

漢　　　　字	Pèh-ōe-jī（白話字）
唱出辛酉一歌詩：	Chhiùⁿ-chhut Sin-iú chit koa-si:
臺南府孔道臺	Tâi-lâm-hú Khóng Tō-tâi
上任未幾時、	chiūⁿ-jīm bōe-kúi-sî,
唐山庫銀猶未到、	Tn̂g-soaⁿ khò͘-gîn iáu-bōe-kàu,
發餉也無錢。	Hoat-hiòng iū bô chîⁿ.
就召周維新來商量、	Tòh tiàu Chiu Ûi-sin lâi chham-siông
來參議。	lâi chham-gī.
周維新來到此、	Chiu Ûi-sin lâi-kàu chí,

〔註1〕　楊清池（演唱）、賴和（記錄）、宮安中（潤稿）《辛酉一歌詩》（又名:天地會底紅旗反）（一）（二）（三），《臺灣新文學》（台中：臺灣新文學社，（一）：1936.9.19，v1n8，pp.125～132，（二）：1936.11.5，v1n9，pp.63～72，（三）：1936.12.28，v2n1，pp.63～67）。

〔註2〕　陳憲國、邱文錫（編註）《辛酉一歌詩》，《臺灣演義》（台北：樟樹出版社，1997.8），pp.91～176。

雙腳站齊跪完備：
「道臺召我啥代誌？」
孔道臺開言就講起：
「周維新、我問你。
我今上任未幾時、
唐山庫銀猶未到、
要發餉也無錢。
未知周維新啥主意？
　啥計智？」
周維新跪落稟因依：
「稟到道臺你知機、
現今府城富戶滿滿是、
大局設落去、
八城門出告示、
大爿店扣二百、
小爿店扣百二、
大擔頭扣六十、
小擔頭扣廿四、
若是開無夠、
八城門的豬屎擔、
一擔扣伊六個錢來相添。」
孔道臺聽著笑微微、
荷老周維新好計智：
「咱今大局設落去、
局首應該著給你。」
孔道臺烏令出一支、
交代周維新親名字：
「委你八城門貼告示。」
周維新烏令領一支、
八城門貼告示、
告示貼了盡完備。
府城內五條街五大姓、
看見告示姦合鄙。

Siang-kha khiā-chê khūi ôan-pī:
"Tō-tâi tiàu góa siáⁿ tāi-chì?"
Khóng Tō-tâi khai-giân tȯh kóng-khí:
"Chiu Ûi-sin, góa mn̄g lí.
Góa taⁿ chiūⁿ-jīm bōe-kui-sî,
Tn̂g-soaⁿ khò͘-gîn iáu-bōe-kàu,
Beh hoat-hiòng iā bô chîⁿ,
Bōe-chai Chiu Ûi-sin siáⁿ chú-ì?
　siáⁿ kè-tì?"
Chiu Ûi-sin khūi-lȯh pín-ìn i:
"Pín-tò Tō-tâi lí chai-ki,
Hiān-kim Hú-siâⁿ hù-hō͘ móa-móa-sī,
Tāi-kiȯk siat-lȯh-khì,
Peh siâⁿ-mn̂g chhut kò-sī,
Tōa-keng tiàm khioh nn̄g-pah,
Sè-keng tiàm khioh pah-jī,
Tōa tàⁿ-thâu khioh lȧk-chȧp,
Sè tàⁿ-thâu khioh jiȧp-sì,
Nā-sī khui bô-kàu,
Peh siâⁿ-mn̂g ti-sái tàⁿ,
Chit tàⁿ khioh i lȧk ê chîⁿ lâi-sio-thiⁿ."
Khóng Tō-tâi thiaⁿ-tiȯh chhiò-bi-bi,
O-ló Chiu Ûi-sin hó-kè-tì,
"Lán taⁿ tōa-kiȯk siat-lȯh-khì,
Kiȯk-siú èng-kai tiȯh hō͘ lí."
Khóng Tō-tâi o͘-lēng chhut chit-ki,
Kau-tài Chiu Ûi-sin chhin miâ-jī:
"Úi lí peh siâⁿ-mn̂g tah kò-sī."
Chiu Ûi-sin o͘-lēng niá chit-ki,
Peh siâⁿ-mn̂g tah kò-sī,
Kò-sī tah-liáu chīn ôan-pī.
Hú-siâⁿ lāi Gō͘-tiâu-ke, Gō͘-tōa-sìⁿ,
Khòaⁿ-kìⁿ kò-sī kàn kah phí.

就罵「周維新臭小弟！
孔道臺做官貪財利。
二人商量一計智、
要來剝削百姓錢！」
五條街會來會去無爲實、
毒生罷市二三日。
總理大老有主意、
毛著眾百姓、
鬧動三家（郊）行石慶裏。
石慶裏的頭家聽一見，
就問：「百姓鬧采采、
鬧我這三家行啥代誌？」
總理老大說因依…
「說給三家行頭家得知機、
就恨周維新這個臭小弟、
孔道臺做官貪財利！
二人商量一計智、
要來剝削百姓錢！」
頭家聽見氣沖天、就罵：
「周維新無道理！
恁今二人想了一計智、
剝削百姓人的錢。
好！將這周維新活活
　扑來打半死。
有事三家行替恁來擔抵。」
眾百姓聽著極呆呆、
褲腳攏離離、
長短刀連插二三支、
頭鬃螺結得硬緊緊。
緊緊行緊緊去：
走到大西門媽祖樓
　來爲止。
周維新不知機、

Tȯh mā :"Chiu Ûi-sin chhàu sió-tī!
Khóng Tō-tâi chòe-koaⁿ tham châi-lī.
Nñg-lâng chham-siông chı̍t kè-tì,
Beh-lâi pak-siah peh-sìⁿ-chîⁿ!"
Gō-tiâu-ke hōe-lâi hōe-khì bô-ûi-sı̍t,
Tȯh-lān pā-chhī nñg-saⁿ jı̍t.
Chóng-lí tāi-ló ū chú-ì,
Chhōa-tiȯh chiòng peh-sìⁿ,
Nāu-tāng saⁿ-kau-hâng Chiȯh-khèng-lí.
Chiȯh-khèng-lí ê thâu-ke thiaⁿ-chı̍t-kìⁿ,
Tȯh mñg: "Peh-sìⁿ nāu-chhai-chhai,
Nāu góa che saⁿ-kau-hâng siáⁿ tāi-chì?"
Chóng-lí tāi-ló soeh-ìn i:
"Soeh hō͘ saⁿ-kau-hâng thâu-ke tit chai-ki,
Tȯh hūn Chiu Ûi-sin chit-ê chhàu sió-tī,
Khóng tō-tâi chòe-koaⁿ tham châi-lī,
Nñg-lâng chham-siông chı̍t kè-tì,
Beh-lâi pak-siah peh-sìⁿ chîⁿ!"
Thâu-ke thiaⁿ-tiȯh khì-chhiong-thiⁿ, tȯh mā:
"Chiu Ûi-sin bô tō-lí!
Lín taⁿ nñg-lâng siūⁿ-liáu chit kè-tì,
Pak-siah peh-sìⁿ-lâng ê chîⁿ.
Hó! Chiong che Chiu Ûi-sin ȯah-ȯah liȧh-lâi
　phah pòaⁿ-sí,
Ū sū saⁿ-kau-hâng thòe lín lâi tam-tí."
Chiòng peh-sìⁿ thiaⁿ-tiȯh kȧk-pháiⁿ-phí,
Khò͘-kha láng lī-lī,
Tñg-té to liân-chhah nñg-saⁿ ki,
Thâu-chang-lê kiat-tit ngī-ân-ân.
Kín-kín kiâⁿ kín-kín khì:
Kiâⁿ-kàu Tōa-se-mñg Má-chó͘-lâu
　lâi-ûi-chí.
Chiu Ûi-sin m̄ chai-ki,

籬笆門開到離離離。	Lî-pa-mîg khui kah lī-lī-lī.
眾百姓會齊跳入去──	Chiòng peh-sìⁿ hōe-chê thiàu--jip-khì. ──
周維新注得未該死、	Chiu Ûi-sin chù-tit bōe kai-sí,
加老哉！百姓不捌伊、	Ka-ló-chài! Peh-sìⁿ m̄-bat i,
被伊逃身離、	Hō i tô-sin-lī,
逃去豐振源安身已。	Tô-khì Hong-chìn-gôan an-sin-kí.
百姓上厝頂、撤厝瓦。	Peh-sìⁿ chiūⁿ chhù-téng thiah chhù-hiā,
落下腳、撟階簷、	Lòh ē-kha, kiāu gîm-chîⁿ,
提店窗、撤門扇。	Thèh tiàm-thang, thiah mîg-sìⁿ.
粗傢夥幼傢夥	Chhơ ke-hóe iù ke-hóe
搶了多完備。	chhiúⁿ-liáu to ôan-pī.
伊某屎桶洗清氣、	In bớ sái-tháng sé chheng-khì,
煞提去。	soah thèh-khì
周維新刣無著、	Chiu Ûi-sin thâi bô-tióh,
百姓氣得搖頭合擺耳。	Peh-sìⁿ khì-tit iô-thâu kah hàiⁿ-hīⁿ.
這事破了離。	Chit sū phòa-liáu-lī,
孔道臺便知機、	Khóng Tō-tâi piān chai-ki,
心肝內假無意、	Sim-koaⁿ-lāi ké bô-ì,
要去鹿港街	Beh-khì Lók-káng
福開舍慶昌寶號	Hok-khai-sià Khèng-chhiong pó-hō
算賬要討錢。	sìg-siàu beh thó-chîⁿ.
遇著林鎮臺北巡猶未去。	Tīg-tióh Lîm Tìn-tâi pak-sûn iáu-bōe-khì.
就請林鎮臺近前來、	Tóh chhiáⁿ Lîm Tìn-tâi kīn-chêng lâi,
相參詳相參議……	Sio chham-siông, sio chham-gī:
「啓稟林鎮臺你知機、	"Khé-pín Lîm Tìn-tâi lí chai-ki,
我今替你北巡要來去、	góa taⁿ thè lí pak-sûn beh lâi-khì,
未知林鎮臺啥主意？」	Bōe -chai Lîm Tìn-tâi siáⁿ chú-ì?"
林鎮臺聽見笑微微：	Lîm Tìn-tâi thiaⁿ-kìⁿ chhiò-bi-bi:
「我北巡、委你去。」	"Góa pak-sûn, úi lí khì."
孔道臺聽著心歡喜、	Khóng Tō-tâi thiaⁿ-tióh sim hoaⁿ-hí,
就叫：「金總！吩咐你、	Tóh kiò: "Kim-chóng! Hoan-hù lí,
民壯替我加倩三十二、	bîn-chòng thè góa ke-chhiàⁿ saⁿ-cháp-jī,
隨我上頂縣、好來去。」	Sûi góa chiūⁿ téng-kōan, hó lâi-khì."

× × ×

辛酉年、
二月十一早起天分明。
地炮響來二三聲、
正是道臺點兵要起行。
一日過了一日天、
來到諸羅
　　延遲不敢來提起。
跳起來、一下見、
鹿港市百姓鬧熾熾、
喝搶鹿港市、
百姓嚷挨挨、
喝搶鹿港街。
孔道臺看一見、
十分心驚疑、
不知因為啥代誌？
就召土城理蕃大老
　　來參詳、來參議。
理蕃大老來到此，
雙腳站齊跪完備：
「道臺召我啥代誌？」
孔道臺就問起：
「理蕃大老我問你、
我看恁鹿港市
　　百姓鬧熾熾、
因為啥代誌？
從頭實說我知機。」
理蕃大老就應伊：
「啓稟道臺你知機、
為此同治君
　　坐天要狼狽、

× × ×

Sin-iú nî,
Jī gȯeh chȧp-it chái-khí thiⁿ-hun-bêng.
Tē-phàu hiáng-lâi nng-saⁿ siaⁿ,
Chiàⁿ-sī Tō-tâi tiám-peng beh khí-kiâⁿ.
Chit-jȧt kòe-liáu chit-jȧt thiⁿ,
Lâi-kàu Chu-lô
　　iân-tî m̄-káⁿ lâi-thȧh-khí.
Thiàu-khí-lâi, chit-ē kìⁿ,
Lȯk-káng-chhī peh-sìⁿ nāu-chhih-chhih,
Hoah-chhiúⁿ Lȯk-káng-chhī,
Peh-sìⁿ jiáng-ai-ai,
Hoah-chhiúⁿ Lȯk-káng-ke.
Khóng Tō-tâi khòaⁿ chit-kìⁿ,
Chȧp-hun sim kiaⁿ-gî,
M̄-chai in-ūi siáⁿ tāi-chì?
Tȯh tiàu Thô-siâⁿ Lí-hoan-tāi-ló
　　Lâi chham-siông, lâi chham-gî.
Lí-hoan-tāi-ló lâi-kàu chí,
Siang-kha khiā-chê kūi ôan-pī:
"Tō-tâi tiàu góa siáⁿ tāi-chì?"
Khóan tō-tâi tȯh mng-khí:
"Lí-hoan-tāi-ló góa mng li,
Góa khòaⁿ lín Lȯk-káng-chhī
　　peh-sìⁿ nāu-chhih-chhih,
In-ūi siáⁿ tāi-chì?
Chng-thâu sȧt-soeh góa chai-ki."
Lí-hoan-tāi-ló tȯh ìn i:
"Khé-pín Tō-tâi lí chai-ki,
Ūi chí Tông-tī-kun
　　chē-thian ài liông-pōe,

頂縣眾百姓格空要反　　Téng-kōan chiòng peh-sìⁿ kek-khang beh hóan
　招那天地會。　　　　　chio he Thian-tē-hōe.
你知大會的招起？　　　Lí chai tōa-hōe ê chio-khí?
四張犁、水西莊、王田、　Sì-tiuⁿ-lê, Chúi-se-chng, Ông-chhân,
　大肚、犁頭店、猫霧沙、　Tōa-tō, Lê-thâu-tiàm, Bâ-bú-sah,
　彰化連海口十二班：　　Chiong-hòa liân hái-kháu chảp-jī pan:
會會有十一班、　　　　　Hōe-hōe ū chảp-it pan,
會來會去攏總是：　　　　Hōe-lâi hōe-khì lóng-chóng sī:
大會招來小百千、　　　　Tōa-hōe chio-lâi sió pah-chheng,
要扶大哥戴萬生。」　　　Beh hû tōa-ko Tè Bān-seng."
孔道臺聽一見、　　　　　Khóng Tō-tâi thiaⁿ chit-kìⁿ,
十分心驚疑！　　　　　　Chảp-hun sim kiaⁿ-gî!

× × ×　　　　　　　　× × ×

隔轉冥、翻轉日、　　　　Keh-tńg-mî, hoan-tńg-jit,
二月十六早起天分明。　　Jī gẻeh chảp-lảk chái-khí thiⁿ-hun-bêng,
銃聲響來二三聲、　　　　Chhèng-siaⁿ hiáng-lâi nn̄g-saⁿ siaⁿ,
就是道臺點兵　　　　　　Tỏh-sī Tō-tâi tiám-peng
　要去彰化城。　　　　　beh khì Chiong-hòa-siâⁿ.
彰化文武官員得知機、　　Chiong-hòa bûn-bú koaⁿ-gôan tit chai-ki,
出了西門外迎接伊。　　　Chhut-liáu Sai-mn̂g-gōa gêng-chiap i.
你知彰化文武官員　　　　Lí chai Chiong-hòa bûn-bú koaⁿ-gôan
　有多少？　　　　　　　ū lōa-chōe?
數起來有五個：　　　　　Sǹg--khí-lâi ū gō-ê:
雷本縣、馬本縣、　　　　Lûi Pún-kōan, Má Pún-koan,
　秋大老、夏協臺、　　　Chhiu tāi-ló, Hā Hiảp-tâi,
　高少爺。　　　　　　　Ko Siàu-iâ.
五人接伊入城去。　　　　Gōa lâng chiap i jip-siâⁿ-khì.
通批內外委巡城。　　　　Thong phoe lāi-gōa úi sûn-siâⁿ.
白石頂無處可提起。　　　Pẻh-chiỏh-téng bô-tè thang thẻh-khí.
孔道臺入城未幾時、　　　Khóng Tō-tâi jip-siâⁿ bōe-kúi-sî,
升堂坐落去。　　　　　　Seng-tn̂g chē-lỏh-khì.

孔道臺就講起：
「為此戴萬生這個臭小弟、
招那天地會、
就是謀反的代誌。
兩邊文武滿滿是、
誰人敢辦伊？
取伊首級來到此、
行文再賞頂戴來厚伊。」
夏協臺聽一見、
較緊跪落去：
「啓稟道臺你知機、
這事看不破、
不可去辦伊。
不如寫批去厚戴萬生
　得知機、
叫伊大會莫講起、
會莊行路較誠意：
再召戴萬生來彰化、
做了果公未延遲。」
秋大老聽著極呆呸，
雙腳站齊跪完備……
「啓稟道臺你知機，
彼常時、忝虎晟合林有理、
前後厝、站置拼、
我都敢辦伊，
為此戴萬生小姓只家己、
況兼白旗置驚伊、
此人不敢去辦伊，
委咱做官是卜呢？」
孔道臺聽著笑微微、
鳥令出一支、
交代秋大老、夏協臺
　二人親名字……

Khóng Tō-tâi tȯh kóng-khí:
"Ūi chí Tè Bān-seng chit-ê chhàu sió-tī,
Chio he Thian-tē-hōe,
Tȯh-sī bô-hóan ê tāi-chì.
Nn̄g-pêng bûn-bú móa-móa-sī,
Siáⁿ-lâng káⁿ pān i?
Chhú i siú-kip lâi-kàu chí,
Hêng-bûn chài siúⁿ téng-tài lâi hō͘ i."
Hā Hia̍p-tâi thiaⁿ-chi̍t-kìⁿ,
Khah kín kūi-lȯh-khì:
"Khé-pín Tō-tâi lí chia-ki,
Chit-sū khòaⁿ-m̄-phòa,
M̄-thang khì pān i.
Put-jû siá phoe khì hō͘　Tè Bān-seng
　tit chai-ki,
Kiò i tōa-hōe mài kóng-khí,
Hōe-chng kiâⁿ-lō͘ khah sêng-ì:
Koh tiàu Tè Bān-seng lâi Chiong-hòa,
Chòe-liáu Kó-kong bōe iân-tî."
Chhiu Tāi-ló thiaⁿ-tio̍h ke̍k pháiⁿ-phí,
Siang-kha khiā-chê kūi ôan-pī:
"Khé-pín Tō-tâi lí chai-ki,
Hit tong-sî, Gōng-hó͘-sêng kah Lîm Iú-lí
Chêng-āu-chhù, tiàm-tì-piàⁿ,
góa to káⁿ pān i,
Ūi chí Tè Bān-seng sió-sìⁿ chí ka-kī,
Hóng kiam pe̍h-kî tì kiaⁿ i,
Chit-lâng m̄-káⁿ khì pān i,
Úi lán chòe-koaⁿ sī beh-nî?"
Khóng Tō-tâi thiaⁿ-tio̍h chhiò-bi-bi,
O͘-lēng chhut chi̍t-ki,
Kau-tāi Chhiu Tāi-ló, Hā Hia̍p-tâi
　nn̄g lâng chhin miâ-jī:

「這事委恁辨、
若是取了戴萬生的首級
　來到此、
給恁行文
　賞頂戴來厚你。」
秋大老、夏協臺
　烏令領一支、
出了彰化縣衙口、
來到魁星樓。
本農百姓就讖語：
「雷鳴秋會止、
秋鳴漓淋漓、
三月十八破大墩、
大小官員會攏死。」
孔道臺聽一見、心驚疑、
就召四塊厝恁虎晟、
「吩咐你、
民壯給我加倩四百名、
保了秋大老、夏協臺、
　二人到大墩總未遲。」
恁虎晟民壯倩完備、
保了秋大老大墩去。
紅旗聞知機、
將過大墩圍到彌彌彌。
挑夫挑擔扐到割耳鼻、
刈到大舞空：
二林管府拿著刈頭鬃。
有的刣無死、
放伊歸去府城合嘉義。
田頭仔李仔松
　上陣上驚死：
保了夏協臺去卜阿罩霧
　安身已：

"Chit-sū úi lín pān,
Nā-sī chhú-liáu Tè Bān-seng ê siú-kip
　lâi-kàu chí,
Kā lín hêng-bûn
　siún téng-tài lâi hō͘ lí."
Chhiu Tāi-ló, Hā Hia̍p-tâi
　o͘-lēng niá chi̍t-ki,
Chhut-liáu Chiong-hòa kōan-gê-kháu,
Lâi-kàu Khoe-chhin-lâu.
Pún-lông peh-sìn to̍h chhàm-gí:
"Lûi tân chhiu ē chí,
Chhiu bêng lūi lîm-lî,
San góeh cha̍p-poeh phòa Tōa-tun,
Tōa-sió koan-gôan ē lóng sí."
Khóng Tō-tâi thian-chi̍t-kìn, sim kian-gî,
To̍h tiàu Sì-tè-chhù Gông-hó͘-sêng,
"Hoan-hù lí,
Bîn-chòng kā gòa ke chhiàn sì-pah miâ,
Pó-liáu Chhiu Tāi-ló, Hā Hia̍p-tâi,
　nn̄g lâng kàu Tōa-tun chóng bōe-tî."
Gông-hó͘-sêng bîn-chòng chhiàn ôan-pī,
Pó-liáu Chhiu Tāi-ló Tōa-tun khì.
Âng-kî bûn chai-ki,
Chiong kô Tōa-tun ûi kah mî-mî-mî.
Tan-hu tan-tàn lia̍h-tio̍h koah hīn phīn,
Koah kah tōa-bú-khang,
Jī-lîm kóan-hú lia̍h-tio̍h koah thâu-chang.
Ū--ê thâi bô sí,
Pàng i tńg-khì Hú-siân kah Ka-gī.
Chhân-thâu-á Lí-á-siông
　chiūn-tīn siông-kian sí,
Pó-liáu Hā Hia̍p-tâi khì-beh A-tah-bū
　an-sin-kí:

連累協臺一條生命
　　自盡死。
恁虎晟看見不是勢、
就此四百名抽返去、
逆生豎紅旗。

×　　×　　×

你知大墩焉怎敗？
正是猫仔旺內壯勇、
內裏叛出來、
才會此大敗。
秋大老死了未幾時、
天頂落了二滴仔邌邌雨、
百姓經體是置流目屎。
「天地」乘勢遍地起、
頂合下、合共廿一起。
戴萬生馬舍公外
　　看一見、
「這就巧這就奇！
我也無通批、
頂下縣四散
攏總是紅旗。
該是我戴潮春的天年！」
恁虎晟大哥跳勃勃、
大肚加投大哥
　　趙憨、陳仔物、
　──陳仔物頂有詼、
北勢湳、萬斗六、番仔田、
洪上流、洪狗母、
洪老番、洪仔讚、
洪仔花。
洪家大哥上格空、

Liân-lūi Hia̍p-tâi chi̍t-tiâu sìn-miā
　　chū-chīn-sí.
Gông-gó͘-sêng khòaⁿ-kìⁿ m̄-sī sì,
Chiu chhú sì-pah miâ thiu-tńg-khì,
Ge̍k-siⁿ khiā Âng-kî.

×　　×　　×

Lí chai Tōa-tun án-chóaⁿ pāi?
Chiàⁿ-sī Bâ-á-ōng lāi-chòng-ióng,
Lāi-lí pōan-chhut-lâi,
Chiah ē chiah tōa pāi.
Chhiu Tāi-ló sí-liáu bōe-kúi-sî,
Thiⁿ-téng lo̍h-liáu nn̄g-tih-á lap-sap hō͘,
Peh-siⁿ keng-thé sī tì lâu ba̍k-sái.
"Thian-tē"thàn-sè piàn-tē khí,
Téng kap ē, ha̍p-kiōng jia̍p-it khí.
Tè Bān-seng Má-sià-kong gōa
　　khòaⁿ-chi̍t-kìⁿ,
"Che to̍h khá! Che to̍h kî!
Góa iā bô thong-phoe,
Téng-ē kōan sí-kòe
　　lóng-chóng sī Âng-kî.
Kai-sī góa Tè Tiâu-chhun ê thiⁿ-nî!"
Gông-hó͘-sêng tōa-ko thiàu-pu̍t-pu̍t,
Tōa-tō͘ Ka-tâu tōa-ko
　　Tiō Gōng, Tân-á-bu̍t,
　──Tân-á-bu̍t téng ū khoe,
Pak-sì-làm, Bān-táu-la̍k, Hoan-á-chhân,
Âng Siōng-liû, Âng Káu-bó,
Âng Lāu-hoan, Âng-á-chàn,
Âng-á-hoe,
Âng-ka tōa-ko siōng kek-khang,

扶出小埔心
　　姓陳大哥啞口弄。
啞口弄做大哥、
連海人喊罪過。

×　　×　　×

戴萬生三月十九
　　點兵攻彰化。
要攻彰化城、
大哥人頂多、
數起來有十個：
戴瑞華、大箍英、羅文、
　　羅乞食、甘過、猫仔義、
　　高福生、林順治、
　　謝文杞、一隻賴老鼠。
十個大哥要攻彰化
　　一城池。
要攻置煩惱、
城內王仔萬
　　會香講好好。
人馬緊行緊大堆、
彰化東門城、
免攻家己開。
戴萬生入城、
要剖管府合民壯。
百姓荷老好。
大哥出令要拿
　　金總、馬大老。
少年人上格空、
拿到金總刈頭鬃。
刈了多完備、
百姓溜出彰化這城池。

Hû-chhut Sió-po·-sim
　　siⁿ Tân tōa-ko É-káu-lāng.
Ē-káu-lāng chòe tōa-ko,
Liân-hái-lâng hoah chōe-kòa.

×　　×　　×

Tè Bān-seng saⁿ góeh chảp-káu
　　tiám peng kong Chiong-hòa.
Beh kong Chiong-hòa-siâⁿ,
Tōa-ko lâng téng chōe,
Sǹg--khí-lâi ū chảp-ê:
Tè Sūi-hôa, Tōa-kho·-eng, Lô Bûn,
　　Lô Khit-chiảh, Kam Kò, Bâ-á-gī,
　　Ko Hok-seng, Lîm-Sūn-tī,
　　Siā Bûn-kí, Chit-chiah Lōa Niáu-chhí.
Chảp-ê tōa-ko beh kong Chiong-hòa
　　chit siâⁿ-tî,
Beh kong tì hôan-ló,
Siâⁿ-lāi Óng-á-bān
　　hōe-hiuⁿ kóng-hó-hó,
Jîn-má kín kiâⁿ Kín tōa-tui,
Chiong-hòa Tang-mn̂g-siâⁿ,
Bián-kong ka-kī khui.
Tè Bān-seng jip-siâⁿ,
Beh thâi kóan-hú kah bîn-chòng.
Peh-sìⁿ o-ló hó.
Tōa-ko chhut-lēng beh liảh
　　Kim-chóng, Má Tāi-ló.
Siàu-liân-lâng siōng kek-khang,
Liảh-tiỏh Kim-chóng koah thâu-chang.
Koah-liáu to ôan-pī,
Peh-sìⁿ　tô-chhut Chiong-hòa chit siâⁿ-tî.

大哥腳手頂利害、
鎮南門烏寮仔大哥是邱在、
邱在鎮守南門
　兇兇兇、
鎮守北街王仔萬、
南街戴振龍。
何文顯、陳大恭、
　葉虎鞭、戴老見、
　鄭春爺、鄭玉麟、
　黃知見、
　眾大哥會齊要攻山。
犁頭店大哥是劉安、
劉安跛腳上古博、
下橋仔大箍朝、
烏銃頭大哥林賊仔谷、
王城大哥楊目丁、
　吳文鳳、
觸口山吳草鵠、
塗牛大哥劉仔祿。
劉家大哥真正興、
扶出小半天筍仔林
大哥劉森根。
劉家大哥有主意、
扶出林谷、林雞冠
　林棋盤、
──林棋盤上弱貨、
連叛二三回──。
林仔草、林仔義、張仔乖、
張仔兔、陳墳、客婆嫂、
會香是嘉義。
會到剖狗坑、
林丁戶、林瑞林、林嵌、
　林仔攬、林仔用、

Tōa-ko kha-chhiú téng lī-hāi,
Tìn Lâm-mn̂g　O·-iô-á tōa-ko sī Khu Chāi,
Khu Chāi tìn-siú Lâm-mn̂g
　hiông-hiông-hiông,
Tìn-siú Pak-ke Ông-á-bān,
Lâm-ke Tè Chìn-liông.
Hô Bûn-hián, Tân Tōa-gōng,
　Iảp Hó-pian, Tè Lāu-kiàn,
　Tī^n Chhun-iâ, Tī^n Giỏk-lîn,
　N̂g Ti-kiàn,
　Chiòng tōa-ko hōe-chê beh kong soa^n.
Lê-thâu-tiàm tōa-ko sī Lâu An,
Lâu An pái-kha siong kó·-phok,
Ē-kiô-á Tōa-kho·-tiâu,
O·-chhèng-thâu tōa-ko Lîm Chhảt-á-kok,
Ông-siâ^n tōa-ko Iûⁿ Bảk-teng,
　Gô· Bûn-hōng,
Tak-kháu-soa^n Gô· Chháu-kok,
Thô·-gû tōa-ko Lâu-á-lỏk,
Lâu-ka tōa-ko chin-chiàⁿ hèng,
Hû-chhut Sió-pòa^n-thi^n Sún-á-nâ
tōa-ko Lâu Som-kin.
Lâu-ka toa-ko ū chú-ì,
Hû-chhut Lîm Kok, Lîm Ke-kòan,
　Lîm Kî-pôa^n,
　── Lîm Kî-pôa^n siōng lám-hòe,
liân-pōan nn̂g-sa^n hôe ──.
Lîm-á-chháu, Lîm-á-gī, Tiuⁿ-á-koai,
Tiu^n-á-thò·, Tân Phûn, Kheh-pô-só,
Hōe-hiu^n sī Ka-gī.
Hōe-kàu Thâi-káu-khi^n,
Lîm Teng-hō, Lîm Sūi-nâ, Lîm Kham,
　Lîm-á-lám, Lîm A-iōng,

林仔忠、嚴辦

—— 嚴辦數來大花虎 ——

啞口弄出陣好戰皺。

江高明出陣給人當西虜。

洪仔花出陣都是好伊某。

大哥要出名、

數起來六隻的豬哥、

二隻的豬母、

一隻的烏龜：

楊豬哥、張豬哥、黃豬哥、

　賴豬哥、簡豬哥、羅豬哥、

　嚴豬母、鄭豬母、

　一隻賴烏龜。

會齊困山城。

四城門困落去、

竝無糧草好入去、

散凶人餓到吱吱叫。

五個大哥巡城是女將：

大腳甚、臭頭招、女嬌娘、

　北社尾王大媽、黃大媽、

老人老篤篤、

到底做事不順便。

要攻西門街大哥是嚴辦。

—— 嚴辦鎮守西門頂有詼、

鎮守東門陳竹林、

　陳竹城、鄭宗虎、

　大哥洪仔花。

—— 洪仔花鎮守東門

　上蓋久、

鎮守南門角仔寮

　徐和尚、黃和尚、

　賴大條、呂仔主、

Lîm A-tiong, Giâm Pān.

—— Giâm Pān sǹg-lâi tōa-hoe-hó͘ ——

É-káu-lāng chhut-tīn hó͘ⁿ chiàn-kó͘.

Kang Ko-bêng chhut-tīn hō͘ lâng tú-se-ló͘.

Âng-á-hoe chhut-tīn lóng-sī hó in-bó͘.

Tōa-ko beh chhut-miâ,

Sǹg--khí-lâi la̍k-chiah ê ti-ko,

nn̄g-chiah ê ti-bó,

chit-chiah ê o͘-ku:

Iûⁿ Ti-ko, Tiuⁿ Ti-ko, N̂g Ti-ko,

　Lōa Ti-ko, Kán Ti-ko, Lô Ti-ko,

　Giâm Ti-ko, Tīⁿ Ti-ko,

　chit-chiah Lōa O͘-ku.

Hōe-chê khùn soaⁿ-siâⁿ.

Sì siâⁿ-mn̂g khùn-lo̍h-khì,

Pēng bô niû-chháu hó ji̍p-khì,

Sàn-hiong-lâng gō kàu ki-ki-kiò.

Gō͘-ê tōa-ko sûn-siâⁿ sī lú-chiòng:

Tōa-kha-sīm, Chhàu-thâu-chiau, Lú-kiau-niû,

　Pak-siā-bóe Ông Tōa-má, N̂g Tōa-má,

Lāu-lâng lāu-khok-khok,

Tàu-té chòe-sū put sūn-piān.

Beh kong Sai-mn̂g-ke tōa-ko sī Giâm Pān.

—— Giâm Pān tìn-siú Sai-mn̂g téng ū-khoe,

Tìn-siú Tang-mn̂g Tân Tek-nâ,

　Tân Tek-siâⁿ, Tīⁿ Chong-hó͘,

　tōa-ko Âng-á-hoe.

—— Âng-á-hoe tìn-siú Tang-mn̂g

　siōng-kài kú,

Tìn-siú Lâm-mn̂g Kak-á-liâu

　Chhî Hôe-siūn, N̂g Hôe-siūⁿ,

　Lōa Tōa-tiâu, Lū-á-chú,

大哥呂仔主格空拆王府。

拆了上蓋會、

鎮守北門大哥何地。

數起來：

　打猫姓何大哥更較多

數起來十三個：

　何竹聰、何仔守、何萬、

　何仔每、何竹林、何萬枝、

　何連城、何阿開、

　恁皆、吉羊、何忠厚、

何錢鼠、何乞食。

十三個有主意、

鎮守一城池。

×　×　×

頂縣報仔連連去、

入府內討救兵、稟到：

「林鎮臺你得知、

我爲鎮臺透冥來。

破了彰化未幾時、

孔道臺走到蕃薯寮、

吞金來身死。

未知鎮臺啥主意？」

林鎮臺聽著氣沖天、

就召大小官員來參詳、

　來參議：

「大家點兵北社好來去！」

林鎮臺點出來、

人上多、點過精、

謝天星、蔡榮東

　放大銃、

中竹聰九營兵、

Tōa-ko Lú-á-chú kek-khang thiah ông-hú.

Thiah-liáu siōng-kài ē,

Tìn-siú Pak-mĥg tōa-ko Hô Tē.

Sǹg--khí-lâi:

　Táⁿ-niau sìⁿ Gô tōa-ko koh-khah chōe,

Sǹg--khí-lâi cha̍p-saⁿ--ê:

　Hô Tek-chhong, Hô-á-siú, Hô Bān,

　Hô-á-múi, Hô Tek-nâ, Hô Bān-ki,

　Hô Liân-siâⁿ, Hô A-khai,

　Gōan-kai, Kiat-iûⁿ, Hô Tiong-hō,

Hô Chîⁿ-chhú, Hô Khit-chia̍h.

Cha̍p-saⁿ--ê ū chú-ì,

Tìn-siú chi̍t siâⁿ-tî.

×　×　×

Téng-kōan pò-á liân-liân-khì,

Ji̍p Hú-lāi thó kiù-peng, Pín-kàu:

"Lîm Tìn-tâi lí tit chai,

Góa ūi tìn-tâi thàu-mî lâi.

Phòa-liáu Chiong-hòa bōe-kúi-sî,

Khóng Tō-tâi cháu-kàu Han-chû-liâu,

Thun kim lâi sin-sí.

Ṃ-chai Tìn-tâi siáⁿ chú-ì?"

Lîm Tìn-tâi thiaⁿ-tio̍h khì-chhiong-thiⁿ,

To̍h tiàu tōa-sió koaⁿ-gôan lâi chham-siông,

　lâi chham-gī:

"Ta̍k-ke tiám-peng Pak-siā hó âli-khì!"

Lîm Tìn-tâi tiám-chhut-lâi,

lâng siōng chōe, tiám kòe cheng,

Siā Thian-seng, Chhòa Êng-tong

　pàng tōa-chhèng,

Tiong-tek-thang káu iâⁿ-peng,

先鋒隊林應清、
黃飛虎、林有財
　二人點兵好照應。
大營給伊呂仔主、吳仔墻
　來佔去。
盧大鼻、李大舍、
　紀涼亭、查某營順東舍、
　有糧草來聽用。
大炮舍愛功勞做先行。
林鎮臺人馬行路稀稀稀、
頭陣到了是邦碑。
林鎮臺傳令著紮營、
有的夯鋤頭、
有的夯钁仔、
有的負布袋、
紮卜是土營。
紅旗聞知機、
將這土營圍到彌彌彌。
嚴辦、啞口弄、
　戴振龍要出名、
攻打邦碑大囤營。
攻來攻去無伊份。
大哥陳堂、陳玉春、
人馬駐紮白沙墩。
大會要豎旗。——
林鎮臺舉目看一見、
看見大會豎紅旗、
坐在中軍帳內
　暈暈慓落去、
腳風透腸著病攏總起。
府城大府駕糧草、
押到大營口、
呂仔主、吳仔墻

Sian-hong-hūi Lîm Éng-chheng,
Ṇg Hui-hó͘, Lîm Iú-châi
　nn̄g lâng tiám-peng hó chiàu-èng.
Tōa-iâⁿ hō͘ i Lū-á-chú, Gô͘-á-chhiûⁿ
　lâi chiàm-khì.
Lô͘ Tōa-phīⁿ, Lí Tōa-sià,
　kì Liâng-têng, Cha-bó͘-iâⁿ Sūn-tong-sià,
　ū niû-chháu lâi thiaⁿ-iōng.
Tōa-phàu-sià ài kong-lô chòe-seng kiâⁿ.
Lîm Tìn-tâi jîn-má kiâⁿ-lō͘ hi-hi-hi,
Thâu-tìn kàu-liáu sī Pang-pi.
Lîm Tìn-tâi thôan-lēng tio̍h chat-iâⁿ,
Ū-ê giâ tî-thâu,
Ū-ê giâ ku̍t-á.
Ū-ê giâ phāiⁿ pò͘-tē,
Chat beh sī thô͘-iâⁿ.
Âng-kî bûn chai-ki,
Chiong che thô͘-iâⁿ ûi kah ba̍t-ba̍t-ba̍t.
Giâm Pān, É-káu-lāng,
　Tè Chìn-liông beh chhut-miâ,
Kong-táⁿ Pang-pi tōa-thûn-iâⁿ.
Kong-lâi kong-khì bô i hūn.
Tōa-ko Tân Tông, Tân Gio̍k-chhun,
Jîn-má chù-chat Pe̍h-soa-tun.
Tōa-hōe beh khiā-kî.　——
Lîm Tìn-tâi gia̍h-ba̍k khòaⁿ-chi̍t-kìⁿ,
Khòaⁿ-kiàn tōa-hōe khiā âng-kî,
Chē chāi tiong-kun tiùⁿ-lāi
　hūn-hūn liàn-lo̍h-khì,
Kha-hong thàu-tn̂g tio̍h-pīⁿ lóng-chóng khí.
Hú-siâⁿ Tōa-hú kà niû-chháu,
Ah-kàu Tōa-iâⁿ-kháu,
Lū-á-chú, Gô͘-á-chhiûⁿ

二人就搶去。
你知糧草是何物？
打開籜籠一下看、
正是：公餅、肉粽、花心魚。
賊仔食了就喝咻、
後壁寮姓廖大哥大肚秋。
林鎮臺被伊一困趕、
　一困去、
趕到邦碑大囤營安身己。
府城管府想計智、
要卜糧草餲得著、
爬出城、偷摘豆仔蕃薯葉、
被嚴辦腳手扐無著、
走入城、驚得屎尿
　流到滿草蓆。

×　×　×

一日攻到一日天、
攻到四月初七冥、
大水雨落淋漓。
林鎮臺有主意、
傳令要溜營、
溜營四散去、
有的假乞食、
有的背裂薦。
林鎮臺走到田洋
看見一點火、
一困行、一困去、
走到火鬥邊跌一倒、
扐水雞林阿義
聽著腳步聲、
心肝內就著驚。

nn̄g lâng tȯh chhiúⁿ-khì.
Lí chai niû-chháu sī siáⁿ-mih?
Phah-khui khah-láng chit-ē khòaⁿ,
Chiàⁿ-sī: Kong-piáⁿ, bah-chàng, hoe-sin-hî.
Chhȧt-á chiȧh-liáu tȯh hoah-hiu,
Āu-piah-liâu sìⁿ Liāu tōa-ko Tōa-tō-chhiu.
Lîm Tìn-tâi hō͘ i chit-khùn kóaⁿ,
　　chit-khùn khì,
Kóaⁿ-kàu Pang-pi tōa-thûn-iâⁿ an-sin-kí.
Hú-siâⁿ kòan-hú siūⁿ kè-tì,ˋ
Ài-beh niû-chháu bōe-tit-tiȯh,
Pê-chhut siâⁿ, thau tiah tāu-á han-chû-hiȯh,
Hō͘ Giâm Pān kha-chhiú liȧh-bô-tiȯh,
Cháu-jip siâⁿ, kiaⁿ kah sái-jiō
　　lâu kah móa chháu-chhiȯh.

×　×　×

Chit-jit kong-kàu chit-jit thiⁿ,
Kong-kàu sì gȯeh chhoe-chhit mî,
Tōa-chúi-hō͘ lȯh lîm-lî.
Lîm Tìn-tâi ū chú-ì,
Thôan-lēng beh liu-iâⁿ,
Liu-iâⁿ sì-sòaⁿ khì,
Ū--ê ké khit-chiȧh,
Ū--ê phāiⁿ ka-chì.
Lîm Tìn-tâi cháu-kàu chhân-iûⁿ
　　khòaⁿ-kìⁿ chit-tiám hóe,
Chit-khùn kiâⁿ, chit-khùn khì,
Cháu-kàu hóe-táu-piⁿ póat-chit-tó,
Liȧh chúi-ke Lîm A-gī
　　thiaⁿ-tiȯh kha-pō͘-siaⁿ,
Sim-koaⁿ-lāi tȯh tiȯh-kiaⁿ.

林鎮臺開言卽講起：　　　　　Lîm Tìn-tâi khai-giân chiah kóng-khí:
「不免扐水鷄朋友你掛意、　　　"Ḿ-bián liȧh chúi-ke pêng-iú lí khòa-ì,
說起來、　　　　　　　　　　　soeh-khí-lâi,
林向榮是我親名字。」　　　　　Lîm Hiòng-êng sī góa chhin miâ-jī."
林仔義念著親人代、　　　　　　Lîm-á-gī liām-tiȯh chhin-lâng-tāi,
盡忠合盡義、　　　　　　　　　Chīn tiong kap chīn gī.
火鬥大膽就吹息。　　　　　　　Hóe-táu tōa-táⁿ tȯh pûn-sit.
林鎮臺五十塊　　　　　　　　　Lîm Tìn-tâi gō͘-chȧp khơ
緊緊挣厚伊、　　　　　　　　　kín-kín chiⁿ hō͘ i,
「緊緊炁我安身己！」　　　　　"Kín-kín chhōa góa an-sin-kí!"

×　×　×　　　　　　　　　　×　×　×

林仔義聽著心歡喜、　　　　　　Lîm A-gī thiaⁿ-tiȯh sim hoaⁿ-hí,
炁伊去鹽水港安身己。　　　　　Chhōa i khì Kiâm-chúi-káng an-sin-kí.
四月初八早起天分明、　　　　　Sì gȯeh chhoe-poeh chái-khí thiⁿ-hun-bêng,
眾大哥點兵攻打邦碑　　　　　　Chiòng tōa-ko tiám-peng kong-táⁿ Pang-pi
　大囷營。　　　　　　　　　　　tōa-thûn-iâⁿ.
大小銃打來響幾聲、　　　　　　Tōa-sió-chhèng phah-lâi hiáng-kúi-siaⁿ,
營內並無管府置著驚。　　　　　Iâⁿ-lāi pēng-bô kóan-hú tì tiȯh-kiaⁿ.
好膽的走去看、　　　　　　　　Hó-táⁿ--ê cháu-khì-khòaⁿ,
營內都空空、　　　　　　　　　Iâⁿ-lāi to khang-khang,
正是林鎮臺溜營　　　　　　　　Chiàⁿ-sī Lîm Tìn-tâi liu-iâⁿ
　無半人。　　　　　　　　　　　bô-pòaⁿ-lâng.
有的侵入去、　　　　　　　　　Ū--ê chhim-jip-khì,
扛大銃、拆布帆。　　　　　　　Kng tōa-chhèng, thiah pò͘-phâng.
搶了都完備、　　　　　　　　　Chhiúⁿ-liáu to ôan-pī,
大哥會香要攻是嘉義。　　　　　Tōa-ko hōe-hiuⁿ beh kong sī Ka-gī.
要攻嘉義城、　　　　　　　　　Beh kong Ka-gī-siaⁿ,
大哥上蓋多、　　　　　　　　　Tōa-ko siōng-kài chōe,
數起來四十連七個。　　　　　　Sǹg--khí-lâi sì-chȧp-liân-chhit--ê.
要攻嘉義城大哥上蓋興、　　　　Beh kong Ka-gī-siaⁿ tōa-ko siōng-kài hèng,
鱸鰻嬌、鱸鰻丁、　　　　　　　Lô͘-môa-kiau, Lô͘-môa-teng,

鱸鰻大哥人上有、
蔡龍、蔡網、許輦份、
陳猫豬、嚴仔魚、
蘇界、王草湖、蕭金泉、
鐘仔幕、遊嵌、葉仔包、
陳璉寶、陳狗母、
陳登順、朱登科、
賴支山、葉超、
陳明河、張仔草、
陳蕃薯、郭天生、
郭友進。
豆菜井大哥陳得勝
　上蓋好、
諸羅山南門街大哥
　賴仔葉、黃仔母。
──黃仔母無路用、
賴溪厝賴大頭、
蔡四正、
這二人數來同起居。
諸羅山北門街大哥
　雜透流。
鹹魚成、章再生、
童乩英、李仔智、
上尾口新店尾大哥
　黃猫狗。
──黃猫狗有主意、
柳仔林大哥黃萬居。
黃萬居上凸風、
扶出竹仔腳蕭勇、蕭義、
　蕭赤、蕭富、蕭天風。
蕭天風有主意、
扶出三大姓：
黃、候、陳、

Lô-môa tōa-ko lâng siōng ū,
Chhòa Liông, Chhòa Bóng, Khớ Lián-hun,
Tân Bâ-ti, Giām-á-hî,
Sơ Kài, Ông Chháu-ô͘, Siau Kim-chôan,
Cheng-á-bō͘, Iû Kham, Iȧp-á-pau,
Tân Liân-pó, Tân Káu-bó,
Tân Teng-sūn, Chu Teng-kho,
Lōa Ki-soan, Iȧp Chhiau,
Tân Bêng-hô, Tiun-á-chháu,
Tân Han-chû, Koeh Thian-seng,
Koeh Iú-chìn.
Tāu-chhài-chén tōa-ko Tân Tek-sèng
　siōng-kài hó,
Chu-lô-san Lâm-mn̂g-ke tōa-ko
　Lōa-á-hiȯh, N̂g-á-bó.
── N̂g-á-bó bô lō-iōng,
Lōa-khe-chhù Lōa Tōa-thâu,
Chhòa Sì-chiàn,
Chit nn̄g lâng sǹg--lâi tông khí-ki,
Chu-lô-san Pak-mn̂g-ke tōa-ko
　chȧp-thàu-lâu.
Kiâm-hî-sêng, Chiong Chài-seng,
Tâng-ki-eng, Lí-á-tì,
siōng-bóe-kháu Sin-tiàm-bóe tōa-ko
　N̂g Bâ-káu.
── N̂g Bâ-káu ū chú-ì,
Liú-á-nâ tōa-ko N̂g Bān-ki.
N̂g Bān-ki siōng phòng-hong,
Hû-chhut Tek-á-kha Siau Ióng, Siau Gī,
　Siau Chhiah, Siau Hù, Siau Thian-hong.
Siau Thian-hong ū chú-ì,
Hû-chhut san tōa-sìn:
N̂g, Hâu, Tân,

候宣爐、候仔猛、
　候搭、候弄。
四十七人攻諸羅有跌打。

Hâu Soan-lô, Hâu-á-béng,
　Hâu Tah, Hâu lāng.
Sì-chàp-chhit lâng kong Chu-lô ū siak-phah.

×　×　×

×　×　×

戴萬生彰化城
　點兵攻大甲。
要攻大甲城、
大哥上蓋多、
多罔多、無路用、
放置大甲城內、
卜造鉛子袋、
林龜想、恁虎晟攻大甲、
恁虎城頭陣跌落馬、
爬起來頹頹頹。
城樓頂管府格恁話:
「我這大甲石頭城、
不驚四塊厝大哥林恁晟、
數起來三條巷、
只驚大埔心
　姓陳大哥啞口弄。」
啞口弄攻諸羅上艱苦。
頂縣戴萬生
　彰化嗆飯三通鼓。
戴彩龍攻諸羅
　嗆大條蕃薯脯。
廖陳金出門
　總是花查某。
——無人知、
　腳手出來講——
下沙裏大哥陳仔訪。

Tè Bān-seng Chiong-hòa-siâⁿ
　tiám-peng kong Tāi-kah.
Beh kong Tāi-kah-siâⁿ,
Tōa-ko siōng-kài chōe,
Chōe bóng chōe, bô lō͘-iōng,
Khǹg tī Tāi-kah-siâⁿ-lāi,
Beh chō iân-chí-tē,
Lîm Ku-sióng, Gōng-hó͘-sêng kong Tāi-kah,
Gōng-hó͘-sêng thâu-tīn siak-lòh bé,
Peh-khí-lâi thōe-thōe-thōe.
Siâⁿ-lâu-téng kóan-hú kek gōng-ōe:
"Góan che Tāi-kah chiòh-thâu-siâⁿ,
M̄-kiaⁿ Sì-tè-chhù tōa-ko Lîm Gōng-sêng,
Sǹg--khí-lâi Saⁿ-tiâu-hāng,
Chí kiaⁿ Tōa-po͘-sim
　sìⁿ Tân tōa-ko É-káu-lāng."
É-káu-lāng kong Chu-lô siōng kan-khó͘.
　Téng-koan Tè Bān-seng
　Chiong-hòa chiàh-pn̄g saⁿ thong-kó͘.
Tè Chhái-liông kong Chu-lô
　chiàh tōa-tiâu han-chû-pó͘.
Liāu Tân-kim chhut-mn̂g
　chóng-sī hoe cha-bó͘.
　—— Bô lâng chai,
　kha-chhiú chhut-lâi-kóng ——
A-sa-lí tōa-ko Tân-á-hóng.

× × ×

眾大哥大家有主意、
大眾要攻諸羅一城池。
攻到五月十一冥地大動。
紅旗夯超超、
少年家勃勃投、
戰鼓叮噹喊、
人馬一困咻、一困去、
咻到諸羅山東門來為止。
好大膽倒梯移起去。
城樓頂官府就看見、
大小銃打下多完備。
黃豬哥蓋龜精、
喝搶西門街、得著錢。
心肝雜統統、
要叛不敢講、
一手人馬點去依布總。
黃豬哥、吳仔墻蓋生神、
相招叛二林。
叛了都完備。
走出南門外合那嚴辦
　幹生死、
一手人馬駐紮
　柳仔林安身己。
二人有主意、
走到鹽水港、
向林鎮臺領白旗、
順勢𤆬林鎮臺出來
　救城市。
一困𤆬、一困去、
𤆬到南門朱子祠、
遇著紅旗溜營剛卽離。

× × ×

Chiòng tōa-ko tak-ke ū chú-ì,
Tāi-chiòng beh kong Chu-lô chit siâⁿ-tî.
Kong-kàu gō góeh chàp-it mî tē tōa-tāng.
Âng-kî giâ-chhiau-chhiau,
Siàu-liân-ke pùt-pùt-tâu,
Chiàn-kớ teng-tang hoah,
Jîn-má chit-khùn hiu, chit-khùn khì,
Hiu-kàu Chu-lô-san Tang-mn̂g lâi ûi-chí.
Hó tōa-táⁿ tò-thui î-khí-khì,
Siân-lâu-téng koaⁿ-hú tóh khòaⁿ-kìⁿ,
Tōa-sió-chhèng phah-hā to ôan-pī.
Ńg Ti-ko kài ku-chiⁿ,
Hoah chhiúⁿ Sai-mn̂g-ke, tit-tiòh chⁿ.
Sim-koaⁿ chàp-thóng-thóng,
Beh pōan m̄-káⁿ kóng,
Chit-chhiú jîn-má tiám-khì i Pò-chóng.
Ńg Ti-ko, Gô-á-chhiûⁿ kài lān-sîn,
Sio-chio pōan Jī-lîm.
Pōan-liáu to ôan-pī.
Cháu-chhut Lâm-mn̂g-gōa kap he Giâm Pān
　　kàn seⁿ-sí,
　　Chit-chhiú jîn-má chū-chat
　　Liú-á-nâ an-sin-ki.
Nn̄g lâng ū chú-ì,
Cháu-kàu Kiâm-chúi-káng,
Hiòng Lîm Tìn-tâi niá pèh-kî,
Sūn-sòa chhōa Lîm Tìn-tâi chhut-lâi
　　kiù siâⁿ-chhī.
Chit-khùn chhōa, chit-khùn khì,
Chhōa-kàu Lâm-mn̂g Chu-chú-sû,
Tn̄g-tiòh Âng-kî liu-iâⁿ tú-chiah lī.

−557−

黃仔房、林仔義
　二人不驚死、
現此時同日置做忌。

Ng-á-pâng, Lîm-á-gī
　nñg lâng m̄-kiaⁿ sí,
Hiān-chú-sî kāng-ji̍t tì chòe-kī.

×　×　×

×　×　×

林鎮臺紮諸羅、
六月起、紮到八月止。
廚房上街去買菜、
聽著街頭巷尾
　百姓置偷會：
「林鎮臺府內
　敢是無可喰？
頂縣有紅旗、不敢去：
駐站諸羅山
　拿人損番頭、
渡飽過日子。」
廚房聽著面仔紅炬炬、
不敢來應伊。
走返來、給了鎮臺說透機：
「我今下街去買菜、
聽著街頭巷尾
　百姓置偷會：
『林鎮臺府內無可喰、
頂縣有紅旗不敢去、
駐紮諸羅山
　扛人損番頭、
渡飯過日子。』」
林鎮臺聽著氣沖天、
就召黃飛虎、林有材
　二人來參詳、來商議。
令卽「點兵就來去、
不可在這諸羅山、

Lîm Tìn-tâi chat Chu-lô,
La̍k go̍eh khí, chat-kàu poeh go̍eh chí.
Tû-pâng chiūⁿ-koe khì bóe-chhài,
Thiaⁿ-tio̍h koe-thâu hāng-bóe
　peh-sìⁿ tì thau-hōe:
"Lîm Tìn-tâi hú-lāi
　kám-sī bô-thang chia̍h?
Téng-kōan ū Âng-kî, m̄-káⁿ khì,
Chù-tiàm Chu-lô-san
　the̍h lâng kòng hoan-thâu,
Tō-pá kòe ji̍t-chí."
Tû-pâng thiaⁿ-tio̍h bīn-á âng-kì-kì,
M̄-káⁿ lâi ìn i.
Cháu-tńg-lâi, kā-liáu Tìn-tâi kóng thàu-ki,
"Góa taⁿ ē-koe khì bóe-chhài,
Thiaⁿ-tio̍h koe-thâu hāng-bóe
　peh-sìⁿ tì thau-hōe,
'Lîm Tìn-tâi hú-lāi bô-thang chia̍h,
Téng-kōan ū Âng-kî m̄-káⁿ khì,
Chù-chat Chu-lô-san
　lia̍h lâng kòng hoan-thâu,
Tō-pn̄g kòe ji̍t-chí.'"
Lîm Tìn-tâi thiaⁿ-tio̍h khì-chhiong-thian,
To̍h tiàu Ng Hui-hó͘, Lîm Iú-châi
　nñg lâng lâi chham-siông, lâi siong-gī.
lēng chek "Tiám-peng to̍h lâi-khì,
M̄-thang tī che Chu-lô-san,

百姓傳名合說聲。」

黃林二人有主意、

點兵就齊備、

傳令就起行、

來到石龜溪、猴糞溝、

大丘園來爲止。

林鎮臺傳令要紮營、

說叫先生羅經排落去。

排了離離、

遠遠一個囝仔嬰置喝喊：

「先生慢且是、

這園是我的、

要做風水、葬別處、

　卽合理。」

林鎮臺聽著氣冲天：

「咱是要來紮大營、

將咱做風水來計議、

吉兆極呆上無比！」

說叫先生羅經來收起。

傳令更再征、更再去、

征到斗六來爲止。

被那張、廖大哥圍齊備。

你知張、廖大哥有多少？

數起來三十連七個：

廖清風、廖大耳、

大肚萬有主意、

廖仔黎、廖鯽兼、

　廖厲、廖有于、

　阿糞醜、廖談、

　大舌寬、豎紅旗就喝是。

溪州底張仔泉、張順治、

　張撓嘴、張缺嘴、

　張三顯、張仔天。

Peh-sìⁿ thôan-miâ kap soeh-siaⁿ."

 N̂g Lîm nn̄g lâng ū chú-ì,

Tiám-peng tỏh chē-pī,

Thôan-lēng tỏh khí-kiâⁿ,

Lâi-kàu Chiỏh-ku-khoe, Kâu-pùn-kau,

Tōa-khu-hn̂g lâi ûi-chí.

Lîm Tìn-tâi thôan-lēng beh chat-iâⁿ,

soeh-kiò sian-siⁿ lô-keng pâi-lỏh-khì.

Pâi-liáu lī-lī,

Hn̄g-hn̄g chit-ê gín-á-iⁿ tì hoah-hán:

"Sian-siⁿ bān-chhiáⁿ sī,

Che hn̂g sī góan--ê,

Beh chòe hong-súi, chòng pảt-tè,

　chiah hảp-lí."

Lîm Tìn-tâi thiaⁿ-tiỏh khì-chhiong-thiⁿ:

"Lán sī beh-lâi chat tōa-iâⁿ,

Chiong lán chòe hong-súi lâi kè-gī,

Kiat-tiāu kek pháiⁿ siōng-bô pí!"

Soeh-kiò sian-siⁿ lô-keng lâi siu-khí.

Thôan-lēng koh-chài cheng, koh-chài khì,

Cheng-kàu Táu-lảk lâi ûi-chí.

Hō he Tiuⁿ, Liāu tōa-ko ûi chē-pī.

Lí chai Tiuⁿ, Liāu tōa-ko ū lōa-chōe?

Sǹg--khí-lâi saⁿ-chảp-liân-chhit--ê:

Liāu Chheng-hong, Liāu Tōa-hīⁿ,

Tōa-tō-bān ū chú-ì,

Liāu-á-lê, Liāu Chit-kiam,

　Liāu Lē, Liāu Iú-û,

　A-sái-bái, Liāu Tâm,

　Tōa-chih-khoan, khiā âng-kî tỏh hoah sī.

Khoe-chiu-té Tiuⁿ-á-chôaⁿ, Tiuⁿ Sūn-tì,

　Tiuⁿ Khiàu-chhùi, Tiuⁿ Khih-chhùi,

　Tiuⁿ Sam-hián, tiuⁿ-á-thian.

張仔天做大哥無人知、 Tiuⁿ-á-thian chòe　tōa-ko bô lâng chai,

下崙仔大哥張仔開、 Ē-lûn-á tōa-ko Tiuⁿ-á-khai,

──張仔開頂凸風、 ──Tiuⁿ-á-khai téng phòng-hong,

戴萬生轅門鬍鬚東、 Tè Bān-seng ôan-mn̂g Hô-chhiu-tong,

──鬍鬚東上格空、 ──Hô-chhiu-tong siōng kek-khang,

洪仔花軍師柯大邦、 Âng-á-hoe kun-su Koa Tāi-pang,

──柯大邦無路用、 ──Koa Tāi-pang bô lō-iōng,

廖談正先鋒、 Liāu Tâm chiàⁿ sian-hong,

臭頭高主生、 Chàu-thâu Ko Chú-seng,

──高主生頂溜鄙、 ──Ko chú-seng téng liù-phí,

西螺囝仔大哥名阿喜、 Sai-lê gín-á tōa-ko miâ A-hí,

阿喜做大哥上蓋賢、 A-hí chòe tōa-ko siōng-kài gâu,

茄苳仔腳薛蟑蜥、李龍溪、 Ka-tang-á-kha Sih Chiûⁿ-chî, Lí Liông-khoe,

李龍溪有主意、 Lí Liông-khoe, ū Chú-ì,

就共周仔賊說透機： Tȯh kā Chiu-á-chhȧt soeh thàu-ki:

「林鎭臺被咱一日圍過 "Lîm Tìn-tâi hȭ lán chȧt-jȧt ûi-kòe

　一日天、 　chȧt-jȧt-thiⁿ,

並無糧草好入去、 Pēng-bô niû-chháu hó jip-khì,

通批南路遁勇 Thong-phoe Lâm-lō tūn-ióng

　來到此。」 　lâi-kàu chí."

八個遁勇來完備、 Poeh ê tūn-ióng lâi ôan-pī,

「大哥召我兄弟啥代誌？」 "Tōa-ko tiàu góa hiaB-tī siáⁿ tāi-chì?"

眾大哥就講起： Chiòng tōa-ko tȯh kóng-khí:

「林鎭臺被我一日圍到 "Lîm Tìn-tâi hȭ góa chȧt-jȧt ûi-kàu

　一日天、 　chȧt-jȧt-thiⁿ,

也無糧草可入去、 Iā-bô niû-chháu thang jip-khì,

給恁遁勇通相知、 Kā lín tūn-ióng thong-saⁿ-ti,

教伊溜、就好去、 Kà i tô, tȯh hó khì,

營地厚我卽合理。」 Iâⁿ-tē hȭ góa chiah hȧp-lí,"

八個遁勇聽一見、 Poeh-ê tūn-ióng thiaⁿ-chȧt-kìⁿ,

不敢來延遲、 M̄-káⁿ lâi iân-tî,

走入大小營大家相通知。 Cháu-jȧp tōa-sió-iâⁿ tȧk-ke saⁿ thong-ti.

來到大營給了林鎮臺

　說透機：

「咱這營內無糧草、

溜營就來去、

營地放厚伊。」

林鎮臺聽著氣沖天、

「連這遁勇也已叛了離！

總是生命著來死、

免被大哥扐去受淩遲。」

買要一丸阿片煙、

提便便自盡大先死、

方免紅旗手頭

錯誤受淩遲。

八個遁勇就看見、

看見林鎮臺吞煙置要死、

布帆拆下來、

緊緊就扛去。

近來看、親像物、

遠來看、親像

　呆子豬罟籠大豬。

一困扛、一困去、

扛到斗六媽祖宮、

剩了一條的氣絲。

啞口弄看一見、

板尖刀就拔起、

屁股破落去、

五孔紅紅有可比、

可比米粉漏的一理。

頭殼給伊割了離、

順勢給伊就題詩。

題有四句詩：

「五祖傳來一首詩、

不能露出這根機、

Lâi-kàu tōa-iâⁿ kā-liáu Lîm Tìn-tâi

　　soeh thàu-ki:

"Lán che iâⁿ-lāi bô niû-chháu,

Tô-iâⁿ tȯh lâi-khì,

Iâⁿ-tē pàng hō͘ i."

Lîm Tìn-tâi thiaⁿ-tiȯh khì-chhiong-thiⁿ,

"Liân che tūn-ióng iā í pōan-liáu-lī!

Chóng-sī sìⁿ-miā tiȯh-lâi sí,

Bián hō͘ tōa-ko liȧh-khì siū lêng-tî."

Bóe beh chȧt-ôan A-phiàn-hun,

Thȩh-piān-piān chū-chīn tāi-seng sí,

Hong-bián Âng-kî chhiú-thâu

chhò-ngō͘ siū lêng-tî.

Poeh-ê tūn-ióng tȯh khòaⁿ-kì,

Khòaⁿ-kì Lîm Tìn-tâi thun hun tì-beh sí,

Pò͘-phâng thiah-lȯh-lâi.

Kín-kín tȯh kng-khì.

Kīn-lâi khòaⁿ, chhin-chhiūⁿ mih,

Hn̄g-lâi khòaⁿ, chhin-chhiūⁿ

　pháiⁿ-kiáⁿ ti-kô lam tōa-ti.

Chȧt-khùn kng, chȧt-khùn khì,

Kng-kàu Táu-lȧk Má-chó͘-keng,

Chhun-liáu chȧt-tiâu ê khùi-si.

É-káu-lāng khòaⁿ-chȧt-kìⁿ,

Pán-chiam-to tȯh pȯeh-khí,

Kha-chhng phòa-lȯh-khì,

Gō͘-khang âng-âng ū-khó pí,

Khó-pí bí-hún-lāu ê chȧt-lí.

Thâu-khak kā i koah-liáu-lī,

Sūn-sè kā i tȯh tê si.

Tê ū sì-kù si:

"Gō͘-chó͘ thôan-lâi chȧt-siú si,

Put-lêng lō͘-chhut chȧt-kun ki,

多望兄弟來指教、
記憶當初子醜時。」

×　×　×

林有理置唐山置做官。
探聽臺灣置反亂、
五人點兵過來
　　要平臺灣。
數起來：
大小曾、吳撇臺、
王大人、林有理。
五人置唐山、
點兵就起行。
臺灣陳大老、
洪大老點兵伏山城。
伏了山城多賢勉、
七十二莊大哥張三顯，
張三顯做大哥頂靈精、
伊兄張阿天得銀有三千、
要獻大哥戴萬生。
「賜你二粒暗藍頂、
順勢插花翎。」
戴萬生獻去了、
伊兄有功反無功。
紅旗起衰微、
三顯生氣相招反青旗。
反了都完備。
連累廖談小姨
　　生命白白死、
扒到寶斗溪就射箭：
腳縫下著了二枝箭、
站置動動晃。

To-bōng hiaⁿ-tī lâi chí-kàu,
Kì-ek tong-chhoe chú-thiúⁿ-sî."

×　×　×

Lîm Iú-lí tī Tn̂g-soaⁿ tì chòe-koaⁿ.
Thàm-thiaⁿ Tâi-ôan tì hóan-lōan,
Gō͘ lâng tiám-peng kòe-lâi
　　beh pêng Tâi-ôan.
Sǹg--khí-lâi:
Tōa-sió-chan, Hô͘ Phiat-tâi,
Ông Tāi-jîn, Lîm Iú-lí.
Gō͘ lâng tī tn̂g-soaⁿ,
Tiám-peng tóh khí-kiâⁿ.
Tâi-ôan Tân Tāi-ló,
Âng Tāi-ló tiám-peng hók soaⁿ-siâⁿ.
Hók-liáu soaⁿ-siâⁿ to hiân-bián,
Chhit-cháp-jī-chng tōa-ko Tiuⁿ Sam-hián,
Tiuⁿ Sam-hián chòe tōa-ko téng lêng-cheng,
In-hiaⁿ Tiuⁿ A-thian tit gûn ū saⁿ-chheng,
Beh hiàn tōa-ko Tè Bān-seng.
"Sù lí nn̄g-liáp àm-nâ-téng,
Sūn-sè chhah hoe-lêng."
Tè Bān-seng hiàn-khì-liáu,
In-hiaⁿ ū kong hóan bô kong.
Âng-kî khí soe-bî,
Sam-hián siū-khì sio-chio hóan chhiⁿ-kî,
Hóan-liáu to ôan-pī.
Liân-lūi Liāu Tâm sòe-î
　　sìⁿ-miā péh-péh-sí.
Liáh-kàu Pó-táu-khoe tóh siā-chì:
Kha-phāng-ē tióh-liáu nn̄g-ki chìⁿ,
Tiàm-tì tōng-tōng-hàiⁿ.

眾人站置看、
元帥是蕭泉：
蕭家元帥頂不通、
伊後生做元帥、
伊老父領令做先鋒。
大小曾做事有仔細、
令了丁太爺押了戴萬生。
到了寶斗溪、
陳越司扐來就刈肉、
簡豬哥煞落閘。
眾大哥看著落閘
　　喊罪過！

×　×　×

猫皆輸賭獻彰化。
獻了彰化都完備、
林有理點兵圍鄉里。
點兵來起行、
要攻四塊厝大哥林忝晟。
攻來攻去無法伊。
賊星注伊要該敗、
遇著陳厝莊陳主星
　　封門孔。
大銃釘鐵丁、
內裏叛出來。
忝虎晟一見、駛合鄙。
王阿萬拿話就應伊：
「不必元帥你掛意、
咱今烘爐火整齊備、
鉛子火藥佈落去、
大家總著死、
不免被那狗官來淩遲。」

Chiòng-lâng tiàm-tì-khòaⁿ,
Gôan-sòe sī Siau-chôaⁿ:
Siau-ka gôan-sòe téng m̄-thong,
In hāu-siⁿ chòe gôan-sòe,
In lāu-pē niá-lēng chòe sian-hong.
Tōa-sió-chan chòe-sū ū chim-chiok,
Lēng-liáu Teng Thài-iâ ah-liáu Tè Bān-seng.
Kàu-liáu Pó-táu-khoe,
Tân Òat-si liàh-lâi tòh koah-bah,
Kán Ti-ko soah lòh-chàh.
Chiòng tōa-ko khòaⁿ-tiòh lòh-chàh
　　hoah chōe-kò!

×　×　×

Bâ-kai su-kiáu hiàn Chiong-hòa.
Hiàn-liáu Chiong-hòa to ôan-pī,
Lîm Iú-lí tiám-peng ûi hiuⁿ-lí.
Tiám-peng tiō khí-kiâⁿ,
Beh kong Sì-tè-chhù tōa-ko Lîm Gōng-sêng.
Kong-lâi kong-khì bô-hoat i.
Chhàt-chhiⁿ chù i beh-kai pāi,
Tn̄g-tiòh Tân-chhù-chng Tân Chú-seng
　　hong mn̂g-khang.
Tōa-chhèng tèng thih-teng,
Lāi-lí pōan-chhut-lâi.
Gōng-hó-sêng chit-kìⁿ, sái kah phí.
Ông A-bān liàh-ōe tòh ìn i:
"Put-pit gôan-sòe lí khòa-ì,
Lán taⁿ hang-lô-hóe chéng chê-pī,
Iân-chí hóe-iòh pò-lòh-khì,
Tak-ke chóng-tiòh sí,
M̄-bián hō he káu-koaⁿ lâi lêng-tî,"

恭虎晟聽著心歡喜。	Gōng-hó͘-sêng thiaⁿ-tiòh sim-hoaⁿ-hí.
兩邊大哥滿滿是、	Nn̄g-pêng tōa-ko móa-móa sī,
一手牽大某、	Chit-chhiú khan tōa-bó͘,
一手牽小姨、	Chit-chhiú khan sòe-î,
合了大哥置會議：	Háp-liáu tōa-ko tì hōe-gī:
「這遭大家著來死、	"Chit choa tak-ke tiòh-lâi sí,
不免被伊扴去受淩遲。」	M̄-bián hō͘ i liàh-khì siū lêng-tî."
小姨想要走出去、	Sòe-î siūⁿ-beh cháu--chhut-khì,
恭虎晟想要去牽伊：	Gōng-hó͘-sêng siūⁿ-beh khì khan i:
王仔萬看一見、	Ông-á-bān khòaⁿ-chit-kìⁿ,
烘爐火踢落去：	Hang-lô͘-hóe that--lòh-khì:
「厚恁同齊死！」	"Hō͘ lín tâng-chê sí!"
恭虎晟燒無死、	Gōng-hó͘-sêng sio bô sí,
燒得牙仔 gi……。	Sio tit gê-á gī-gī-cī.
被伊有理來扴去、	Hō͘ i Iú-lí lâi-liàh-khì,
勸到晟叔仔：	Khǹg-tiòh Sêng-chek-á:
「退紅茶喰了離、	"Thòe-hông-tê chiàh-liáu-lī,
我救你生命卽獪死。」	Góa kiù lí sìⁿ-miā chiah bōe sí."
恭虎晟聽一見、	Gōng-hó͘-sêng thiaⁿ-chit-kìⁿ,
——彼當時	—— Hit tong-sî
前後厝站置拼、	Chêng-āu-chhù tiàm-tì-piàⁿ.
因爲陳大恭這起的代誌、	In-ūi Tâng Tōa-gōng chit-khí ê tāi-chí,
那裏肯饒我的道理？	Ná-lí khéng jiâu góa ê tō-lí?
不如咬舌來身死。——	Put-jû kā-chih lâi-sin-sí. ——
「要刣要割隨在你。」	"Beh thâi beh koah sûi-chāi lí."
恭虎晟死了都完備、	Gōng-hó͘-sêng sí-liáu to ôan-pī,
也著過刀卽合理：	Iā-tiòh kòe-to chiah háp-lí:
裂四腿四角頭去現示。	Liàh sì-thúi sì-kak-thâu khì hián-sī.
眾大哥弄空就行動。	Chiòng tōa-ko làng-khang tòh hêng-tōng,
×　×　×	×　×　×
大小曾請令要攻	Tōa-sió-chan chhiáB-lēng beh kong

小埔心大哥啞口弄。

先鋒隊羅仔賊
　領令去攻伊、
攻來攻去無法伊。
啞口弄置竹城內便知機、
就喊客婆嫂來到此：
「你將羅仔賊來打死、
賜你十二元白白來給你。」
客婆嫂聽著心歡喜、
手銃拿一支、
近來竹城邊、
打客話給伊來說起：
「你小妹在這竹城內、
　艱苦佳易兼利市、
　望你阿賊哥
　緊緊烌我出來去！」
羅仔賊聽著客婆聲、
心肝內就歡喜。
踏上砲臺頂來未幾時、
客婆嫂一門銃
　入有二粒子、
兇兇就放去。
客婆嫂打銃上蓋會、
一門銃打去
　對對著二個：
頂不通、
一個是元帥、
一個是先鋒。
文武官員看見
　羅仔賊被人來打死、
目屎落淋漓、
運棺就返去。
激了水城來淹伊。

Sió-po͘-sim tōa-ko É-káu-lāng.

Sian-hong-tūi Lô-á-chha̍t
　niá-lēng khì kong i,
Kong-lâi kong-khì bô-hoat i.
É-káu-lāng tī tek-siâⁿ-lāi piān chai-ki,
Tio̍h-hoah Kheh-pô-só lâi-kàu chí:
"Lí chiong Lô-á-chha̍t lâi phah-sí,
Sù lí cha̍p-jī kho͘ pe̍h-pe̍h lâi hō͘ lí."
Kheh-pô-só thiaⁿ-tio̍h sim-hoaⁿ-hí,
Chhiú-chhèng the̍h chi̍t-ki,
Kīn-lâi tek-siâⁿ-piⁿ,
Phah kheh-ōe kā i lâi kóng-khí:
"Lín sió-mōe chāi che tek-siâⁿ-lāi,
　Kan-khó͘ ka-ia̍h kiam lī-chhī,
　Bāng lí A-chha̍t-ko
　Kín-kín chhōa góa chhut-lâi-khì!"
Lô-á-chha̍t thiaⁿ-tio̍h Kheh-pô siaⁿ,
Sim-koaⁿ-lāi to̍h hoaⁿ-hí.
Ta̍h-chiūⁿ phàu-tâi-téng lâi bōe-kúi-sî,
Kheh-pô-só chi̍t-mn̂g-chhèng
　ji̍p ū nn̄g-lia̍p chí,
Hiông-hiông to̍h pàng-khì.
Kheh-pô-só phah-chhèng siōng-kài ē,
Chi̍t-mn̂g-chhèng phah-khì
　tùi-tùi tio̍h nn̄g--ê:
Téng m̄-thong,
Chi̍t-ê sī gôan-sòe,
Chi̍t-ê sī sian-hong.
Bûn-bú koaⁿ-gôan khòaⁿ-kìⁿ
　Lô-á-chha̍t hō͘ lâng lâi-phah-sí,
Ba̍k-sái lo̍h lîm-lî,
Ūn koaⁿ to̍h tńg-khì.
Kek-liáu chúi-siâⁿ lâi im i,

賊星注伊要該敗、	Chha̍t-chhi^{n} chù i beh-kai pāi,
遇著監州地理先來到此。	Tn̄g-tio̍h Kàm-chiu tē-lí-sian lâi-kàu chí.
說叫：「大人、喂！	Soeh-kiò: “Tāi-jîn, oeh!
我看啞口弄	Góa khòa^{n} É-káu-lāng
猴神來出世、	kâu-sîn lâi chhut-sì,
鼎籤穴來起義、	Tiá^{n}-kám-hiat lâi khí-gī,
將這土地公	Chiong che Thó-tī-kong
面頭前的地理、	bīn-thâu-chêng ê tē-lí,
掘溝敗落去、	Ku̍t kau pāi-lo̍h-khì,
不免攻、家已開離離。」	M̄-bián kong, ka-kī khui-lī-lī.”
啞口弄打開多完備。	É-káu-lāng phah-khui to ôan-pī.
孩獃十三莊	Hâi-tai cha̍p-sa^{n} chng
搶了十一莊、	chhiú^{n}-liáu cha̍p-it chng,
搶不夠、	Chhiú^{n} bô-kàu,
深坑八莊	Chhim-khe^{n} poeh chng
搶七莊來湊。	chhiú^{n} chhit chng lâi tàu.
大水[illegible]流、	Tōa-chúi phîn-phông lâu,
百姓被大水漂流去。	Peh-sì^{n} hō͘ tōa-chúi phiau-liû-khì.
人馬駐紮二潭墘。	Jîn-má chù-chat Jī-thâm-kî^{n}.
二潭墘劉仔賜上蓋富、	Jī-thâm-kî^{n} Lâu-á-sù siōng-kài pù,
看見走反的苦傷悲、	Khòa^{n}-kì^{n} cháu-hóan--ê khó͘-siong-pi,
一家厝扣卜	Chit-ke-chhù khioh beh
五斤蕃薯簽、	gō͘-kun han-chû-chhiam,
一斤鹽、給那走反的煮。	Chit-kun-iâm, hō͘ he cháu-hóan--ê chú.
× × ×	× × ×
大小曾要攻下縣呂仔主。	Tōa-sió-chan beh kong Ē-kōan Lū-á-chú.
呂仔主探聽知、	Lū-á-chú thàm-thia^{n} chai,
安排三千銀、	An-pâi sa^{n}-chheng gûn,
連夜就起行、	Liân-iā to̍h khí-kiâ^{n},
去到布袋嘴、	Khì-kàu Pò͘-tē-chhùi,
臭頭沙面頭前逃生命。	Chhàu-thâu-soa bīn-chêng tô sì^{n}-miā.

臭頭沙看見呂仔主
　來到此、
心肝內十分暗歡喜、
大開宴席來請伊：
一面透冥寫文書、
行到北港蔡麟淵
　親看見。
蔡麟淵看批暗歡喜、
人馬點齊備、
去到布袋嘴。
臭頭沙押大哥、
押了呂仔主
　到山城未幾時、
白太爺昇堂就問伊：
「下縣呂仔主
　莫非你正是？」
呂仔主預辨死、
合伊格硬氣：
「你知我是呂仔主、
問卜給我鄙、也不是？」
眾人站置看、
三哥出來到、
說叫：「白太爺！
呂仔主不免審問伊、
擬罪銅錢刈！」
大家站置呼、
日頭未許午、
刈到下半哺。

×　×　×

呂仔主、嚴仔魚
　刈了都完備、

Chhàu-thâu-soa khòaⁿ-kìⁿ Lū-á-chú
　lâi-kàu chí,
Sim-koaⁿ-lāi chảp-hun àm hoaⁿ-hí,
Tāi-khai iàn-sẻk lâi chhiáⁿ i:
Chỉt-bīn thàu-mî siá bûn-su,
Kiâⁿ-kàu Pak-káng Chhòa Lîn-ian
　chhin khòaⁿ-kìⁿ.
Chhòa Lîn-ian khòaⁿ phoe àm hoaⁿ-hí,
Jîn-má tiám chê-pī,
Khì-kàu Pò-tē-chhùi.
Chhàu-thâu-soa ah-liáu tōa-ko,
Ah-liáu Lū-á-chú
　kàu soaⁿ-siâⁿ bōe-kúi-sî,
Pẻh Thài-iâ seng-tîng tỏh mn̂g i:
"Ē-kōan Lū-á-chú
　bỏk-hui lí chiàⁿ-sī?"
Lū-á-chú chhûn-pān sí,
Kah i kek ngī-khì:
"Lí chai góa sī Lū-á-chú,
Mn̂g beh kā góa phí, iā m̄-sī?
Chiòng-lâng tiàm-tì khòaⁿ,
Saⁿ-ko chhut-lâi-kàu,
Soeh-kiò: "Pẻh Thài-iâ!
Lū-á-chú m̄-bián sím-mn̂g i,
Gí chōe tâng-chîⁿ-koah!"
Tảk-ke tiàm-tì hoⁿ,
Jỉt-thâu bōe-hiàⁿ-tàu,
Koah-kàu ē-pòaⁿ-po.

×　×　×

Lū-á-chú, Giām-á-hî
　koah-liáu to ôan-pī,

大小官員點兵回鄉裏。 Tōa-sió koaⁿ-gôan tiám-pêng　hôe hiuⁿ-lí.
文官就賞兵、 Bûn-koaⁿ tȯh siúⁿ peng,
武宦就謝旗。 Bú-koaⁿ tȯh siā kî.

╳　╳　╳ ╳　╳　╳

遇著唐山行文來到此、 Gū-tiȯh Tn̂g-soaⁿ hêng-bûn lâi-kàu chí,
召要有理仔 Tiàu beh Iú-lí-á
　去平長毛的代誌。 　khì pêng Tn̂g-mơ ê tāi-chì.
有理仔接著旨意、 Iú-lí-á chiap-tiȯh Chí-ì,
隨時點兵就要去、 Sûi-sî tiám-peng tȯh beh khì,
給伊小弟有田相通知: Kā in sió-tī Iú-tiân saⁿ-thong-ti:
「若是敗兵的代誌、 "Nā-sī pāi-peng ê tāi-chì,
臺灣勇愛來去。」 Tâi-ôan-ióng ài lâi-khì."
點兵緊如箭、 Tiám-peng kín jû chìⁿ,
總到漳州直直去。 Chông-kàu Chiang-chiu tit-tit-khì.
此歌是實不是虛、 Chit-koa sī sit m̄-sī hi,
留得要傳到後世、 Lâu-tit beh thôan-kàu āu-sì,
勸人子兒 Khǹg lâng kiáⁿ-jî
　不當叛反的代誌: 　m̄-thang pōan-hóan ê tāi-chì,
若是謀反一代誌、 Nā-sī bô-hóan chit tāi-chì,
拿來活活就打死: Liȧh-lâi ȯah-ȯah tȯh phah-sí:
不免官府受淩遲、 M̄-bián koaⁿ-hú siū lêng-tî,
田園抄去煞伶俐。 Chhân-hn̂g chhau-khì soah léng-lī.

三、《相龍年一歌詩》漢字/Pėh-ōe-jī（白話字）對照

漢字手抄原稿：曾傳興先生（**Chan Thôan-heng**，1911～1997，高雄田寮）收藏者：曾乾舜先生（**Chan Khiân-sùn**，1934～，曾傳興先生的二公子）漢字校對、Pėh-ōe-jī：Teng Hongtin （丁鳳珍）

◎說　明

1. 本處的漢字採用筆者校對的新版用字。詳見本論文第七章第一節。
2. 漢字校對版處理原則：
   （1）該字如果有兩種寫法，前一種寫法為校注者選擇的用字，第二種寫法則用「（　）」註明在後，讓讀者自行取捨。如：「轉（返）」。
   （2）如果字詞用字有疑問，無法確知者，在該字詞後面加上「（？）」，並在該字詞下方加上橫線，方便辨識。
   （3）少部分原稿用字無法辨識，則直接採用原稿文字，以圖片格式來處理。
   （4）標點符號，改用新式標點符號。
   （5）為了便於閱讀，原稿用字中有許多簡體字體，在校對版中改以現行通用的繁體字。
   （6）疑有漏字，筆者增補的字，加上[　]。

漢　　　字	Pėh-ōe-jī（白話字）
你今聽著聽，聽我唱。	Lí taⁿ thiaⁿ-tiȯh-thiaⁿ, thiaⁿ góa chhiùⁿ.
唱出相龍年一歌詩。	Chhiùⁿ-chhut Siùⁿ-liông nî chit koa-si.
孔道台到任未幾時。	Khóng Tō-tâi tò-jīm bōe-kúi-sî.
庫銀夭未到。	Khò͘-gîn iáu-bōe kàu.
身邊兜，	Sin-piⁿ-tau,
並無半文錢可使用。	Pēng-bô pòaⁿ-bûn chîⁿ thang sú-iōng.
急叫：「小軍！吩咐你。」	Sûi kiò: "Sió-kun! Ho an-hù lí."

小軍聽一見，	Sió-kun thiaⁿ-chi̍t-kìⁿ,
雄雄走倚去，	Hiông-hiông cháu-óa-khì,
雙脚叠齊跪落去：	Siang-kha thiáp-chê kūi-lo̍h-khì:
「未知孔道台爲著乜代志？	"Bōe-chai Khóng Tō-tâi ūi-tio̍h mih tāi-chì?
從頭說出我知機。」	Chn̂g-thâu soeh-chhut góa chai-ki."
孔道台掠話就應伊：	Khóng Tō-tâi lia̍h-ōe to̍h ìn i:
「我今到任未幾時，	"Góa taⁿ tò-jīm bōe-kúi-sî,
庫銀夭未到。	Khò͘-gîn iáu-bōe kàu.
身邊兜，	Sin-piⁿ-tau,
並無半文錢可使用。	Pēng bô pòaⁿ-bûn-chîⁿ thang sú-iōng.
未知小軍怎主意?」	Bōe-chai sió-kun cháiⁿ chú-ì?"
小軍掠話就應伊：	Sió-kun lia̍h-ōe to̍h ìn i:
「現時帳下周衣申，	"Hiān-sî tiùⁿ-hā Chiu I-sin,
伊人眞忠義。」	I-lâng chin tiong-gī."
孔道台掠話就應伊：	Khóng Tō-tâi lia̍h-ōe to̍h ìn i:
「現時帳下周衣申，	"Hiān-sî tiùⁿ-hā Chiu I-sin,
今日未轉圓。	Kim-ji̍t bōe-tńg-îⁿ.
緊緊報過夫人得知機。」	Kín-kín pò-kòe hu-jîn tit chia-ki."
小軍奉令㸃著去，	Sió-kun hōng-lēng sûi-tio̍h khì,
不敢久（句）延遲。	M̄-káⁿ kú iân-tî.
去到，報過夫人得知機：	Khì-kàu, pò-kòe hu-jîn tit chai-ki:
「我是奉令來到只，	"Góa sī hōng-lēng lâi-kàu chí,
愛請夫人相商議。	Ài-chhiáⁿ hu-jîn saⁿ-siong-gī.
未知夫人怎主意？」	Bōe-chai hu-jîn cháiⁿ chú-ì?"
夫人掠話㸃著去。	Hu-jîn lia̍h-ōe sûi-tio̍h khì.
問卜：	Mn̄g beh:
「相公喚我妾身有乜事志？	"Siòng-kong hòan góa chhiap-sin ū mih-tāi-chì?
從頭說出我知機。」	Chn̂g-thâu soeh-chhut góa chai-ki."
相公掠話㸃應伊：	Siòng-kong lia̍h-ōe sûi ìn i:
「我今無說，夫人你不知機。	"Góa taⁿ bô soeh, hu-jîn lí m̄ chai-ki.
我今今日到任未幾時，	Góa taⁿ kim-ji̍t tò-jīm bōe-kúi-sî,
庫銀夭未到。	Khò͘-gîn iáu-bōe-kàu.
思此，叫你夫人今（咱）知機。」	Su-chí, kiò lí hu-jîn taⁿ chai-ki."

夫人掠話**点**應伊：

「欠用庫銀，

不使相公你掛意。

只牌、丑、旦

相公聽說起。

何必煩惱做甚乜？

雖是相公卜（？）轉（返）圓，

庫銀未到，

何用相公掛心機。

軍中義人盡都有，

姓周衣申，忠義人。

何不令伊去主意？

何用相公掛心機。

免得煩惱愁越添。」

只牌完艙

相公聽著笑微微，

呵咾夫人好主（？）意。

請你入內，緊著（回）（？）來

為是。

「待我吩附左右去叫伊，

叫卜周衣申來參議。」

我今令人外館去。

小軍奉令**点**著去，

不敢久（句）延遲。

去到外館未幾時，

報過周將軍得知機。

小人/軍奉令來到只，

老爺請你周將軍去相見。

周衣申聽著笑微微，

点共小軍說知機：

「老爺有令請我，我著去。」

去到，

見著老爺雄雄跪落去：

Hu-jîn liáh-ōe sûi ìn i:

"Khiàm-iōng khò͘-gîn,

M̄-sú siòng-kong lí khòa-ì.

Siòng-kong thian soeh-khí.

Hô-pit hôan-ló chòe sím-mih?

Sûi-sī siòng-kong beh tńg-î,

Khò͘-gîn bōe-kàu,

Hô-iōng siòng-kong khòa sim-ki.

Kun-tiong gī-jîn chîn-to-ū,

Sìn Chiu I-sin, tiong-gī-jîn.

Hô-put lēng i khì chú-ì?

Hô-iōng siòng-kong khòa sim-ki.

Bián-tit hôan-ló chhiû-lú-thin.

Siòng-kong thian-tióh chhiò-bi-bi,

O-ló hu-jîn hó chú-ì.

Chhián lí jip-lāi, kín hôe-lâi ûi-sī.

"Thāi góa hoan-hù chó-iū khì-kiò i,

Kiò beh Chiu I-sin lâi san-gī."

Góa tan lēng lâng gōa-kóan khì.

Sió-kun hōng-lēng sûi-tióh-khì,

M̄-kán kú iân-tî.

Khì-kàu gōa-kóan bōe-kúi-sî,

Pò-kòe Chiu Chiong-kun tit chai-ki.

Sió-lâng/kun hōng-lēng lâi-kàu chí,

Lāu-iâ chhián lí Chiu Chiong-kun khì san-kìn.

Chiu I-sin thian-tióh chhiò-bi-bi,

Sûi kā sió-kun soeh chai-ki:

"Lāu-iâ ū lēng chhián góa, góa tióh-khì."

Khì-kàu,

kìn-tióh lāu-iâ hiông-hiông kūi--lóh-khì:

「未知老爺請我甲代志？」
孔道台掠話兂應伊：
「我今今日到任未幾時，
庫銀夭未到。
身邊兜，
並無半文錢可使用。
請卜周將軍來參議。
古盤㜍辦事好准智。（？）
未知周將軍心內怎主意？」
周衣申聽著笑微微：
「庫銀未到，
不使老爺你掛意。
欠用庫銀，
總著對只三郊來打起。」
孔道台聽著笑微微，
呵咾周將軍好心意：
「你今贊我這代志，
朝廷國法乎你周將軍去料理。
若是三郊錢銀却來到，
感你公恩大如天。
若是風調共雨順，
國泰民安太平年。
我才爲你入朝來奏主。
大官小官封乎你。」
「老爺緊緊請入內，
未知三郊一事怎安排？」
清早起來，天光時。
周衣申心內一時有主意：
「文房四寶撮來我寫字。
奉卜老爺朱令去却錢。」
周衣申奉令兂著去，
不敢久（句）延遲。

"Bōe-chai lāu-iâ chhiáⁿ góa mih-tāi-chì?"
Khóng Tō-tâi liảh-ōe sûi ìn i:
"Góa taⁿ kim-jit tò-jīm bōe-kúi-sî,
Khò-gîn iáu-bōe-kàu.
Sin-piⁿ-tau,
Pēng-bô pòaⁿ-bûn-chîⁿ thang sú-iōng.
Chhiáⁿ beh Chiu Chiong-kun lâi saⁿ-gī.
Kó͘-pôaⁿ ....pān-sū hó ....tì. （？）
Bōe-chai Chiu Chiong-kun sim-lāi cháiⁿ chú-ì?"
Chiu I-sin thiaⁿ-tiȯh chhiò-bi-bi:
"Khò͘-gîn bōe-kàu,
M̄-sú lāu-iâ lí khòa-ì.
Khiàm-iōng khò͘-gîn,
Chóng-tiȯh tùi chí Sam-kau lâi-phah-khí."
Khóng Tō-tâi thiaⁿ-tiȯh chhiò-bi-bi,
O-ló Chiu Chiong-kun hó sim-ì:
"Lí taⁿ chàn góa chit tāi-chì,
Tiâu-têng kok-hoat hō͘ lí Chiu Chiong-kun khì liāu-lí.
Nā-sī Sam-kau chîⁿ-gîn khioh-lâi-kàu,
Kám lí-kong un-tōa-jû-thiⁿ.
Nā-sī hong-tiâu kāng ú-sūn,
Kok-thài bîn-an thài-pêng-nî.
Góa chiah ūi lí jip-tiâu lâi chàu chú.
Tōa-koaⁿ sòe-koaⁿ hong hō͘ lí."
"Lāu-iâ kín-kín chhiáⁿ jip-lāi,
Bōe-chai Sam-kau chit-sū cháiⁿ an-pâi?"
Chheng-chá khí-lâi, thiⁿ-kng-sî,
Chiu I-sin sim-lāi chit-sî ū chú-ì:
"Bûn-pâng sì-pó thẻh-lâi góa siá-jī.
Hōng-beh lāu-iâ chu-lēng khì khioh-chîⁿ."
Chiu I-sin hōng-lēng sûi-tiȯh-khì,
M̄-káⁿ kú iân-tî.

將只三郊來却起，	Chiong chí Sam-kau lâi khioh-khí,
却卜庫銀式百四。	Khioh-beh khò͘-gîn nn̄g-pah-sì.
大篏店却百二，	Tōa-kám-tiàm khioh pah-jī,
小篏店却七、八拾，	Sòe-kám-tiàm khioh chhit-poeh-cha̍p,
婊主間却式百，	Piáu-chú-keng khioh nn̄g-pah,
煙土行却三百，	Iân-thô͘-hâng khioh saⁿ-pah,
布店却七拾，	Phò͘-tiàm khioh chhit-cha̍p,
雜細店愛却六拾四，	Cha̍p-sè-tiàm ài khioh la̍k-cha̍p-sì,
杉仔行却百六，	Sam-á-hâng khioh pah-la̍k,
米粉間却四拾，	Bí-hún-keng khioh sì-cha̍p,
篏仔店却三拾，	Kám-á-tiàm khioh saⁿ-cha̍p,
磁仔店却拾六，	Hûi-á-tiàm khioh cha̍p-la̍k,
糕仔店却拾式。	Ko-á-tiàm khioh cha̍p-jī.
若是店頭却完備，	Nā-sī tiàm-thâu khioh ôan-pī,
將者市場來却起：	Chiong chiá chhī-tiûⁿ lâi khioh-khí:
肉店却式圓，魚架却圓式，	Bah-tiàm khioh nn̄g-kho͘, Hî-kè khioh kho͘-jī,
賣荣却式百，飯桌仔却三百，	Bōe-chhài khioh nn̄g-pah, Pn̄g-toh-á khioh saⁿ-pah,
糶米却百伍，賣番薯却伍拾，	Thiò-bí khioh pah-gō͘, Bōe han-chû khioh gō͘-cha̍p,
擔柴却三拾，	Taⁿ-chhâ khioh saⁿ-cha̍p,
換錢樑爐夫却二占，	OaN7 chiN5-niu5 lou5-hu khioh nn̄g-chiam,
檳榔桌却一百，	Pin-nn̂g-toh khioh chit8-pah,
賣肉骨却六占，	Bōe-bah-kut khioh la̍k-chiam,
扛轎却拾六，	Kng-kiō khioh cha̍p-la̍k,
擔屎却拾錢，	Taⁿ-sái khioh cha̍p-chîⁿ,
做乞食却六文。	Chòe khit-chia̍h khioh la̍k-bûn.
出入城：	Chhut-ji̍p siâⁿ:
查某人却拾文，	Cha-bó͘-lâng khioh cha̍p-bûn,
查埔人却拾式。	Cha-po͘-lâng khioh cha̍p-jī.
錢銀却完備，	Chîⁿ-gîn khioh ôan-pī,
合共一萬八千四。	Ha̍p-kiōng chit-bān poeh-chheng-sì.
若是開無到空，	Nā-sī khai bô-kàu-khang,

行過路却來添。	Kiaⁿ-kòe-lō͘ khioh lâi thiⁿ.
緊緊報過老爺得知機。	Kín-kín pò-kòe lāu-iâ tit chai-ki.
清早起來，天光時。	Chheng-chá khí-lâi, thiⁿ-kng-sî.
三郊著恨周衣申：	Sam-kau tiȯh-hīn Chiu I-sin:
「攬盤無道理！	"Lám-pôaⁿ bô tō-lí!
你今怎可錢銀乎伊來却去？」	Lí taⁿ cháiⁿ-thang chîⁿ-gîn hō͘ i lâi khioh-khì?"
三郊頭、	Sam-kau-thâu,
五大姓，	Gō͘-tōa-sìⁿ,
相招眾百姓來參議：	Sio-chio chiòng peh-sìⁿ lâi saⁿ-gī:
「未知眾百姓心內怎主意？」	"Bōe-chai chiòng peh-sìⁿ sim-lāi cháiⁿ chú-ì?"
眾百姓聽一見，眞不願，	Chiòng peh-sìⁿ thiaⁿ-chı̍t-kìⁿ, chin m̄-gōan,
一時傳批佮謀反。	Chı̍t-sî thôan-phoe kah bô͘-hóan.
百姓傳批恁著去，	Peh-sìⁿ thôan-phoe sûi-tiȯh-khì,
不可外人得知機。	M̄-thang gōa-lâng tit chai-ki.
這事你來都[完]備。	Chit-sū lí lâi to ôan-pī.
自伊孔道台、周衣申，	Chū i Khóng Tō-tâi, Chiu I-sin,
這代[志]來講起：	Chit-tāi-chì lâi kóng-khí:
「孔道台做官貪財利，	"Khóng Tō-tâi chòe-koaⁿ tham châi-lī,
謀伊周衣申去却錢，	Bô͘ i Chiu I-sin khì khioh-chîⁿ,
合共却有一萬八千四。」	Hȧp-kiōng khioh ū chı̍t-bān poeh-chheng-sì."
五條街，喝罷市；	Gō͘-tiâu-ke, hoah pā-chhī;
五大姓、眾百姓，心內主意。	Gō͘-tōa-sìⁿ, chiòng peh-sìⁿ, sim-lāi chú-ì.
頭鬃拼力纏，手椀直直別。	Thâu-chang piàⁿ-lȧt tîⁿ, Chhiú-ńg tit-tit-pı̍h.
小刀仔胸前連栽五、六枝。	Sió-to heng-chêng liân chhah gō͘-lȧk-ki.
「不就莫，卜著做微是，	"M̄ tȯh mài, beh tiȯh chòe bî-sī,
有事三郊頭家擔起起。」	Ū sū Sam-kau thâu-ke taⁿ-khí-khí."
清早起來，天光時。	Chheng-chá khí-lâi, thiⁿ-kng-sî.
三郊頭、五大姓、眾百姓，	Sam-kau-thâu, Gō͘-tōa-sìⁿ, chiòng peh-sìⁿ,
一時有主意。	Chı̍t-sî ū chú-ì.
八城門，貼告示，	Poeh-siâⁿ-mn̂g, tȧh kò-sī,
一時謀營恁著去。	Chı̍t-sî bô͘-iâⁿ sûi-tiȯh-khì.
將這個奸臣來寶死，	Chiong chit-ê kan-sîn lâi tù̍h-sí,

順紲刺槍：

乜[人]好胆，刺乎死；

無胆，褲底（？）沙沙治。

今仔日奸臣周衣申，

頭殼敢會打不見！

孔道台看見周衣申，

却錢点轉（返）去。

暢心佮歡喜，呵咾周衣申：

「勢辦事！好計智！

若是有日太平年，

感你公恩大如天。」

周衣申掠話点應伊：

「我今做你一手下，

朝廷國法乎我來料理。」

孔道台聽著笑微微，

辦卜酒筵暢飲來吟詩。

孔道台、周衣申，

暢飲吟詩未幾時。

人報番軍賊馬滿滿是。

賊馬留留去留留行。

行到杉行口，著安營。

等待今夜三更時分才來行。

眾兄弟等一下，点著去，

掠卜周衣申受凌遲。

去到，看見大門開離離。

有人著卜贊，有人著卜㳙，

有人卜搣錢，有人卜搣物，

有人無臭消，有人斬店窗，

有人夯椅條，有人夯皮箱，

有人捲衣將，有人夯棉被，

有人捲草席，有人扛大櫃，

有人夯椅桌，有人捧香爐，

Sūn-sòa chhì chhèng:

Mih-lâng hó táⁿ, Chhì hō͘ sí;

Bô táⁿ, khò͘-té sap-sap-tih.

Kim-á-jit kan-sîn Chiu I-sin,

Thâu-khak kám ē phah-m̄-kìⁿ!

Khóng Tō-tâi khòaⁿ-kìⁿ Chiu I-sin,

Khioh-chîⁿ sùi tńg-khì.

Thiòng-sim kah hoaⁿ-hí, o-ló Chiu I-sin:

"Gâu pān-sū! Hó kè-tì!

Nā-sī ū-jit thài-pêng-nî,

Kám lí-kong un-tōa-jû-thiⁿ."

Chiu I-sin liah-ōe sùi ìn i:

"Góa taⁿ chòe lí chit chhiú-ē,

Tiâu-têng kok-hoat hō͘ góa lâi liāu-lí."

Khóng Tō-tâi thiaⁿ-tiòh chhiò-bi-bi,

Pān beh chiú-iân thiòng-ím lâi gîm-si.

Khóng Tō-tâi, Chiu I-sin,

Thiòng-ím gîm-si bōe-kúi-sî.

Lâng pò hoan-kun　hat-má móa-móa-sī.

Chhat-má liu-liu-khì liu-liu-kiâⁿ.

Kiâⁿ-kàu sam-hâng-kháu, tiòh an-iâⁿ.

Tán-thāi kim-iā saⁿ-kiⁿ sî-hun chiah-âi-kiâⁿ.

Chiòng hiaⁿ-tī tán chit-ē, sûi-tiòh khì,

Liah beh Chiu I-sin siū lêng-tî.

Khì-kàu, khòaⁿ-kìⁿ tōa-mn̂g khui-lī-lī.

Ū-lâng tiòh beh chàm, Ū-lâng tiòh beh .....,

Ū-lâng beh thèh-chîⁿ, Ū-lâng beh thèh-mih,

Ū-lâng bô chhàu-siâu, Ū-lâng chám tiàm-thang,

Ū-lâng giâ kî-liâu, Ū-lâng giâ phôe-siuⁿ,

Ū-lâng kńg saⁿ-...., Ū-lâng giâ mî-phōe,

Ū-lâng kńg chháu-chhiòh, Ū-lâng kng tōa-kūi,

Ū-lâng giâ í-toh, Ū-lâng phâng hiuⁿ-lô͘,

有人掀桶盤，有人夯門枋，	Ū-lâng hian tháng-pôaⁿ, Ū-lâng giâ mn̂g-pang,
有人搬銅（？）鐘。	Ū-lâng poaⁿ tâng-cheng,
搬甲內面空空無半項。	Poaⁿ kah lāi-bīn khang-khang bô-pòaⁿ-hāng.
有一個小子緒，	Ū chi̍t-ê sió-kiáⁿ chhun,
參人卜摕物，摕無物，	Chham lâng beh the̍h-mi̍h, the̍h bô mi̍h,
對興房仔內留留行留留去。	Tùi hèng pâng-á-lāi liu-liu-kiâⁿ liu-liu-khì.
去到，看見一個屎桶紅記記，	Khì-kàu, khòaⁿ-kìⁿ chi̍t-ê sái-tháng âng-kì-kì,
雄雄夯起來点著去。	Hiông-hiông giâ-khí-lâi sûi-tio̍h-khì.
人人問：「你小子緒！	Lâng-lâng mn̄g: "Lí sió-kiáⁿ chhun!
你今夯迄個屎桶，值匕錢？」	Lí taⁿ giâ hit-ê sái-tháng, ta̍t-mi̍h-chîⁿ?"
伊安（？）一時見笑，	I chôan chi̍t-sî kiàn-siàu,
緊緊泅落去。	Kín-kín phiaⁿ-lo̍h-khì.
也有五百圓白記記，	Iā-ū gō͘-pah kho͘ pe̍h-kì-kì,
乎伊做工錢。	Hō͘ i chòe kang-chîⁿ.
清早起來，天光時。	Chheng-chá khí-lâi, thiⁿ-kng-sî,
眾百姓請卜三郊來參議。	Chiòng peh-sìⁿ chhiáⁿ beh Sam-kau lâi saⁿ-gī.
卜掠周衣申，尋不見，	Beh lia̍h Chiu I-sin, chhōe bô-khòaⁿ,
著[共]伊物件收了離。	Tio̍h kā i mi̍h-kiāⁿ siu-liáu lī.
未知三郊心內怎主意？	Bōe-chai Sam-kau sim-lāi cháiⁿ chú-ì?
三郊聽一見，	Sam-kau thiaⁿ-chi̍t-kìⁿ,
心內一時有主意。	Sim-lāi chi̍t-sî ū chú-ì.
摕卜紙筆寫批時，	The̍h beh chóa-pit siá-phoe sî,
一批寫來都完備。	Chi̍t-phoe siá-lâi to ôan-pī.
令會走朱傳批，点著去。	Lēng ē cháu-chu thôan-phoe, sûi-tio̍h-khì.
走朱傳批著細膩，	Chau-chu thôan-phoe tio̍h sòe-jī,
不可外人得知機。	M̄-thang gōa-lâng tit chai-ki.
今夜傳批，透夜去，	Kim-iā thôan-phoe, thàu-iā khì,
報過戴萬生得知機。	Pò-kòe Tè Bān-seng tit chai-ki.
去到，看見戴萬生。	Khì-kàu, khòaⁿ-kìⁿ Tè Bān-seng.
有記認胸前有為記，	Ū kì-jīm heng-chêng ū ûi-kì,
著[共]我批信獻乎伊。	Tio̍h kā góa phoe-sìn hiàn hō͘ i.
[戴萬生]看一見，	Tè Bān-seng khòaⁿ-chi̍t-kìⁿ,
掠話著問伊：	Lia̍h-ōe tio̍h mn̄g i:

「看你會識我名字？」
小人掠話著應伊：
「我今有聽阮本帥有說起，
講你胸前有為記，
正是戴萬歲你名字，
戴萬歲你名字。」
戴萬生聽[著]笑微微，
著[共]批信打開看一見，
暢心佮歡喜。
眾百姓、五大姓、三郊頭，
招伊謀出一代志。
戴萬生一時有主意，
一時謀營甲徛旗，
徛有黃旗、青旗、紅旗、烏旗、
白旗滿滿是。
徛起戴萬生伊名字。
戴萬生一時謀出天地會，
奉卜走朱去傳批。
傳有頂到三省，下到瑯璚；
頂淡水傳到下淡水，
東西南北傳照知。
北無勢人做先生，
著這庄中來此起主師。
戴萬生大哥為元帥，
埤仔頭領先鋒，
阿里港响叮噹，
阿候去打洞，
東港打Kﾂ。
石公坑真正奇（？），
白牡丹做細姨，
新埤頭烟吞促，
新庄做大某，
七塊厝擋不可。

"khòaⁿ lí ē bat góa miâ-jī?"
Sió-lâng liảh-ōe tiỏh ìn i:
"Góa taⁿ ū thiaⁿ gún pún-sòe ū soeh-khí,
Kóng lí heng-chêng ū ûi-kì,
Chiàⁿ-sī Tè Bān-sòe lí miâ-jī,
Tè Bān-sòe lí miâ-jī."
Tè Bān-seng thiaⁿ-tiỏh chhiò-bi-bi,
Tiỏh kā phoe-sìn phah-khui khòaⁿ-chit-kìⁿ,
Thiòng-sim kah hoaⁿ-hí.
Chiòng peh-sìⁿ, Gō-tōa-sìⁿ, Sam-kau-thâu,
Chio i bô-chhut chit-tāi-chì.
Tè Bān-seng chit-sî ū chú-ì,
Chit-sî bô-iâⁿ kah khiā-kî,
Khiā ū n̂g-kî, chhiⁿ-kî, âng-kî, o͘-kî, pẻh-kî
móa-móa-sī.
Khiā-khí Tè Bān-seng i miâ-jī.
Tè Bān-seng chit-sî bô-chhut thian-tē-hōe,
Hōng beh cháu-chu khì thôan-phoe.
Thôan ū téng kàu Sam-séng, ē kàu Lâng-kiau;
Téng-tām-chúi thôan-kàu Ē-tām-chúi,
Tang-sai-lâm-pak thôan chiâu-chai.
Pak bô gâu-lâng chòe sian-siⁿ,
Tiỏh che chng-tiong lâi chia khí chú-su.
Tè Bān-seng tōa-ko ûi gôan-sòe,
Pi-á-thâu niá sian-hong,
A-lí-káng hiáng-tin-tang,
A-kâu khì phah-tōng,
Tang-káng phah phîn-phông.
Chiỏh-kong-kheⁿ chin-chiàⁿ kî,
Pẻh-bó͘-tan chòe sòe-î,
Sin-pi-thâu ian-thun-chhiok,
Sin-chng chòe tōa-bó͘,
Chhit-tè-chhù tòng m̄-thang.

大林浦丑白不盡有咱人，	Tōa-nâ-phơ ū lán-lâng,
有偃咱一萬八千四。	Ū ....lán chi̍t-bān poeh-chheng-sì.
塭仔牢頭著塊論，	Ùn-á-lô-thâu tiȯh-teh lūn,
赤竹著塊咒，	Chhiah-tek tiȯh-teh chiù,
相思冤（？）著塊驚，	Siuⁿ-si-oan tiȯh-teh kiaⁿ,
林投湖著塊論。	Nâ-tâu-ô tiȯh-teh lūn.
苦楝腳、田草崙、	Khó͘-lēng-kha, chhân-chháu-lūn,
莿葱腳、空地仔，	Chhì-chhang-kha, khàng-tē-á,
聽一見，暢心佮歡喜，	Thiaⁿ-chi̍t-kìⁿ, thiòng-sim kah hoaⁿ-hí,
相招著卜去。	Sio-chio tiȯh beh khì.
去到田中央，	Khì-kàu Chhân-tiong-ng,
前也厝，後也厝。	Chêng iā chhù, āu iā chhù.
丑白、旦白、不盡白	
頂後庄、下後庄，問知機，	Téng-āu-chng, Ē-āu-chng, mn̄g chai-ki,
相招著卜去。	Sio-chio tiȯh beh khì.
去到埤單牢腳，	Khì-kàu pi-toaⁿ-lô-kha,
遇著七老爺，	Gū-tiȯh Chhit-lāu-iâ,
招卜今夜時分才來行。	Chio beh kim-iā sî-hun chiah-lâi-kiâⁿ.
行到赴伊戴萬生，可合營。	Kiâⁿ-kàu hù i Tè Bān-seng, thang ha̍p-iâⁿ.
清早起來，天光時，	Chheng-chá khí-lâi, thiⁿ-kng-sî,
戴萬生相招著相議。	Tè Bān-seng sio-chio tiȯh saⁿ-gī.
眾好漢聽一見，	Chiòng hó-hàn thiaⁿ-chi̍t-kìⁿ,
頭鬃拼力纏，	Thâu-chang piàⁿ-la̍t tîⁿ,
手碗拼力別，	Chhiú-ńg piàⁿ-la̍t pih,
著者傢俬絢齊備，	Tiȯh chiá ke-si chhôan chê-pī,
隨時著卜去。	Sûi-sî tiȯh beh khì.
旗後塊伺（？）候，	Kî-āu teh sū-hāu,
大港三塊厝，	Tōa-káng Saⁿ-tè-chhù,
丑白、旦白、不盡白	
大慘捆塊慮。	Tōa-chhám....teh lū.
戲獅甲人馬無幾百，	Hì-sai-kah jîn-má bô kúi-pah,

聽一見。	thiaⁿ-chit-kìⁿ.
牛椆埔趙仔辦	Gû-tiâu-po͘ tiō-á-pān
眞正興（？）眞正興（？）。	Chin-chiàⁿ hèng, chin-chiàⁿ hèng.
想卜入大哥，可領令。	Siūⁿ beh jip tōa-ko, thang niá-lēng.
赤山崙眞合和，眞合和，	Chhiah-soaⁿ-lūn chin hō-hap, chin hō-hap,
有換旗，無換刀，	Ū ōaⁿ kî, bô ōaⁿ to,
不敢出眞名字。	M̄-káⁿ chhut chin miâ-jī.
今夜時分才來去，	Kim-iā sî-hun chiah lâi-khì,
戴萬生即時三月初好日子，	Tè Bān-seng chit-sî saⁿ goeh-chhoe hó jit-chí,
傳有批照通知。	Thôan ū phoe chiâu thong-ti.
眾好漢入內領令旗，	Chiòng hó-hàn jip-lāi niá lēng-kî,
相招著卜行。	Sio-chio tioh beh kiâⁿ.
行到下圍秀舊城，	Kiâⁿ-kàu Ē-ûi Siù-kū-siâⁿ,
遇著三棚亂彈戲：	Gū-tioh saⁿ-pîⁿ lān-tân-hì:
一棚搬做郭子儀，	Chit-pîⁿ poaⁿ-chòe Koeh Chú-gî,
一棚搬做郭華買胭脂。	Chit-pîⁿ poaⁿ-chòe Koeh Hôa bóe ian-chi.
清早起來，天光時，天光時。	Chheng-chá khí-lâi, thiⁿ-kng-sî, thiⁿ-kng-sî.
戴萬生點兵，人馬總萬千，	Tè Bān-seng tiám-peng, jîn-má chóng bān-chheng,
議卜式拾名人，大哥可領令。	Gī beh jī-chap-miâ lâng, tōa-ko thang niá-lēng.
合會邱豬哥，卜領兵，有二千。	Hap-hōe Khu Ti-ko, beh niá-peng, ū nn̄g-chheng.
邱元涼領兵有二千，	Khu Gôan-liâng niá-peng ū nn̄g-chheng,
發令著起行。	Hoat-lēng tioh khí-kiâⁿ.
簡天保、簡天生，	Kán Thian-pó, Kán Thian-seng,
二人領兵有四千。	Nn̄g lâng niá-peng ū sì-chheng.
點兵著起行，	Tiám-peng tioh khí-kiâⁿ,
赴卜今夜可合營。	Hù beh kim-iā thang hap-iâⁿ.
合會王仔程、王定法，	Hap-hōe Ông-á-têng, Ông Tēng-hoat,
二人領兵有四千。	Nn̄g lâng niá-peng ū sì-chheng.
合會張文老、林進達，	Hap-hōe Tiuⁿ Bûn-ló, Lîm Chìn-tat,
二人領兵有四千。	Nn̄g lâng niá-peng ū sì-chheng.
合會商法海、蔡阿發（？），	Hap-hōe Siong Hoat-hái, Chhòa A-hoat,
二人領兵有四千。	Nn̄g lâng niá-peng ū sì-chheng.

合會蔡義吉、林阿三，	Háp-hōe Chhòa Gī-kiat, Lîm A-sam,
二人領兵有四千。	Nn̄g lâng niá-peng ū sì-chheng.
許丁爲、許丁保，	Khó͘ Teng-ûi, Khó͘ Teng-pó,
二人領兵有四千。	Nn̄g-lâng niá-peng ū sì-chheng.
許丁貴、許丁完，	Khó͘ Teng-kùi, Khó͘ Teng-ôan,
二人領兵有四千十六名。	Nn̄g lâng niá-peng ū sì-chheng chảp-lảk miâ.
眾兄弟領兵三萬二，	Chiòng hiaⁿ-tī niá-peng saⁿ-bān-jī,
點出著起行。	Tiám-chhut tiỏh khí-kiâⁿ.
行到今夜三更時分，	Kiâⁿ-kàu kim-iā saⁿ-kiⁿ sî-hun,
卜打彰化城。	Beh phah Chiong-hòa-siâⁿ.
卜打彰化想不久（？），	Beh phah Chiong-hòa siūⁿ m̄-kú,
一時發兵先打葫蘆墩。	Chit-sî hoat-peng seng phah Hô-lô-tun.
眾兄弟去到未幾時，	Chiòng hiaⁿ-tī khì-kàu bōe-kúi-sî,
看見大門開離離。	Khòaⁿ-kìⁿ tōa-mn̂g khui-lī-lī.
也有人点塊走，	Iā-ū lâng sûi-teh cháu,
也有人点塊閃，	Iā-ū lâng sûi-teh siám,
也有人点……。	Iā-ū lâng sûi..................
城外人看一見，	Siâⁿ-gōa-lâng khòaⁿ-chit-kiⁿ,
暢心佮歡喜。	Thiòng-sim kah hoaⁿ-hí.
城內殺總理，	Siâⁿ-lāi thâi chóng-lí,
四快五曹，六快共九曹，	Sì-khòai gō͘-chô, lảk-khòai kāng káu-chô,
四界尋總無。	Sì-kè chhōe-chóng-bô.
富戶人点塊走，	Hù-hō͘-lâng sûi-teh cháu,
做官人点塊溜，	Chòe-koaⁿ-lâng sûi-teh soan,
店頭人驚甲面憂，	Tiàm-thâu-lâng kiaⁿ kah bīn-iu,
掠著馬老爺順紲綴口鬚。	Liảh-tiỏh Má Lāu-iâ sūn-sòa chhoah chhùi-chhiu.
有人尋過來，有人尋過去，	Ū-lâng chhōe-kòe-lâi, Ū-lâng chhōe-kòe-khì,
有人卜殺人，有人愛搶物，	Ū-lâng beh thâi-lâng, Ū-lâng ài thẻh-mih,
有人愛搶銀，有人愛搶錢，	Ū-lâng ài thẻh-gîn, Ū-lâng ài thẻh-chîⁿ,
有人点塊趖（？），有人点塊躍。	Ū-lâng sûi-teh chông，Ū-lâng sûi-teh tiô.
戴萬生一時收軍著起行，	Tè Ban-seng chit-sî siu-kun tiỏh khí-kiâⁿ,
隨時著安營。	Sûi-sî beh an-iâⁿ.

候卜三月十八日，	Hāu beh saⁿ góeh chảp-poeh jit,
卜攻彰化城。	Beh kong Chiong-hòa-siâⁿ.
王德曾食飯三千股，	Ông Tek-chan chiảh-pn̄g saⁿ-chheng kó͘,
陳元德講伊守城虎，	Tân Gôan-tek kóng i siú-siâⁿ-hó͘,
楊目丁無錢得大股，	Iûⁿ Bảk-teng bô chîn tit tōa-kó͘,
許保成豬屎魯。	Khó͘ Pó-sêng ti-sái-ló͘.
洪花好個某，	Âng Hoe hó in-bó͘,
大脚程是伊兮踏頭某。	Tōa-kha-têng sī i ê tảh-thâu-bó͘.
簡豬哥、內豬母，	Kán Ti-ko, Lāi Ti-bó,
丑白、且白、不盡白	
邱豬哥、黃豬母，透夜著起行。	Khu Ti-ko, N̂g ti-bó, thàu-iā tiòh khí-kiâⁿ.
行過𤲞肚腸，	Kiâⁿ-kòe Phī-tō-tn̂g,
遇著番人潘米定。	Gū-tiòh hoan-lâng Phoaⁿ Bí-tēng.
看一見，著問伊。	Khòaⁿ-chit-kìⁿ, tiòh m̄g i.
点叫林仔郝來參議。	Sûi kiò Lîm A-hok lâi chham-gī.
相招今夜三人來走監，	Sio-chio kim-iā saⁿ lâng lâi cháu-kàm,
總（？）著是，	Chóng tiòh sī,
走到郭大風家中安身己。	Cháu-kàu Koeh Tāi-hong ka-tiong an-sin-kí.
郭大風不敢乎伊帶，	Koeh Tāi-hong m̄-káⁿ hō͘ i tòa,
共伊卜性命。	Kā u beh sìⁿ-miā.
總（？）著行，	Chóng tiòh kiâⁿ,
今夜三人走出城，	Kim-iā saⁿ lâng cháu-chhut siâⁿ,
走出城外牛欄埔，	cháu-chhut siâⁿ-gōa Gû-tiâu-po͘,
遇著一個六大老，	Gū-tiòh chit-ê Lảk-tāi-ló,
參伊嚴仔辦真正好。	Chham i Giâm-á-pān chin m̄chiàⁿ hó.
共伊一下喝，	Kā u chit-ē hoah,
贈伊白銀三百圓。	Chān i pẻh-gîn saⁿ-pah îⁿ.
掃過手，不甘食，不甘用，	Theh-kòe-chhiú, m̄-kam chiảh, m̄-kam iōng,
不甘做身穿。	M̄-kam chòe sin-chhēng,
隨時走上司去領令，	Sûi-sî cháu téng-sī khì niá-lēng,
令旗領落來，	Leng-kî niá-lòk-lâi,
遇著戴萬生查路殺道台。	Gū-tiòh Tè Bān-seng cha-lō͘ thâi Tō-thâi.

一下殺，弍下殺，天地多未平。	Chit-ē thâi, nn̄g-ê thâi, thiⁿ-tē to bōe-pîⁿ,
孔道台頭殼做二爿。	Khóng Tō-tâi thâu-khak chòe nn̄g-pêng.
「今日做有這事，	"Kim-jit chòe ū chit-sū,
正是周衣申你今做得，	Chiàⁿ-sī Chiu I-sin lí taⁿ chòe-tit,
今日割肉殺頭，正合該。」	Kim-jit koah-bah thâi-thâi, chiàⁿ hák-kai.
周衣申、孔道台殺一死，	Chiu I-sin, Khóng Tō-tâi thâi-chit-sí,
眾人暢心佮歡喜。	Chiòng-lâng thiòng-sim kah hoaⁿ-hí.
周本縣、夏大老死了罪過。	Chiu Pún-kōan, Hā Tāi-ló sí-liáu chōe-khòa,
隨時點兵攻彰化。	Sûi-sî tiám-peng kong Chiong-hòa.
清早起來，天光時，	Cheng-chá khí-lâi, thiⁿ-kng-sî,
天地有乖意。	Thiⁿ-tē ū koai-ì.
清天白日雨淋漓，	Chheng-thian péh-jit hō͘ lîm-lî,
眾好漢不敢去；	Chiòng hó-hàn m̄-káⁿ khì;
一營平埔番不驚死，透雨去。	Chit-iâⁿ pîⁿ-pho͘-hoan m̄-kiaⁿ sí, thàu-hō͘ khì.
去到身打路、下竹圍	Khì-kàu Sin-phah-lō͘, Ē-tek-ûi,
田中央、五江水、	Chhân-tiong-ng, Gō͘-kang-chúi,
塩牢腳（？），真落簡家庄。	Ùn-lô-kha, chin-lóh Kán-ka-chng.
丑白、旦白、不盡白	
隨時著起行，	Sûi-sî tióh khí-kiâⁿ,
行到赴卜元帥可合營。	Kiâⁿ-kàu hù beh gôan-sòe thang háp-iâⁿ.
候卜三月十八日，	Hāu beh saⁿ góeh cháp-poeh jit,
卜攻彰化城。	Beh kong Chiong-hòa-siâⁿ.
眾兄弟看一見，	Chiòng hiaⁿ-tī khòaⁿ-chit-kìⁿ,
大城門開離離。	Tōa-siâⁿ-mn̂g khui-lī-lī.
九躂連豬五六枝，	Káu-that liân túh gō͘-lák-ki,
大鎗小鎗滿滿是。	Tōa-chhèng sió-chhèng móa-móa-sī.
鎗子打著腳腿邊，	Chhèng-chí phah-tióh kha-thúi-piⁿ,
打著馬老爺無身屍。	Phah-tióh Má Lāu-iâ bô-sin-si.
丑白、旦白、不盡白	
八城門破一開，	Poeh siâⁿ-mn̂g phòa-chit-khui,
義民、將、勇死死大舞堆。	Gī-bîn, chiòng, ióng, sí-sí tōa-bú-tui.

清早起來，天光時，	Chheng-chá khí-lâi , thiⁿ-kng-sî,
混濁不分男共女，	Hūn-lô put-hun lâm kāng lú,
觀見水清老盤魚。	Koan-kiⁿ chúi-chheng lāu-pôaⁿ-hî.
戴萬生出來著講起：	Tè Bān-seng chhut-lâi tiòh-kóng-khí:
伊今連打三陣過，	I taⁿ liân-phah saⁿ-tīn kòe,
未知乜（？）人可收尾？	Bōe-chai mih-lâng thang siu-bóe?
掠恁咀：	Liàh lín tàⁿ :
「眾兄弟著起行，	"Chiòng hiaⁿ-tī tiòh khí-kiâⁿ,
隨時卜回營。	Sûi-sî beh hôe-iâⁿ.
勸　眾兄弟：	Khǹg chhun chiòng hiaⁿ-tī:
咱小錢銀著去趁。」	Lán sió chîⁿ-gîn tiòh-khì-thàn."
思去思前，共處意完艚。	Siūⁿ-khì siūⁿ-chêng, kāng-tè ì ôan-pī.

附錄三　清領時期臺灣漢人起義事件
敘事歌唱本——「歌仔冊」書影

（一）《新刊臺灣陳辦歌》

1、**李李版**（《臺灣陳辦歌研究》，台北：中國文化大學中文所碩士論文，1985.6）

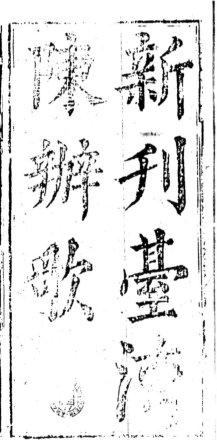

若得諸羅做帝都　張炳一時有主意　請出吳三江南議

各邊混亂只事志　澆著陳水未帮伊　泥鰍無水不成龍

封了三河做軍師　諸羅太爺聞反意　就吊衙役未查伊

張炳用銀買足伊　回覆並無只事志　朱太爺一時存意

点起義民卜力伊　義民一時到伊庄　殺死一半歸陰司

朱太爺一時無意　張炳就來密問伊　貪官汚吏正名字

若還不寫大領字　叫出刀手來砍伊　寫出復漢滅滿字

奸貪狗官無道理　剮心剷肉痛半死　一條性命歸陰司

邵太爺真正是賢　整起民壯來救伊　賊馬與壯救不起

請賊未殺伊忠義　報馬一時飛來到　狠得太爺得知机

新旧二官飽巴死　加義無景障行宜　吕府一時有主意

点起民壯及軍馬　連夜赶到店仔口　賊馬追赶廵半死

民壯軍馬死一半　吕府一命廵陰司　張炳一時思量智

坐在西門城墻遶　即殺自己ㄅ在伊　即差唐通來攻城

兒在西門城墻遶　百姓家內著大驚　蘇平城查今失影

常通一時有主意　一千錢銀來買命　查ㄥ縣戎未開封

將銀來送賊兵餉　張炳大哥自思量　点起賊馬到茲水

得了一伊大龍砲　六七十八扛進城　大砲一放轟天响

帝子……六九斤　　運蓉比城倒一角　　百姓哀怨哭達天

列領所知盤軍馬　　賊的數眾遂入城　　守的如義是勇勞

到咧一齊來助戰　　城上尽是女英雄　　賊例一時無計智

寫一月不下伊　　張炳一時有主意　　請出波連九倉庄

若破斗六通義民　　先打斗六可保官　　黄義招集張洪知

真心用了義民伊　　義民先入營盤內　　馬來偏英是知智

一條性命归陰司　　黄城打入營盤去　　力得馬總焚半死

白良柯神庇名宇　　張炳大哥與景智　　請出南路許成兄

相共攻城得城也　　洲固功至有名宇

澎湖大老鄭計智　　圍困脫逃被賊追　　曽門軍馬死一半

大老一時無奈童　　一條性命归陰司　　安平大人有主意

排兵佈陣慢慢追　　追至城下救劉鎮　　賊馬踏埋文昌祠

橫腰斬殺不由伊　　卑刀四馬扶国主　　可惜性命归陰司

到道一胩高諒智　　寫出表文奉聖旨　　調撥三馬去平台

頭徃下門配船金　　順風順水歇鹿耳　　登岸攻城去耒伊

直攻西港新添福　　城堡点火暗守更　　大隊操練的精戰

慈母西色　　接營遇的劉仲哥　　蔡恭賊殺真不是

艷雲小豆排計智　　一位呵玉皆印緩　　一位呵月背花然

陳辦秋

臺灣陳辦秋研究

〔目次〕

過去未尔尔總知
刘仲一時思量智
連、熙的一三陣
蔡恭刘仲有圭意
飛揚銀米兄太平
若行銀米兄太平
佳送一時思量智
參退滄米久婦女
的挨風流無久長
敗陣馬的賊小了
按其十二賊營伴

敗陣來營審問伊
公曰生死如何箠
啞口無言跪陰哥
整頓批營帳房起
坡馬驚救自不疑
大哥苦愛唐山找
猶、賊仔傌布袋
小刀竹透相隨侍
戰敗屢次無作面
參滄滄米久婦女
胸瀾戲佈嶽吐伊
賊敗囝二出矢伊
撒吐恁以啟蔑陸

扎在竹仔宿竹送
賊仔大牛歸陰司
滄酒醉、捆縛伊
繪通黃稱光鋒
賜的酒肉醉半死
張軒入二時有智
站的宗兄朱兄死
張洪力的張炳力
斗六黃城不知死
個人英雄殺半死
陳炳罔通併陳連
解新罔商分身保
公曰罔內回銃止

官兵追趕罔主意
安溪寮一兩有思量
辦棹就請詹通兄
解功叫賞上下庄
玉大老頭功未解伊
賞滄坐驚喪人欝
黃泰江七菲俟虎
不酒恩量只袋燒
骨肉慢、痛半死
正是台灣及慈歌

2.「臺灣俗曲」版（收藏在國立中央圖書館臺灣分館的《臺灣俗曲集》中）

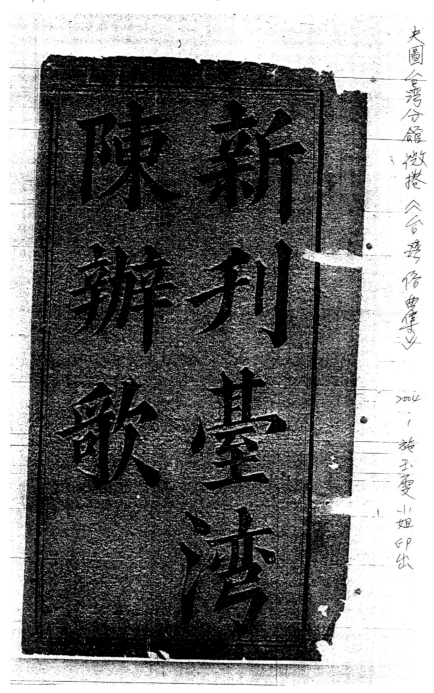

听唱新編一歌詩　正是加義嵩仔人氏　一位姓陳名辦兄

平生風流結朋友　幽于庄牽伊個牛粘庄老毋着牛還伊

客仔就請吃牛肉　若卜活牛再出世　老夫一時有主意

回家問着陳辦兄　漳泉人人受着驚　一時受氣冲起天

和集人馬攻客庄　双溪客仔驚惶惶　請出總理未主意

整頓器城力妻見　陳辦伊母受迫辱　伊妻容庄慢凌遲

委次攻庄人不入　客仔守庄修竹圍　陳辦一時無計智

搦帖請出張炳兄　詹通黄城并黄奉　刘港刘仲与蔡恭

陳連江七連候虎　酱婆刘邦昂歐踪　咬指揀血盟兄弟

陳辦歌

若得諸羅做帝都　張炳一時有主意　請出吳三江商議

陳連江七連候虎　番婆刘邦鼻歐踪　咬指揀血盟兄弟

陳辦歌

若得諸羅做帝都　張炳一時有主意　請出吳三江商議
若還謙乱只事志　須著陳水未帮伊　泥鰍魚水不成龍
封了三江做軍師　諸羅太爺聞反意　就吊衙復未查伊
張炳用銀買足伊　回覆並無只事志　朱太爺一半歸陰司
点起義民卜力伊　義民一時到伊庄　殺死一半歸陰司
朱太谷一時無意　張炳就力審問伊　貪官污吏正名字
若還不寫大旗字　叫出刀手未砍伊　寫出復漢滅滿字
好貪狗官無道理　剔心剜肉痛半死　一條性命歸陰司
卽太爺真正是賢　整起民壯未救伊　賊馬只旺救不

請賊未殺伊忠義　報馬一時飛未到　報淨太爺得知机

新旧二官屍巳死　加義無縣障行宜　呂府一時有主意

点起民壯及軍馬　連夜赶到店仔口　賊馬追赶趲半死

民壯軍馬死一半　呂府一命归陰司　張炳一時思量暫

坐篶鑼牌印連起　斬殺自由～在伊　即差詹通未攻城

札在西門城墻透　百姓家內著大驚　蘇半城查出未進影

詹通一時有本意　一千鐵銀未買命　查ㄙ顧找未闹封

將銀未送賊兵餉　張炳大哥自思量　点起賊馬到塩水

得了一位大龍砲　六七十八扛進城　大砲一放轟天响

【陳辦歌】〈

二

砲子一粒八九斤　墜落比城到一角　百姓哀怨哭連天

得了一位大龍砲　六七十八扛進城　大砲一放轟天响

陳辦歌

一、

二

砲子一粒八九斤　墜落也城到一角　百姓哀怨哭連天

刘鎮听說整軍馬　殺的數陣退入城　守的加義是功勞

溫陵一品未助戰　城上尽是女英靈　賊仔一時無計智

連圍一月不下伊　張炳一時有主意　請出汫連九苞庄

莆城黃奉兄弟知　先打斗六可便宜　黃城招集張洪知

若破斗六通義民　義民先入營盤内　馬步衝突是不智

真心用了義民伊　黃城打入營盤去　力得馬總焚半死

一條性命歸陰司　張炳大奇恖量智　請出南路許成兄

白良柯神庇名字　相共攻城得城池　開園功臣有名字

澎湖大老無計智　圍困脱逃被賊追　曾門軍馬死一半

大老一時無思量　一條性命歸陰司　安平大人有主意

排兵佈陣慢慢追　追至城下救刘鎮　賊馬暗埋文昌祠

橫腰斬殺不由伊　單刀匹馬扶国主　可憐性命歸陰司

平道一時商議智　寫出表文奉聖旨　調撥三馬去平台

直往下門配船企　順風順水駛鹿耳　大隊府城去看伊

義民軍兵面失色　城墻点火暗守更　大隊操練的精熟

直攻西港斬添福　援營遇的刘仲哥　蔡恭賊豺真不早

艷雲小旦排計智　一位呵玉背印綬　一位呵月背羌旗

陳辨歌

軍師欲沂調賊馬　敗陣未營審問伊　過去未來尔總知

三

艷雲小旦排計智　一位呵玉背印緩．一位呵月背套旗

陳辦歌　三

軍師欲沂調賊馬　敗陣未營審問伊　過去未未尔總知

今日生死如何筭　啞口無言歸陰司　刘仲一時思量智

整頓札營帳房起　整起上墚鎮鑾子　連々敗的二三陣

賊馬驚惶当不起　蔡恭刘仲有主意　飛報諸羅張炳知

個々賊仔携布袋　小刀竹透相隨侍　若得銀米見太平

戰書十八午時刻　戰敗屢次無休面　詹通一時思量智

賊黥個二出気伊　姿狠罵的賊小子　姦淫盗水人婦女

脚昂截布撤吐伊　撤吐恁厶欲身迊　酗捷风流無久長

招集十二賊黥伴

礼在竹仔箔竹逃　官兵追逻無主意　猪肉米飯泮半天
賊仔大牛归陰司　安溪寮一時有思量　办椑就請詹通兄
灌酒醉～捆縛伊　觧功叫賞上下庄　玉大老頭功未觧伊
詹通黃掛稱先鋒　湯的酒肉醉半死　張本人一時有計智
請的宗兄未商議　力的張炳刘港兄　番婆坐簥民人驚
斗六黃城不知死　張洪力伊未凌遲　黃奉江七并候虞
個～英雄殺半死　張炳詹通并陳連　觧京幾肉慢凌遲
陳掰割肉分身屍　劝怎世上忍一時　牙通思量只謀葸
今月間内回榜止　骨肉慢～痛半死　正是台湾反意歌

3、「台分館影本」版（影本，收藏在國立中央圖書館臺灣分館的臺灣特藏室，影本最後加註「中華民國柒拾玖年玖月拾伍日採購」）

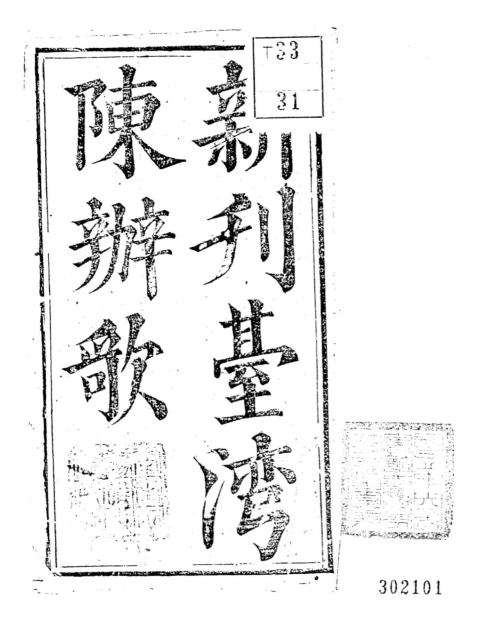

302101

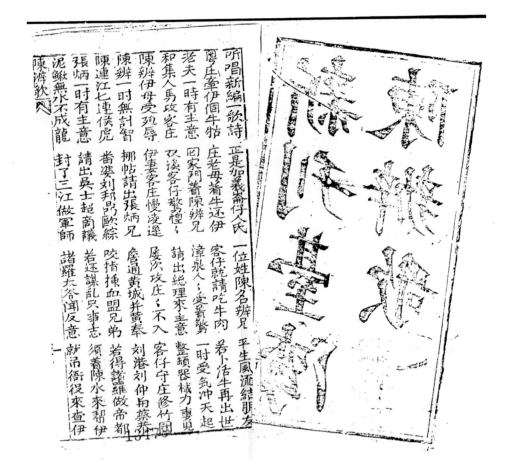

張炳用銀買足伊　回要並無貝事志　朱太爷一時有主意　点起義兵卜力伊
義民一時到伊庄　殺死一半归陰司　朱太爷一時無主意　張炳就力審問伊
貪官污吏正名字　若远不寫天旗字　叫出刀手來砍伊　寫出復漢滅滿字
好貪狗官無道理　剝心割肉痛半死　一條性命归陰司　邵太爷真正是賢
整起民壯來救伊　賊馬與旺救不及　請賊來殺伊忠義　披馬一时玖來到
報得大爷得如机　新旧二宮屍巴死　加義無㤝障行宜　吕府一時有主意
点起民壯及軍馬　連夜赶到店仔口　賊馬追殉半死　民壯軍勇死一半
出府一命归陰司　張炳一时思量智　坐驚銕牌印連起　斬殺自由〃在伊

一

即差唐通來攻城　礼在西門城墙边　百姓家家看大驚　辭半城查出來准影
　　　　　　　　　　　　　　　　　　　　　　　　　將銀來送賊兵餉

唐通一時有主意　不錢銀來買命
点起賊馬到塩水　查么顧我來開封
得了一位大龍砲　六七十人扛進城
墜落北城倒一角　百姓哀怨哭連天

張炳大哥自思量　砲子一粒八九斤
殺的數陣退入城　守的加義是功勞
劉鎮所説整軍馬　溫陵一品來助战
連圍一月不下伊
張炳一时有主意

城上尽是女英灵　賊仔一時死計智
請出沙連九卷庄　先打尖六可便宜
黄城打入營盤去　黄城招集張洪知
請出南路許成兄　馬步罹突裝不智
若破尖六通義民　真心用了義民伊
義民先入營盤內　張炳大哥思量智
黄城打入營盤去　一條性命归陰司
力得馬穩裝半死　開国功臣有名字
請出南路許成兄
白良柯神庇名字
相共攻城得城池

東埠坎〃

二

●澎湖大老無計智　圍困脫處被賊追
一条性命归陰司　安平大人有主意
賊馬暗埋文昌祠　橫腰斬殺不由伊
平道一時商議智　單刀匹馬拂國王
寫出泰文奉聖音　調撥三馬去平台
順風順水駛鹿丹　登岸府城去看依
大隊操練的精熟　義民軍兵高失色
艷雲小旦排計智　真夜西港斬添福
敗陣來營審問伊　一位阿玉背印綬
●刘仲一時良智　一位阿月背卷旗
過去未來尔摁知　今日生死如何羕

整頓札營帳房起　整起土堆鎮銃子
馬大人慌惶当不起　玖根諸羅張炳知
陰道一時思良智　個々賊仔搁布袋
賊鬆個二出氣伊　戰敗屢次無体面
撤吐恁占做身边　姿痕罵的賊小子
招集十二賊鬆伴　札在竹仔宿竹边
豬肉米飯泮半天　安溪寨一時有思良
灌酒醉、網縛伊　王大老頭就請詹通兄
解功叫賞上下庄　詹通黃林稱先緣
張奉人一時有計智　請的宗兄來商談
力的張炳刘港兄
蕎婆坐蒸崑人驚
斗六黃城不知死
張洪力伊來凌遲　黃奉江七并後兄
東片次（四）

賊馬驚惶当不起　蕎蕎刘仲有主意
軍師欲沂調賊馬
城堆点火夜守更
蔡恭賊伙真不早
義民軍兵高失色
調撥三馬去平台
可憐性命归陰司
直往厦門配船企
玖根諸羅張炳知
大哥若要唐山錢
小刀竹透相睹侍
蘇溪塩小人婦女
郞帛截布撤吐伊
官兵、追趕無生意
办棹就請詹通兄

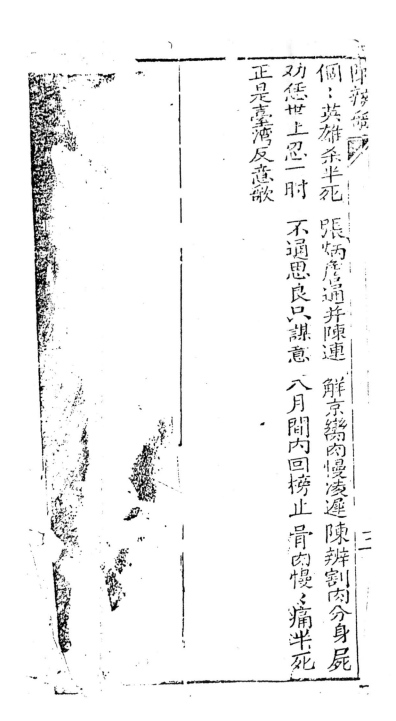

正是臺灣反意歌

劝恁世上忍一肘　不過思良只謀意　八月間內回榜止　骨肉慢ゝ痛半死

個ゝ英雄杀半死　張炳鹰通并陳連　觧京割肉慢凌遲　陳辨割肉分身屍

印叛領國

（三）

（二）《辛酉一歌詩》

楊清池/演唱、賴和/記錄、楊守愚（筆名宮安中）/潤稿（1936），〈辛酉一歌詩〉（又名：〈天地會底紅旗反〉）（一）（二）（三）《臺灣新文學》，台中：臺灣新文學社，（一）：1936.9.19，v1n8，pp.125-132，（二）：1936.11.5，v1n9，pp.63-72，（三）：1936.12.28，v2n1，pp.63-67。

辛酉一歌詩（一）

彰化　楊清池

抄註後記

彈詞辛酉一歌詩雖是屬於匠人所唱，然它這故事——天地會底紅旗反，於中部一帶却頗爲膾炙人口、而個人耳聞所及，罩是私人間的著述，就有四五種，即以敘地來說，已有陳捷魁、吳德功二先生爲這故事執過筆，又據謝也都是以詩詞記錄的。由此可見這篇彈詞之作，並非偶然的了。

然而，於今日我們却連他底作者爲誰，也無從去查攷起了。唱者楊清池他老人家，是最有資格頂戴這頭銜的，不過在他之前，還有一個人，那就是他的老師，論他作梗、所以作者爲誰、我們還是個不慬事的小孩子，這論詩歌裏那種綿密不唱者是個六十以上的老人家了，其間是不能沒有疑慮的，當然當詩歌再由他的口歌唱出來，難免不有他自己的話夾入，可是還不能改變了原作本來的面目。

因此，關於這篇的作者，我們祇好還樣讓他懸而不決了。

再其次一點，我們必需做而不能做的事情，是篇中種々事蹟人物的攷證。比如與林有里一起來彄平亂的兩個大小曾底名字、現在也有病死之說、有自殺之說、而在此首歌中，則說是被賣了。又如戴萬生底死，有幾種傳說就各不相同，

因手飄無實，也祇好任牠缺如了。然而最叫人抱憾的，却是那些個人的迹作的不輕易示入，婆不、把這些記述着同一

125

《台灣新文學》九、十月合併号，1936年，昭和11年9,19發行，發行所：台灣新文學社（台中市），編輯兼發行人：楊貴（台中市）

新文字雜誌叢刊「復刻本」⑳
1933～1963
新文學雜誌叢刊柬書⑬台灣新文學
（影印中國期刊5种第1种）東方文化書局 復刻本

審體的不同的幾篇文字拿來一起比較、必能更有所得、但這還是只好留待給史家們去理會了！

至於這首歌詩是好是壞？就讓讀者來批判了、而我們敢以自信大膽地來發表這篇文字、則是覺得這比之三伯英臺等唱片、不但不稍遜色、而且還有更多可取之處、若…由全篇歌詞中的那種坦直單純的話語、所表達出來的農民底渾厚樸質的情感、任誰讀着聽着也不能不為之打動啊！這是現今流行的一般歌曲所望塵不及的。

最後該來說一點抄註的經過。

這篇稿子是懶雲先生的舊稿、大約是十年前罷、他特地找了來那位老遊吟詩人來唱、費了幾天工夫速記下來的。但是當此次謄抄時、却發見了有幾處遺漏和費解的、拿去問他、他因為經時太久了、也不再記憶得、因此、我們又重找來了那遊吟詩人、從頭唱了一次、所以我們自信得過是再不會有多大錯誤的。

還有一點、特要對讀者說明的是、當讀這首歌的時候、最好出聲唸出來、並盡可能地把牠土白話化。因為、我們對於字句、雖然費了極大的努力、標示了應讀的音、可是終寫工具不備所羈、仍不能叫人稱意。

（宮安中七月卅日記）

唱出辛酉一歌詩：

臺南府孔道臺上任未幾時、
唐山庫銀猶未到、
發餉也無錢。
就召周維新來商量、來參議。
周維新來到此、
雙腳站齊跪完備：

此證只

辛酉─西曆一八
六一、咸豐末年
同治元年

中國本土俗謂唐
山

「道臺召我啥代誌？」
孔道臺開言就講起…
「周維新、我問你。
我今上任未幾時、
唐山庫銀猶未到、
發餉也無錢。
要發餉也無錢。
未知周維新啥主意？啥計智？」

代誌─事情也

126

周維新跪落稟因依：
「稟到道臺你知機、
現今府城富戶滿々是、
大局設落去。
八城門出告示、
大身店扣二百、
小身店扣百二、
大担頭扣六十、
小担頭扣廿四、
若是開無够、
八城門的猪屎担、
一担扣伊六個錢來相添。」
孔道臺听着笑微々：
荷老周維新好計智：
咱今大局設落去
局首應該着給你。」
交代周維新親名字、
「委你八城門貼告示。」
周維新烏令領一支、

因依－因由也

大局－像現在之
街役場
扣－徵收也

荷老－稱讚也

局首、大局之主
事也
烏令－委差所用
的令旗

八城門貼告示、
告示貼了盡完備。
府城內五條街五大姓、
看見告示姦合部。
就罵「周維新臭小弟！
孔道臺做官貪財利。
二人商量一計智、
要來剝削百姓錢！」
五條街會來會去無爲實、
總理大老有主意、
怎着衆百姓。
鬧動三家行石慶里。
石慶里的頭家听一見就問…
「百姓鬧采々、
鬧我這三家行啥代誌？」
總理老大說因依…
「說給三家行頭家得知機、
就恨周維新遣個臭小弟、
孔道臺做官貪財利！」

盡讚樵

姦合部－呪咀也

剝削讚比澾
無爲實－無聊賴
也
毒生音タウラ
ン發脾氣也。
總理－像現在的
區長
家行－商行也
家讚郊
采讚猪

二人商量一計智、
要來剝削百姓錢！」
頭家听見氣冲天、就罵：
「周維新無道理！

恁今二人想了一計智、
剝削百姓人的錢。
好！將這周維新活々扐來打半死。
有事三家行替恁來担抵。」
衆百姓听着極呆呀、

裸脚攏離々、
長短刀連捅二三支、
頭鬃螺結得硬緊々。
緊々行緊々去：
走到大西門媽祖樓來為止。

周維新不知機、
籬笆門開到離々々。
衆百姓會齊跳入去——
周維新注得未該死、
加老哉！百姓不捌伊、
被伊逃身離、

担抵—担當也
呆呀—不好惹也
當飯頷強解。

頭鬃螺—將辮子
緊成螺形也。々
々見々土音、
緊結實解。

加老哉—幸也
捌讀八認識也。

逃去豐振源安身已。
百姓上厝頂、撤厝瓦。
落下脚、搖階簷：
提店窓、撤門扇。
粗傢伙幼傢伙搶了多完備。

伊某屎桶洗清氣、煞提去。
周維新剖無着、
百姓氣得搿頭合擺耳。
×　　×　　×
×　　×　　×
這事破了離。

孔道臺便知機、
心肝內假無意、
要去鹿港街福開舍慶昌寶號算賬要
討錢。

遇着林鎮臺北巡猶未去。
就請林鎮臺近前來、
相參詳相參議...
「啓稟林鎮臺你知機、

我今替你北巡要來去、
未知林鎮臺的主意？」

階簷讀吟錢土音
檐沿也。

伊讀因

擺讀抨土音。

128

林鎮蓁听見笑微々：
「我北巡、委你去。」
孔道臺听着心歡喜、就叫：
金總！吩咐你、
「民壯替我加倩三十二、
隨我上頂縣、好來去。」
　　×　　×　　×
辛酉年、二月十一早起天分明。
地炮响來二三聲、
正是道臺點兵要起行。
一日過了一日天、
來到諾羅延遲不敢來提起。
跳起來、一下見、
鹿港市百姓鬧燖々、
喝拾鹿港市、
百姓嚷挨々、
喝拾鹿港街。
孔道臺看一見、
十分心懊疑、
不知因爲啥代誌？

民壯—民間之丁壯者、所以爲護衛也。
燖々—熙々嘆々也。
諾羅—郎今之嘉義也。
挨々—擁擠也。
不知讀 m-tsai。

就召土城理蕃大老來參詳、來參議。
理蕃大老氷冰到此、
雙腳站齊跪完備：
「道臺召我啥代誌？」
孔道臺就應伊：
「理蕃大老我問你、
我看恁鹿港市百姓鬧燖々
因爲啥代誌？
從頭實說我知機。」
理蕃大老就應起：
「啓禀道臺你知機、
爲此同治君坐天要狠狠、
頂縣衆百姓格空要反招那天地會。
你知大會的招起？
問張犁、水西庄、王田、大肚、犁
頭店、貓霧沙、
彰化連海口十二班…
會會會有十一班、
會來會去攏總是：
大會招來小百千、

格空—吹牛也。
沙讀入聲。

「要扶大哥戴萬生。」
孔道臺听一見、
十分心驚疑!

×　　×　　×

隔轉冥、翻轉日、
二月十六早起天分明。
銃聲响來二三聲、
就是道臺點兵要去彰化城。
彰化文武官員得知機、
出了西門外迎接伊。
你知彰化文武官員有多少?
數起來有五個:
雷本縣、馬本縣、秋大老、夏協臺、
高少爺。
五人接伊入城去。
通批內外委巡城。
白石頂無處可提起。
孔道臺入城未幾時、
升堂坐落去。
孔道臺就講起:

大哥—反賊之稱
就也

轉讀成返之土音

此處何以有雷馬二縣令、甚覺費解。
批—信也。
小內委—外委—很小的武職。
白石頂—營務處差宜的頂戴。

「爲此戴萬生這個臭小弟、
招那天地會、
就是謀反的代誌。
兩邊文武滿々是、
誰人敢辦伊?
取伊首級來到此、
行文再賞頂戴來厚伊。」
夏協臺听一見、
較緊跪落去:
「啓禀道臺你知機、
這事看不破、
不可去辦伊。
不如寫批去厚戴萬生得知機、
叫伊大會莫講起:
會庄行路較誠意:
再召戴萬生來彰化。
做了果公未延遲。」
秋大老听着極呆呀、
雙腳站齊跪完備:…
「啓禀道臺你知機、

莫讀マイ
再讀過。
果公—餉官也。

彼當時、恁虎晟合林有理、
前後厝、站置拼、
我都敢辦伊、
為此戴萬生置驚伊、
況兼白旗置驚伊、
此人不敢去辦伊、
委咱做官是卜呢？」
孔道臺聽着笑微々、
烏令出一支、
交代秋大老、夏協臺二人親名字…
「這事委恁辦、
若是取了戴萬生的首級來到此、
給恁行文賞頂戴來厚你。
× × ×
秋大老、夏協臺烏令領一支、
出了彰化縣衙口、
來到魁星樓。
本農百姓就懺語：
雷鳴秋會止、
秋鳴澗淋漓、

站置拼—在爭鬧也。
白旗—官軍旗幟也。
卜呢—何用也。
僅—在也。
給—讚加、
本農不詳。
嗚—讀陳土音。
上漓讚累。

三月十八破大墩、
大小官員會攏死。」
就召四塊厝恁虎晟、
「吩咐你、民壯給我加倩四百名、
保了秋大老、夏協臺、
二人到大墩總未遲」
恁虎晟民壯倩完備、
保了秋大老大墩去。
紅旗聞知機、
將過大墩圍到彌々々。
挑夫挑担扎到割耳鼻、
刈到大舞空：
二林管府拿着刈頭鬃。
有的刣無死、
放伊歸去府城合嘉義。
田頭仔李仔松上陣上驚死：
保了夏協臺去卜阿罩霧安身已：
連累協臺一條生命自盡死。
恁虎晟看見不是勢、

大墩—臺中也。
加讚鵝。
紅旗—戴萬生之旗號也。
彌—讚棉土音、密也。
大舞空—大孔也
府城—臺南也。

就此四百名抽返去、
逆生豎紅旗。
　　×　　×　　×
你知大墩焉怎敗？
正是貓仔旺內壯勇、
內裏叛出來。
才會此大敗。
秋太老死了未幾時、
天頂落了二滴仔邊邊雨。
百姓經體是置流目屎。
「天地」乘勢遍地起、
頂合下、合共廿一起。
戴萬生馬舍公外看一見、
「這就巧這就奇！」
我也無通批、
頂下縣四散攏總是紅旗。
該是我戴潮春的天年！
恭虎及大哥跳勃々、
大肚加投大哥趙憨、陳仔物、
——陳仔物頂有訣、

逆—宜孕切使性也
內壯勇—衛兵也
此讚俊土音、這樣也
經體—誚皮也
廟外想係馬舍公
此處馬舍公廟外
馬舍公—靴鞋商之祖師也。
勃—證咄

北勢湳、萬斗六、番仔田、
洪上流、洪狗母、洪老番、洪仔讚、
洪仔花。
洪家大哥上格空、
扶出小埔心姓陳大哥啞口弄。
啞口弄做大哥、
連海人喊罪過。

（待　續）

罪過讀坐掛

132

編輯後記

◇秋燈親しむべき讀書シーズンに魁けて、このピチノ〳〵した合併特大號を讀者諸君に贈り得ることを喜ぶ。

◇自家宣傳ではないが全誌の偶々に至るまで無駄一つない粒選りだ。

◇前號豫告したやうに本號は全世界の進步的な文學愛好者に惜しまれつゝ逝きしマキシム・ゴーリキイに關するものを編んだ。蒐むるもの五篇、聊かでもこの世界文學史上に大きな足跡を遺した巨人に哀悼の意を表し記念せんとする微衷からだ。切に御味讀を乞ふ。

◇小說と戲曲と漢合せて五篇何れも張りきつた力作だ。宣傳されて店る新劇運動の再出發の眞最中に我々はゴーリキイの「戲曲の創作方法」を始め戲曲二篇に劇作評を加へてこの氣運に應へ、拍車をかけんとした。

◇楊逵君臺中の本社で病臥、葉陶女士臺南で病臥。正に「禍無雙至禍不單行」の諦だ。搗て加へて臺北への印刷所換へた。義默するに忍びず、玆に逢北在住の僕等が代つて編輯することにした。

◇原稿〆切・毎月五日

原稿送り先

漢文
彰化市市仔尾
賴和醫院

詩歌〈和文〉
北門郡佳里
作思啓院

其他〈和文〉
臺中市梅枝町五三
臺灣新文學社

◇文學をすることは涯なき荒海を航海することだ。眞摯で老へ書き讀みしなければやがては港で落伍するか暗礁に當つて沈沒するのだ。島の作家諸君! いや愛好者諸君よ! 頑張れ! 楊逵、葉陶兩君は病氣したが、我々は健在だ。一致協力してこの困難なる仕事を承機せよ!

◇前記の理由と發行期日を繰上げるため、本號は九・十月合併號にした。しかしながらこの特大號に盛らる、內容は二册を合せてのそれに劣らぬと信する。

◇校正に間違は勘い筈だが、體裁やその他いろ〳〵の點で急迫な日時と專任者なきため、完美し得ざることを遺憾とする。次號から能ふ限り改善して行くから期待して戴きたい。

（王錦江）

臺灣新文學・九月合併號
─第一卷・第八號─

本號特價 三十錢
送料 二錢

昭和十一年九月十五日印刷
昭和十一年九月十九日發行

定價

一部	二十錢（送料二錢）
半年	一圓二十五錢（送料共）
一年	二圓四十錢（送料共）

廣告料

表紙四・一頁	三十圓
表紙二・三 一頁	二十五圓
目次裏 一頁	二十圓
普通 一頁	二十圓

その他御一報次第相談に參上致します

編輯兼發行人
楊貴
臺中市梅枝町五三番地

發行所
臺灣新文學社
臺中市梅枝町五三番地
振替臺中三七六六番

印刷人
青木一爲
臺北市大正町二丁目二十四番地

其他御一報次第相談に參上致します

辛酉一歌詩（二）

彰化　楊　清池

《台灣新文學》11月号，第一卷第9号，1936年，昭和11年11月5日發行　發行所（台中市）台灣新文學社　編輯兼發行人：楊貴（台中市）

殺萬生三月十九點兵攻彰化。
要攻彰化城大哥人頂多，
數起來有十個：
戴瑞華、大摘英、羅文、羅乞食、甘過
猫仔義、高稲生、林順治、謝文杞、
一隻賴老鼠。

十個大哥要攻彰化一城池。
要攻置煩惱，
城內毛仔萬會香講好々。
人馬行緊大堆，
彰化束門城，
免攻家己開。
戴萬生入城、
要詞管府合民壯。

會香—當時間牒所用之暗號也

百姓荷老好。
大哥出合要奪金總、馬大老。
小年人上格空、
拿到金總刈頭鬃。
刈了多完備，
百姓溜出彰化這城池。
大哥脚手頂利害、
鎮南門烏窑仔大哥是邱在、
邱在鎮守南門兄々々、
鎮守北街王仔萬、
南街戴振龍。
何文顯、陳大惢、葉虎鞭、戴老見、鄭
春希、鄭玉麟、黃知見、衆大哥會齊
要攻山。

上—最也
溜—讀ダウ去聲

63

犁頭店大哥是劉安、
劉安跛脚　上古博、
下橋仔大箍朝、
烏銃頭大哥林賊仔谷、
王城大哥楊目丁、吳文鳳、
濁口山吳草鵠、
塗牛大哥劉仔祿。
劉家大哥眞正興、
扶出小半天笏仔林大哥劉森根。
扶出林谷、林鷄冠、林棋盤
──林棋盤上弱貨、
連叛二三囘。──
林仔草、林仔義、張仔乖、張仔兔、陳
墳、客婆嫂。
會香是嘉義。
會到剖狗坑、
林丁戶、林瑞林、林嵌、林仔攬、林仔
用、林仔忠、嚴辨──嚴辨數來大花
虎──
啞口弄出陣好戰皷。

跛─讀擺
興─讀去聲
冠─與製音義俱同
弱─讀寛

江高明出陣給人當西虜。
洪仔花出陣都是好伊某。
大哥要出名、
數起來六隻的猪哥、二隻的猪母、一隻
的烏龜：：
楊猪哥、張猪哥、黃猪哥、賴猪哥、簡
猪哥、羅猪哥、嚴猪母、鄭猪母、一
隻賴烏龜。
會齊困山城。
四城門困落去、
並無糧草好入去、
散凶人餓到吱々叫。
五個大哥巡城是女將：：
大脚甚、臭頭招、女嬌娘、北社尾王大
媽、黃大媽。
老人老篤々、
到底做事不願便。
要攻西門街大哥是嚴辨。
──嚴辨鎮守西門頂有諜、
鎮守東門陳竹林、陳竹城、鄭宗虎、大
哥洪仔化。

給人讀厚。當讀妹土音當西虜當頭陣解
散凶人─貧民也
篤─讀鵡

64

—洪仔花鎮守東門上盖久、
鎮守南門角仔岑徐和尚、黃和尚、賴大
一、呂仔主、
大哥呂仔主格空拆王府。
拆了上盖會、
鎮守北門大哥何地。
數起來∶打猫姓何大哥更較多數起來上
三個∶
何竹聰、何仔守、何萬、何仔每、何竹
林、何萬枝、何連城、何阿開、恁皆
吉羊、何忠厚、何錢鼠、何乞食。
十三個有主意、
鎮守一城池。
×　　×　　×
頂縣報仔連々去、
入府內討救兵、禀到∶
「林鎮臺你得知、
我爲鎮襄透冥來。
破了彰化未幾時、
孔道臺走到蕃薯寮、

上盖—最也
上—最也
更—讀過
報仔—偵探也

吞金來身死。
未知鎮臺啥主意?
林鎮臺听着氣冲天、
就召大小官員來參詳、來參議∶
「大家點兵北社好來去!」
林鎮臺點出來、
人上多、點過精、
謝天星、蔡篆東放大銃、
中竹聰九營兵、
先鋒隊林應清、
黃飛虎、林有財二人點兵好照應。
大簪給伊呂仔主、吳仔墻來佔去。
盧大鼻、李大舍、紀添亭、查某營順東
合。
有糧草來听用。
大炮舍愛功勞做先行。
林鎮臺人馬行路稀々々、
頭陣到了是那碑?
林鎮臺傳令着紮營、
有的夯鋤頭、有的紮營、
有的夯鑷仔、有的負布袋、
紮卜是土營。

65

紅旗間知機、
將這土營圍到彌々々。
嚴辦、喵口弄、戴振龍要出名、
攻打邦碎大圓營。
攻來攻去無伊份。
大哥陳棠、陳玉春、
人馬駐紮白沙墩。
大會要豎族。—
林鎮臺舉目看一見、
看見大會豎紅旗、
坐在中軍帳內彙々懍落去、
脚風透腸者病攏總起。
府城大府駕糧草、
押到大營口、
呂仔主、吳仔墻二人就搶去。
你知糧草是何物？
打開篏篰一下看、
正是：公餅、肉粽、花心魚。
賊仔食了就喝咻、
後壁衆姓壓大肚秋、
林鎮臺被伊一困趕、一困去、

喝咻—吶喊也

一困—一程也

趕到邦碎大圓營安身己。
府城管府想計智。
要卜糧草剷得着、
爬出城、偷搁豆仔蕃薯葉、
被歷辨脚手扐無着、
走入城、驚得屎尿流到滿草蓆、
× × ×
一日攻到一口天、
攻到四月初七冥、
大水雨落沐漓。
林鎮臺有主意、
傳令要溜營、
溜營四散去、
有的假乞食、
有的背袈荐。
林鎮臺走到田洋看見一點火、
一困行、一困去、
走到火斗邊跌一倒、
扐水鷄林阿義聽着脚步聲、
心肝內就着驚。

袈荐—讀加志乞丐所背之草袋也
火斗—浦蛙者所用之灯籠也
水鷄—蛙也

66

林鎮驚開言即講起：
「不免劫水雞朋友你掛意、
說起來、林向榮是我親名字。」
林仔義念着親人代、
盡忠合盡義、
火斗大膽就吹息。
林鎮攑五十塊累々摔厚伊、
「緊々烏找安身已！」
林仔義聽着心歡喜、
烏伊去到鹽水港安身已。

×　×　×

四月初八早起天分明、
衆大哥點兵攻打邦碑大國營。
大小銃打來响幾聲、
營內並無管府置着驚。
好膽的走去看、
營內都空々、
正是林鎮臺溜營無半人。
有的侵入去、
扛大銃、拆布帆。

不免—m-ben 可
免也

親人代—宗親之
情份也

吹息—讀ブウン
フア

摔—讀箭土音

置着驚—在吃驚
也

搶了都完備、
大哥曾香要攻是嘉義。
要攻嘉義城、
大哥上蓋多、
數起來四十連七個。

×　×　×

娶攻嘉義城大哥上蓋興、
鱸鰻嬌、鱸鰻丁、鱸鰻大哥人上有、
蔡龍、蔡網、許聲份、陳貓猶、甌仔魚
辭界、王草湖、蕭金泉、鐘仔幕、陳明河
嵌、葉仔包、陳璉寶、陳狗母、陳登
順、朱登科、賴支山、葉超、游
張仔草、陳蕃藷、郭天生、郭友進。
豆菜井大哥陳得勝上蓋好、
諸羅山南門街大哥賴仔葉、黃仔母
—— 黃仔母無路用、
賴溪厝賴大頭、蔡四正、
逗二人數來同起居。
諸羅山北門街大哥雜透流。
鹹魚成、章冉生、童乱英、李仔智、

興—讀去聲

透流—讀タウ、
ラウ去聲。烏合
之衆也

67

上尾口新店尾大哥黃貓狗。
——黃貓狗有主意、
柳仔林火哥黃萬居。
黃萬居上凸風、
扶出竹仔脚蕭勇、蕭義、蕭赤、蕭富、
蕭天風有主意。
——蕭天風有主意、
扶出三大姓••黃、候、陳、
候宣爐、候仔猛、候搭、候弄。
四十七人攻諸羅有跌打。
× × ×
戴萬生彰北城點兵攻大甲。
要攻大甲城、
大哥上蓋多、
多罔多、無路用、
放置大甲城內、
卜造鉛子袋、
林龜想、恁虎晟攻大甲、
恁虎城頭陣跌落馬、

跌打—讀シヤッパ。奮勇也

爬起來額々々。
城樓頂管府格恁話••
「我遮大甲石頭城、
不落四塊厝大哥林恭晟、
數起來三條巷、
只繇大埔心姓陳大哥啞口弄。」
啞口弄攻諸羅上艱苦。
頂縣戴萬生彰化喰大條蕃薯肺。
戴彩龍攻諸羅喰大條飯三通鼓。
廖陳金出門總是花查某。
——無人知、脚手出來講——
下沙里大哥陳仔訪。
× × ×
衆大哥大家有主意、
大衆娶攻諸羅一城池。
攻到五月十一冥地大動。
紅旗夯超々、
少年家勃々投、

額—讀罪。額喪
也

我—グワン・我
們也

花—調戲也

超々—讀刺麼切—
有勁也
勃々投—踊躍也

戰鼓叮噹喊喊、
人馬一困咻、一困去、
咻到諸羅山東門來爲止。
好大膽倒梯移起去、
城樓頂官府就看見、
大小銃打下多完備。
黃猪哥蓋龜精、
喝搶西門街、得着錢。
心肝雜統々、
愛叛不敢講、
一手人馬點去依布總。
黃猪哥吳仔墻蓋生神、
相招叛二林、
叛了都完備。
走出南門外合那嚴辦幹生死、
一手人馬駐紮柳仔林安身已。
二人有主意、
走到鹽水港、
向林鎮憂領白旗、

倒梯—倣雲梯鮮

雜統々—硬塞也
倣慌亂鮮

幹生死—拼命也

順勢爲林鎮憂出來救城市。
一困爲、一困去、
爲到南門朱子祠
遶着紅旗溜營剛卽離。
黃仔義(、林仔義二人不驚死、
現此時同日置做忌。
　　　× 　　× 　　×
林鎮憂紮諸羅、
六月起、紮到八月止。
厨房上街去買菜、
聽着街頭巷尾百姓置偸會…
「林鎮憂府內敢是無可唅?
頂縣有紅旗、不敢夫…
駐站諸羅山拿人損番頭、
渡飽過日子。」
厨房听着而仔紅炬々、
不敢來應伊。
走返來、給了鎮憂說透機…

剛卽—讀門雙士
音、剛幾也

敢—或也

紅炬々—愧色也

給—讀加

69

「我今下街去賣菜、
听着街頭巷尾百姓置偸會：
「林鎮臺府內無可喰、
頂縣有紅旗不敢去、
駐梨諸羅山扴入損番頭、
渡飯過日子。」
林鎮臺听氣冲天、
就召黃、虎、林有材二人來參詳、來商
議。
令卽「點兵就來去、
不可在這諸羅山、
百姓傳名合說聲。」
黃林二人有主意、
點兵就齊備、
傳令就起行、
來到石龜溪、猴糞溝、大丘園來為止。
林鎮臺傳令要梨營、
說叫先生羅經排落去。
排了離、

離還々一個团仔婴置喝喊：
「先生慢且是、
這阄是我的、
要做風水、
葬別處、卽合理。」
林鎮臺听着氣冲天：
「咱是要來梨大營、
將咱做風水來計議、
吉兆極呆上無比！」
說叫先生羅經來收起。
傳令更再征、更再去、
征到斗六來為止。
你知張、廖大哥團齊備。
你知張、廖大哥有多少？
數起來三十連七個：
廖清風、廖大耳、
大肚萬有主意、
廖仔黎、廖鯽鯊、廖厲、廖有于、阿糞
丑、廖誃、大舌寛、竪紅旗就喝是。

我讚グワン—我們也

計議—議論也

70

－618－

溪州底張仔泉、張順治、張撬嘴、張缺
嘴、張三顯、張仔天。
張仔天做大哥無人知、
下崙仔大哥張仔開、
　——張仔開頂凸風、
戴萬生轅門鬍鬚東、（轅門——守門官，中軍也）
　——鬍鬚東上格空、
洪仔花軍師柯大邦、
　——柯大邦無路用、
廖談正先鋒、吳頭高主生、
　——高主生頂溜鄙、
西螺囝仔大哥名阿喜、
阿喜做大哥上蓋賢、（賢——讀ガウ）
茄苳仔腳薛蟳蟳、李龍溪、
李龍溪有主意、
　就共周仔賊說透機‥
「林鎮臺被咱一日圍過一日天、
並無糧草好入去、

通批南路逃勇來到此。
八個逃勇來到此、
「大哥召我兄弟啥代誌？」
衆大哥就講起‥
「林鎮臺被我一日圍到一日天、
也無糧草可入去、
給恁逃勇通相知、（給——讀加）
教伊溜、就好去、（溜——讀リウ）
營地厚我卽合理。」
八個逃勇听一見、
不敢來延遲、
走入大小營大家相通知。
來到大營給了林鎮臺說透機‥
「咱遮營內無糧草、
溜營就來去、
營地放厚伊。」
林鎮臺听着氣冲天、
「連遮逃勇也已叛了離！」（遶當遶些解）

71

屁股破落去、

五孔紅々有可比、

可比米粉漏的一理。

頭殼給伊割了離、

順勢給伊就題詩。

題有四句詩：

「五祖傳來一首詩、

不能露出這根機、

多望兄弟來指敎、

記憶當初子丑時。」

總是生命着來死、

免被大哥扐去受凌遲。」

買要一丸阿片煙、

提便々自盡大先死、

方免紅旗手頭錯誤受凌遲。

八個遇勇就看見、

看見林鎭墓呑煙迢妥死、

布帆拆下來、

緊々就扛去。

近來看、親像物、

遠來看、親像呆子豬罔籠大猪。

一困扛、一困去、

扛到斗六媽祖宮、

剩了一條的氣絲。

啞口弄否一見、

枚尖刀就扷起、

<table>
<tr><td>罟
筛
——讀個
讀濫</td><td></td></tr>
</table>

<table>
<tr><td>屁股—讀脚穿土
音
孔—讀空土音</td></tr>
<tr><td>五祖關係道敎之
敎祖、但其底細
未詳</td></tr>
</table>

辛酉一歌詩（三）

彰化　楊清池

——《台灣新文學》新年号、博（印）1936.12.28発行
第2卷第1号、発行人：楊貴（台中市）
発行所：台灣新文学社（台中）
昭和11年

林有理遝唐山置做官，
探听臺灣遝反亂，
五人點兵過來要平臺灣。
數起來：
大小智、吳撇毫、王大人、林有理，
五人置唐山，
點兵就起行。
臺灣陳大老、洪大老點兵伏山城，
伏了山城多賢勉、
七十二庄大哥張三顯。
張三顯做大哥頂要精，
伊兄張阿火得銀有三千，
要獻大哥戴萬生、
「賜你二粒暗藍頂、順勢挿花翎」」

撇毫—於滿清似無此種官銜、諒係唱誤。

戴萬生獻去了，
伊兄有功反無功。
紅族起薨微、
三顯生氣相招反青族。
反了都完備、
連累鬧談小姨生命白々死、
扣到寶斗溪就射箭。
腳縫下着了二枝箭、
站置勤々搣。
衆人站置看、
元帥是蕭泉··
蕭家元帥頂不通、
伊後生做元帥、
伊老父領令做先鋒。

揚—讀「戲」此音、鼻化卽得

後生—兒子也

63

大小皆做事有仔細、
令了丁太爺押了戴萬生。
到了寶斗溪、
陳越司扐來就刘肉、
簡猪哥煞落間、
眾大哥看着落間喊罪過！

× × ×

× × ×

猫皆輸賭獻彰化。
獻了彰化都完備、
林有理點兵圍鄉里。
點兵來起行、
要攻四塊厝大哥林恭晟、
攻來攻去無法伊。
賊星注伊要該敗、
退着陳厝庄陳主星封門孔。
大銃釘罅丁、
內裏叛出來。
恭虎晟一見、駛合鄩伊。
王阿萬拿話就應伊‥

開──刊具也

賭──讀繖

駛合鄩──呪烏也

「不必元帥你掛慮、
咱今烘爐火整齊備、
鉛子火藥佈落去。
大家總着火藥死、不免被那狗官來凌遲。」
恭虎晟听着心歡喜、
兩邊大哥滿々是、
一手牽大茶、
一手牽小姨。
合了大哥置會議‥
「這遭大家着來死、
不免被伊扐去受凌遲」
小姨想要走出去、
恭虎晟想要去牽伊‥
王仔萬看一見、
烘爐火踢落去‥
「厚恁同齊死！」
恭虎晟燒無死、
燒得牙仔叫⌇……
被伊有理來扐去、
勸到晟叔仔‥
「退紅茶喰了離、

⌇──將「詬」此音
之母音∟加以鼻
音化則得、狀張
嘴露齒之態也

64

我救你生命即劬死」

恁虎晟听一兒、

──彼當時剖後曆站道拼、

因爲陳大崧這起的代誌、

那喪肯僥我的道理?

不如咬舌來身死?──

染大哥弄空就行動。

裂四退四角頭去現示。

恁虎晟死了都完備、

也着過刀即合理‥

「要刮要割隨在你、」

×　　×　　×

大小會請令要攻小埔心大哥啞口弄、

先鋒隊羅仔賊領令去攻伊、

攻來攻去無法伊。

啞口弄罩竹城內便知機、

就喊客婆來到此。

「你將羅仔賊來打死、

賜你十二元白々來給你。」

客婆嫂听着心歡喜、

弄空─乘隙也

手銃拿一支、

近來竹城邊、

打客話給伊來說起‥

「你小妹在這竹城內、

艱苦佳易象利市、

望你阿賊哥緊々恁我出來去!」

羅仔賊听着客婆聲、

心肝內就歡喜。

踏上砲熨頂來未幾時、

客婆嫂一門銃入有二粒子、

兇々就放去。

客婆嫂打銃上蓋會、

一門銃打去對々着二個‥

頂不通、一個是元帥、一個是先鋒。

文武官員看見羅仔賊被人來打死

目屎落淋漓、

連棺就返去。

激了水城來淹伊。

賊星注伊要鼓敗、

遇着監州地理先來到此。

說叫:「大人、喂!」

佳易─貿易極惰　也易─護也

65

我看啞口弄猴神來出世、
鼎籤穴來起義、
將這土地公面頭前的地理、
掘溝敗落去、
不免攻、家已開離々。」
啞口弄打開多完備。
孩獸十三庄搶了十一庄、
搶不够、
深坑八庄搶七庄來湊。
大水水水流、
百姓被大水漂流去。
人馬駐紮二潭墘、
二潭墘劉仔賜上蓋富、
看見走反的苦傷悲、
一家曆扣卜五斤蕃薯籤、一斤鹽、
給郍走反的煮。

× × ×

大小曾要攻下縣呂仔主。
呂仔主探听知、
安排三千銀、連夜就起行、

才水—散泛溢解

去到布袋嘴、
臭頭沙面頭前逃生命。
臭頭沙看見呂仔主來到此、
心肝內十分暗歡喜··
大開宴席來請伊、
一面透冥爲文費、
行到北港蔡麟淵親看見。
蔡麟淵看批暗歡喜、
人馬點齊備。
去到布袋嘴、
臭頭沙押大哥、
押了呂仔主到山城未幾時、
白太爺昇堂就問伊、
「下縣呂仔主莫非伱正是?」
呂仔主預辦死、
合伊格硬氣··
「你知我是呂仔主、
問卜給我鄧、
也不是?」
衆人站置看、
三哥出來到、說叫··

透冥—連夜也

66

「白太爺！呂仔主不免審問伊、
擬罪銅錢刈！」
大家站遐呼、
ㄖ頭未許午、
刈到下半晡、

×　×　×

呂仔主、嚴仔魚刈了都完備、
大小官員點兵回鄉里。
文官就賞兵、
武官就謝旗。

×　×　×

遇着唐山行文來到此、
召要有理仔去平長毛的代誌。
有理仔接着旨意、
隨時點兵就要去。

銅錢刈——刲法之
許——午讀ヒヤタ
ウ尙未近午也

給——讀知

給伊小弟有田相通知：
「若是敗兵的代誌、
臺灣勇愛來去。」
點兵緊如箭、
總到漳州直直去。

×　×　×

此歌是實不是虛、
留得要傳到後世、
勸人子兒不當叛反的代誌：
若是謀反一代誌：
拿來活活就打死：
不免官府受凌遲、
田園抄去煞伶俐。

一九三六、五、廿八

（三）《相龍年一歌詩》共 20 頁

漢字手抄原稿：曾傳興先生（**Chan Thôan-heng**，1911-1997，高雄田寮）
收藏者：曾乾舜先生（**Chan Khiân-sùn**，1934--，曾傳興先生的二公子）

汝今听道听。听我唱。唱出相龍年。乙歌詩。
孔道台倒任未几時。庫良天未到。身迁鼢。
並去半文債。可使用。烹呼小軍份呌汝呌小軍。
听乙見離比走飛去。双脚聲齊跪潜去未知。
孔道台。位々自乜代卷。全頭說出我知礼。
孔道台。力話就應伊。我今倒任未几時。
庫良天未到。身迁鼢。並去半文債。可使用。
未知小軍怎主意。小軍力話就應伊現時。
帳下圍豙申。伊人真忠說孔道台力話。
就應伊現時帳下圍伊申今日末返圓。
絢々報過夫人得知礼。小軍奉令点省去。

不散莚綠池。去到報過夫人得知机。我是
奉命未到只。愛旦夫人三上敢。未知夫人。
怨主意。夫人力話。烹有去。問卜相公嘆我。
愛身有乜事志。全頭說出我知机相公。
力話烹應伊。我咀去說夫人你不知机我咀。
今日倒任未几時。庫艮夹未到。思此叫你夫人。
咀知机。夫人力話烹應伊。欠用庫艮不事。
相公你愧意。只牌圍相公听說起。何必煩惱。
做是也。誰是相公並返圓。庫艮未到。
何用相公愧心机。軍忠訳仁尽都有。

惟周永申。忠說仁。何不令伊去主意。
何用相公掛心机。免得殘殺愁越天。□碉完餙
相公听着笑微已。荷殺夫人好勿意。且汆。
人功斬首未為是。待我听咐左右去叫伊。
叫小禂永申未惨款。我今。令人外鑼去。
小軍奉令点百去。不敢嫌綠池去到外齷。
未几時報過周將軍。得知机小軍奉令。
来到只。老爺且衣周將軍。去相見周永申。
听省獎微已。点共小軍說知机。老父爺有令。
且我。我省去。去到□見省老爺嗜嗜跪滂去。

未知老爺且我也大惹。孔道台刀話怎應伊。

我今。今日到任未几時。庫員夫未到身迟咦。

並差半文使可使用。且卜周將軍來參議。

古盤摘班事好准智。未知周將軍心內。

怎主意。周爺甲听有笑微比。庫員來到。

不事老爺尔惚意。欠用庫員怨有对。

只三交未打起孔道台。听有笑微比荷脹。

周將軍好心意。尔呾贊我壹代志。朝呈國法。

後理周將軍玄料里。若是三交佐員却未，

勸敢尔公恩大如天。差是風調共雨順。

國泰民安太平年。我徑徑泉天朝来灶主。

大官小官摩平理。清老爺斷已且人内。

未知三交老軍意安排。清早起来天光時。

園衣甲地內老時有主意。文桥四菓宅来。

我喝字。奉卜老爺朱介去部徐周衣甲。

奉命烹有去不敢離綠池。將口三交来部

起口卜岂民弍百四。大坎厝部百弍。小坎厝

却七拾来主閣部弍百。煙土行部三百。

布店部七拾拾世店。愛部六捨四散店。

杉仔行部百六。米粉間部四拾散仔店。

郡三拾。枇仔店。郡拾六。燕仔店。郡拾式。

蓋是店頭郡完俗。將者市場來郡起。

肉点郡式円。煎架郡円式。賣業郡式百。

飯卓仔郡三百。雞米郡百伍。賣番薯。

郡伍拾。桃架郡三拾。僕儂樑炒夫郡二占。

枕榔卓郡乙云。買肉骨郡六占。拉轎。

郡拾六。祧屎郡拾戔。做乞食郡六戔。

由大城。查其業人郡拾文。查■埔人郡拾式。

偺艮郡完俗。今共壹方八千四差是閑無。

到空行過路郡來瑑。約七報邊老爺。

得知机。清早起來天光時。三交自與圍衣甲。

盆盤無道里。尒參在可俸且平伊來都去。

三交頭五大聖。燒將象八姓未燒訖未知。

象八姓心內意子意。象八姓。听壹見質不愿

壹時傳獨甲謨人。八姓傳批点省去。不可外人。

得知机老車你兼都路。自伊孔道台圍衣甲。

壹天來滿起孔道台做官會才利謨衣圍。

圍衣甲去都俤。合共郡有壹万八千四五朝街。

浞豹市。五天聖。象八姓。心內子意。頭鬃繁兩衆纏。

手袖直乜別乜少方俤。兒鬧前建栽五六稜。

不道莫卜自做未是。有葦三交頭家桃起乜。

清早起来。天光時。三夜叫大聖蒙。忿八雄壹時。

持壹ケ奸屈。未宝瓦順次。沈撨也。好胆次呼死無胆。

庫本邪巳治。今仔研匹周夜中放頸虎敢卜打見不

有主意。八城門踏告是壹時算營烹咱咱去。

孔道台省見周夜中。都傣高返去。勑儿甲欢喜。

荷撼周夜中。傑九事好計智。若是有日太平年。

敢尔公恩大如天。周夜中力話点應男。我後匹

我今微尔壹手下。朝星国法乎我来料里。

孔道台呼有笑微巳。加小酒綠暢飲未吟詩。

孔道台周夜中。暢飲呼對来巳時人報番軍。

城馬滿巳是賊馬留巳去留巳行行到杉行口。

省安營。等待合應三夜時份正来行。

衆兄弟。等齊就有去藶小周衣申受賞池。

去到看見大關㧤㔾。有人相賀。有人有卜㐰。

有人卜宅體。有人卜宅㔾。有人無真珠。

有人靳店窓。有人扮橋寮。有人㧤安穩。

有人袖衣㛧。有人扮綿被。有人袖草席。

有人扛代㪉。有人扮橋桌。有人精香粉。

有人妍桶盤。有人務門邪有人盤碗硘。

盤甲內面空㔾。無半泡。有壹夕小子繡慘人。

卜宅㔾宅無㔾。对英靡仔內留㔾行留㔾去。

去到看見壹夕史桶紅記㔾。暗㔾扮起來。

京省去人乜間尔小子繡尔。今旁垆勾更桶。
達乜俗伊安壱時見少約約洒塔去也宥
五百円自記乜。平做工傍。

清早起未天光時。象八姓且卜三交未驗談
卜力周伊甲尋不見自伊多共糍了爲
未知三交化內意主意三交哪听壱見悶
老爾有主意宅卜紙四　島批時壱批嶌秉
都完修令卜走朱傳批烹有去走朱。
傳批　有世字不可外人得知枝今旦
傳批透危去報過戴刀生得知枝去到。
看見栽戴刀生有記行前有爲記自我。
批信歌乎依。看壱見力話有問伊。看爾下。
天我名字。小人力話有應伊我咀有听院本說。
有說起講爾行前有爲記正是戴刀歲爾名。
字。戴刀稅爾名字。戴刀生哪哭匕微

自批信打開看壹見暢心甲歡喜。象八姓五六聖

三交頭招伊夕鎮出壹時。壹大至戴刀生壹時誤

有主意壹時誤營甲晬旗降有黃旗青旗。

紅旗烏旗白旗滿已是晬起戴刀生。

伊名字戴刀生壹時誤出天地會奉卜。

定味去傳批傳有頂到三省下到農春喬

頂淡水傳到下淡水東迺南北傳照角。自看庄中未此起主師。

此縣候人做就生。

戴刀生大歌為元歲燈仔頭顧先風。

阿里港响珍冬阿候玄打洞東港村刀水。

石公坑真正旗。白某角做世媽。新埠頭

烟吞促新庄做大基七帝層涷不可。

大林浦[圖]真坐人。有僅坐壹万八千四。
輾仔軍頭省帝倫赤修省帝況想思党。
省帝凉林投湖省帝輪許令脚。
罡草崙莉蔻脚空地仔叫壹見輾心甲攻。
壹燒換省卜去去到甲央前世後也曆。
[器不尽白]頂後庄。後庄問知枝。燒熱。
省卜去到埠水軍脚。惡省七老爺。
招卜人今旦時仿正來行行到付伊戴万生
可合營。
清早起来天光時戴万生招省三說
將好漢聽壹見頭鬃丙摵繮手袖丙力別
自有佳絲夠奇偹随時省卜去旗後帝思候

大港三塊厝 關帝廟 大叄掩帝處喜西甲

人馬無机百听壹見牛調埔趙仔亦真正覺

真正覺恩卜人大哥可顧令赤山崙有和

真令和有換猇無換刀不敢出真名姓

今屆時份正未去戴刀生壹時三月初好日止

傳有批照通知特好漢人內領令旗勇燒粗

省卜行行到卜寿麥門城過道三坪

蘭堰戲卷老坪盤做郭子義壹坪

盤做郭華買烟芰清早起未夭光曙

天光時戴刀生點兵人馬港百千設小

弍拾名人大哥可領令合會鄉知高額

卜頒兵有二千〆鄉兄凉頒兵有二千法令

省起行〆關天保簡天生二人頒兵〆

有四千〆點兵省起行〆付卜今厄二可合營

今會王仔望王定法〆二人領兵有四千〆

合會張文老林進建二人領兵有四千〆

合會南法海蔡阿孫二人領兵有四千〆

會議吉林阿三二人領兵有四千

許丁為〆許丁保二人領兵有四千

許丁貴〆許丁完二人頒兵有四千十六〆

將兄弟頒兵三万二点岀省起行

行到今厄三庚時份卜打漳化城卜打

漳化想不兄～壹時法兵生打呼炉欵～

象兄弟去到未机時看見大門開起ヒ

也有人烹帝走世有人烹帝閃也有人烹

城外人看壹見暢心了歡喜城內杀總里～

四快五曹六快共九曹四討了乎總無～

好厝人有烹帝走做官人烹帝踏～

用店頭人烹帝京甲面憂力省囯

馬走爺順次綴口鬚么有人乎夷進未

有人乎夷有人卜杀人有人愛宅乃～

土梅人愛宅尽么有人愛宅俤有人烹帝

塊の有人烹帝躍戴刀生壹時收軍悲

省起行隨時省实營候卜三月十八日公

卜公漳北城 ○ 王德會食獒飲三千古公

陳元德謹伊守城虎楊目丁無後

得大古讲保成猪西魯洪花好

恩某大脚程是伊夕跪頭禁

餰猪哥内猪母 關某豆 夹猪哥肚腸

黃猪母透亙省起行○行过釋肚腸

遇省众人潘本定着壹見省問兒

京叫林仔郡未慘談烧拉今亙未走

緊聽省是公走到郭大風家中安

身已郭大風不敢平伊帶甲伊卜姓命 ○

顛倒行今直三人走出城
走出城外牛朝

朝埔邊有壱尸亏夫老
參伊嚴仔死

真正好甲伊壱下呼二下憎伊白昆

三言丹
宅迌手不甘復不甘用不甘做

身屍隨時走上絲去頜令
今旗頜

洛末遇有戴万生查路茶道台

壱不杀戥下杀天地多末平孔道台

頭壳做二平了今日做有壱事了

正是同衣甲尔今做得今日刈肉茶頭

正合甘閭本申孔道台杀壱宛衆人

輡心甲歡喜
周本縣刀大老死了

眾惮隨時点兵工漳化

清早起来天光時天地有雨意。

清天白日雨淋漓。○眾好漢不敢去

壹聲坪埔番不惊死透雨去去到

身打路上不德為。田中央x玉江水粮庫

腳x真落籍家庄。[印] 隨時帕

自起行行到付卜元歲司合營 [印]

候卜三月十八日卜公漳化城眾兄弟。

看壹見大城門開協匕九陸連猪

五六樓大歷小鋸滿匕是鋸子打有

腳腿近处打自馬老爺無身總。[印]

八城門破壹開。弍層將勇死死大軍追

清早起來兎兎時混溜不分男共女觀見水清

走盤魚。戴刀生出未有慶起即今

連打三陣遊と未知ト人可收尾惊

推鴻掠降呾將兄弟有起行隨時ト

ト回鄭卯壽鬱象兄弟坐中伸長

首去趣思主思前其外意完備

◎本頁爲另一版本，只有一頁。

尔今听道听听我唱七字相

龙年一歌詩孔道台到手

未几時庫銀亦未到身迟塊

吩咐尔小軍听見雄七走友孝双脚

並无半文俀可使用京呌小軍

鰲春跪落去未知孔道台為官迟

代志全頭説出我知机孔道台力

話應伊我到壬未几時庫艮亦未

剖身迟塊並无半文俀未知小軍

附錄四　「歌仔冊」中的臺灣敘事歌
作品清單與收藏地點

Teng Hongtin　（丁鳳珍）/整理（2005 年）

壹、臺灣政治史

一、大清帝國統治時期

（一）民變、械鬥

  1. 福州話：臺灣朱一貴歌【1821-1850 年間/作、曾子良/考證爲福州話】

  2. 客語：

    （1）新編戴萬生作反歌【日治時期：天賜/重抄】

    （2）吳阿來歌【黃榮洛/整理】

  3. Holo 話

    （1）臺灣陳辦歌【】

    （2）辛酉一歌詩（天地會的紅旗反）（戴萬生反清歌）【楊清池/演唱、賴和/筆記】

    （3）相龍年一歌詩【曾乾舜先生的父親/手抄本】

（二）外國入侵

  1. 西仔反（內容：中法戰爭攻台之役）

二、1895 年割讓臺灣時期：臺灣民主國

  1. 客語：姜紹祖抗日歌【新竹北埔人/作、黃榮洛/整理】

  2. Holo 話：台省民主歌【清國上海：「點石齋」1897 石印本、張裕宏/校注】

三、日本國統治時期

（一）抗日：Holo 話

1. 簡大獅：士林土匪仔歌【何連福口述、吳萬水筆紀】
2. 噍吧哖：義戰噍吧哖——台語七字仔白話史詩【周定邦/創作、演唱】
3. 廖添丁：義賊廖添丁（廖添丁傳奇）【1.梁松林/作、義成圖書社；2.竹林書局】

四、1945 年：中國國民黨接收臺灣

1. 昭和敗戰新歌【竹林書局】
2. 歡迎祖國【汪思明/演唱】

五、中華民國統治時期

1. 二二八：二二八見證歌【鹿耳門漁夫/作】
2. 選舉
   （1）嘉義縣第三屆省議員縣長競選歌【張玉成/作】
   （2）嘉義縣第四屆縣議員競選歌【張玉成/作】
   （3）尤清博士選縣長歌【手抄影印本】
3. 其他
   （1）我愛臺灣——勸世文（一）（二）【鹿耳門漁夫/作】
   （2）現時臺灣政治歌【王育德/作】

（王育德，《王育德全集 11　創作&評論集》，台北：前衛出版社，2002.7，pp. 85-89。（原本印於日本「台獨聯盟傳單」中）

六、臺灣史詩

1. 鄭國姓開臺灣歌【竹林書局】
2. 寶島新臺灣歌【竹林書局】
3. 過去臺灣歌【竹林書局/陳兆南教授有收】
4. 臺灣白話史詩【鹿耳門漁夫/作】
5. 臺灣史詩（臺灣歷史說唱）【吳天羅/演唱】
6. 原鄉 II【李坤城/作、羅大佑/演唱】

貳、清國移民

一、移民到臺灣

1. 客語
   （1）臺灣番薯哥歌【好像是廣東梅縣人創作的、黃榮洛/整理】
   （2）渡台悲歌【1.黃榮洛/校註；2.羅肇錦/改編】
   （3）又題出臺灣勸世文【好像是廣東梅縣人創作的、關西范家所藏的『臺灣歌』手抄本】

2. Holo 語
   （1）勸人莫過臺灣歌【1821-1850 年間/作、牛津大學所藏有關臺灣歌謠】
   （2）甘國寶過臺灣【1.陳春榮/作詞、義成書店；2.竹林書店】
   （3）周成過臺灣【竹林書局】
   （4）蘭陽風雨情（部份）【黃秋田/唱、張炫文記譜】

二、移民到南洋

1. Holo 語
   （1）南洋遊歷新歌【瑞成書局】
   （2）新刊手抄過番歌【南安江湖客/輯、廈門：會文堂】
   （3）新樣過番歌【廈門：文德堂 1905】
   （4）新出過番歌【上海：開文書局、王順隆網站】

參、臺灣的災難

一、地　震

（一）日治時期：1935 年中部大地震
   1. 客語：
      （1）中部地震歌【黃榮洛/整理】
      （2）地震勸世歌【黃榮洛/整理】
      （3）續地震勸世歌【黃榮洛/整理】

2. Holo 語

 （1）中部大震災新歌【瑞成書局、王順隆網站】

 （2）最新中部地震歌【玉珍漢書部】

 （3）中部地震勸世歌【嘉義「捷發漢書部」、莊永明/導言】

 （4）地震歌【吳天羅/演唱、曾子良/記錄】

二、水　災

（一）中華民國統治時期：八七水災

 1. Holo 語：（1）八七水災歌【竹林書局】

三、火　災

（一）中華民國統治時期：高雄芩雅市場火災

 1. Holo 語：（1）芩雅市場大火災【竹林書局】

肆、臺灣社會新聞+民間故事

一、大清帝國統治時期

（一）客　語

 1. 溫苟歌【黃榮洛/整理】

 2. 吳阿來歌【黃榮洛/整理】

（二）Holo 語

 1. 甘國寶過臺灣【1.陳春榮/作、義成書店；2.竹林書店】

 2. 新刊臺灣林益娘歌

 【牛津大學所藏有關臺灣的七首歌謠、1821-1850 年間？/作】

 3. 新款王塗歌【上海：開文書局】

 4. 最新改良張秀英歌（最新張繡英林無宜相褒歌）

 【1.廈門：文德堂；2.上海：石印書局 1922】

 5. 白賊七歌【1.嘉義：捷發出版社、王順隆網站；2.竹新書局】

 6. 周成過臺灣【竹林書局】

7. 清代台南奇案　新歌林投姊【陳春榮/作、義成書店 1955】

二、日本國統治時期

（一）Holo 語

1. 義賊廖添丁【1.梁松林/作、台北：義成圖書社 1955；2.竹林書局】
2. 烏貓烏狗歌【汪思明/演唱、廈門：會文堂、王順隆網站】
3. 乞食開藝旦歌【1.瑞成書局；2.竹林書局】
4. 二林大奇案歌【竹林書局】
5. 基隆七號房慘案歌【竹林書局】
6. 最新運河奇案（金快運河記新歌、台南運河奇案）
【1.台中：文林出版社 1957；2. 嘉義：玉珍書局、王順隆網站；3. 竹林書局】

三、年代不詳

（一）Holo 語

1. 草繩拖阿公阿父【竹林書局、傅圖藏】

◎「歌仔冊」中的臺灣敘事歌一覽表

性質	時期	語言	發表年	作者	篇名	主題	發表刊物	卷期	起迄頁	出版時間	出版國	出版地	刊物出版者	出處、收藏	備註
？	？	客語	1992	溫荀/著、黃榮洛/整理	溫荀歌	溫荀	臺灣客家傳統山歌歌詞	冊	40～42	2002.12二版	臺灣	新竹	新竹縣文化局	徐金松有殘本	客語
？	？	Holo			遊臺勸世歌	遊臺勸世	王順隆網站	1477			？		其他(出版社不詳)		
臺灣女性	清	Holo	1821～1850？	張秀蓉/整理	新刊臺灣查某五十閨歌	臺灣女性	臺灣風物(張秀蓉〈牛津大學所藏有關臺灣的七首歌謠〉)	v43n3	188～185	1993.9.30	臺灣	台北	臺灣風物雜誌社	臺灣大學圖書館藏有微卷	與李李版本有不同
臺灣女性	清	Holo	1826	張秀蓉/整理	新傳臺灣娘仔歌	臺灣女性	臺灣風物(張秀蓉〈牛津大學所藏有關臺灣的七首歌謠〉)	v43n3	188～185	1993.9.30	臺灣	台北	臺灣風物雜誌社	臺灣大學圖書館藏有微卷	與李李版本有不同
臺灣風景	國	Holo		陳春榮/作詞(台北人)	新風景二	臺灣風景	臺灣新風景歌上集	全二本			臺灣	台北	義成書店/發售/總經售(興新出版社/印行)	印自「中研院‧傅圖」(上集p.1～6)	
民間故事	？	Holo	1996	胡林翠香/講述、胡萬川/采錄	代先衫仔穿一付	姨仔配姊夫	彰化縣民間文學集10：歌謠篇（四）	冊	42～47	1996.6	臺灣	彰化	彰化縣立文化中心	中興大學總圖書庫	
民間故事	？	Holo			姨仔配姊夫歌	姨仔配姊夫	王順隆網站	309			臺灣	新竹	竹林印書局		
民間故事	？	Holo	？	竹林書局	姨仔配姊夫歌	姨仔配姊夫	姨仔配姊夫歌	全三本	9葉18面	？	臺灣	新竹	竹林印書局	影本（有裝訂）	
民間故事	？	Holo	1987	竹林書局	苦命女修善歌	苦命女	苦命女修善歌	全二本	7葉14面	1987.5八版	臺灣	新竹	竹林印書局	正本	
民間故事	日	Holo	1996	蔡添登/彈唱、涂順從/採集	乞食開藝旦歌	乞食藝旦	乞食開藝旦歌		20頁	1996.7	臺灣	台南	台南縣立文化中心	有出CD	
民間故事	日	Holo	1989	竹林書局	乞食開藝旦歌	乞食藝旦	乞食開藝旦歌	全二本	6葉12面	1989.6九版	臺灣	新竹	竹林印書局	正本	
民間故事	日	Holo			乞食開藝旦歌	乞食藝旦	乞食開藝旦歌	全二本			臺灣	新竹	竹林印書局	印自「中研院‧傅圖」(上本一二三葉1～5面)	

民間故事	日	Holo	1997	曾金金、鄭良偉、李櫻/編	乞食開藝旦歌	乞食藝旦	台語文學出版物收集、目錄、選讀編輯計劃附錄二歌仔冊	冊	116〜119	1997.6	臺灣	台北	行政院文建會委託專題研究計劃成果報告	未註明出處	
民間故事	日	Holo	2001	黃勁連/編註	乞食‧藝旦歌	乞食藝旦	臺灣七字仔簿12乞食‧藝旦歌	冊	8〜50	2001.8	臺灣	台南	台南縣文化局	未註明出處	
民間故事	日	Holo		瑞成書局	最新乞食開藝旦歌	乞食藝旦	乞食開藝旦新歌上冊				臺灣	台中	瑞成書局	印自「中研院‧傅圖」(上本一〜三葉6面)	
民間故事	日	Holo			乞食開藝旦歌	乞食藝旦	王順隆網站	300			臺灣	新竹	竹林印書局		
民間故事	日	Holo	1932	汪思明	烏貓烏狗歌	烏貓烏狗	最新烏貓烏狗歌		只有第1葉右面	1932	中國	廈門	會文書局	收在王順隆/著「歌仔冊」的押韻形式及平仄問題	
民間故事	日	Holo	1971	竹林書局	冤枉錢失得了歌(第五集、第六集)	僥倖錢	僥倖錢開食了、冤枉錢失得了歌	全二集	6葉12面	1971.10五版	臺灣	新竹	竹林印書局	正本	
民間故事	日	Holo	1971	竹林書局	僥倖錢開食了歌(第一〜四集)	僥倖錢	僥倖錢開食了、冤枉錢失得了歌	全四集	12葉24面	1971.10五版	臺灣	新竹	竹林印書局	正本	
民間故事	日？	Holo			最新失德了歌	失德了	王順隆網站	124			中國	廈門	博文齋書局		
民間故事	日？	Holo			最新失德了歌	失德了	王順隆網站	474			中國	上海	開文書局		
民間故事	日？	Holo			最新失德了歌	失德了	王順隆網站	70			中國	廈門	會文堂書局		
民間故事	日？	Holo			最新僥倖錢歌	失德了	王順隆網站	72			中國	廈門	會文堂書局		
民間故事	日？	Holo			僥倖錢開食了	失德了	王順隆網站	728			臺灣	嘉義	捷發出版社		
民間故事	日？	Holo			僥倖錢開食了歌	失德了	王順隆網站	339			臺灣	新竹	竹林印書局		
民間故事	日？	Holo			僥倖錢開食了歌	失德了	王順隆網站	1009			臺灣	台北	榮文社書局		
民間故事	日？	Holo			冤枉錢失得了歌	失德了	王順隆網站	333			臺灣	新竹	竹林印書局		

民間故事	日？	Holo		陳月清	草繩拖阿公阿父	李不如、李太生	草繩拖阿公阿父上本	全二本			臺灣	新竹	竹林印書局	印自「中研院‧傅圖」（上本一～四葉1～8面）	
民間故事	清	Holo	1987	竹林書局	甘國寶過臺灣	甘國寶	甘國寶過臺灣	全五本	17葉34面	1987.2一版	臺灣	新竹	竹林印書局	正本	
民間故事	清	Holo	1956	陳春榮/作詞	甘國寶過臺灣	甘國寶	新歌甘國寶過臺灣	全六本	6*6=24頁	1956.12.20初版	臺灣	台北	義成書店/發售/總經售（興新出版社/印行）	印自「中研院‧傅圖」（一P.1～4）	
民間故事	清	Holo	1987	竹林書局	甘國寶過臺灣歌	甘國寶	甘國寶過臺灣上本	全五本	17葉34面	1987.2一版	臺灣	新竹	竹林印書局	正本	
民間故事	清	Holo			甘國寶過臺灣歌	甘國寶	王順隆網站	303			臺灣	新竹	竹林印書局		
民間故事	清	Holo	1987	竹林書局	白賊七歌	白賊七	白賊七歌		5面	1987.5八版	臺灣	新竹	竹林印書局	正本	
民間故事	清	Holo	1821～1850？	張秀蓉/整理	新刊臺灣林益娘歌	林益娘	臺灣風物（張秀蓉〈牛津大學所藏有關臺灣的七首歌謠〉）	v43n3	188～185	1993.9.30	臺灣	台北	臺灣風物雜誌社	臺灣大學圖書有館藏有微卷	
民間故事	清	Holo			新刊臺灣林益娘歌潮溪人	林益娘	王順隆網站	50			中國		木刻本		
民間故事	清	Holo			最新張綉英	張秀英	最新改良張秀英歌	全一冊			中國	廈門	文德堂書局/印行	印自「中研院‧傅圖」（一二三葉1～5面）	
民間故事	清	Holo	1922		新刊秀英歌	張秀英	最新張繡英林無宜相褒歌			1922.夏月刊	中國	上海	石印書局/發行	印自「中研院‧傅圖」（一～五葉1～9面）	
民間故事	清	Holo			新刊秀英歌	張秀英	新刊秀英歌							印自「中研院‧傅圖」（一二三葉1～5面）	
民間故事	清	Holo			最新張秀英歌	張秀英	王順隆網站	56			中國	廈門	文德堂書局		
民間故事	清	Holo			最新張繡英林無宜相褒歌	張秀英	王順隆網站	159			中國	廈門	博文齋書局		
民間故事	清	Holo			新刊秀英歌	張秀英	王順隆網站	181			臺灣	台北	黃塗活版所		

民間故事	清？	Holo			新款王塗歌	王塗	最新王塗歌				中國	上海	開文書局	印自「中研院・傅圖」（P.1～3）	
民間故事	清？	Holo			最新王塗歌	王塗	王順隆網站	167			中國	上海	開文書局		
民間故事	清？	Holo			最新白賊七歌	白賊七	王順隆網站	237			臺灣	嘉義	捷發出版社		
社會事件	日	Holo			中部大震災新歌	1935地震	王順隆網站	910			臺灣	台中	瑞成書局		
社會事件	日	Holo	1930年代	莊永明/導言	中部地震勸世歌	1935地震	臺灣大地震——1935年中部大震災紀實	冊	171～175	1996.4	臺灣	台北	遠流出版社	原稿：嘉義「捷發漢書部」	
社會事件	日	Holo		陳玉珍/印出來	最新中部地震歌	1935地震	最新中部地震歌				臺灣	嘉義	玉珍漢書部/發行	印自「中研院・傅圖」（上本一～四葉8面）	
社會事件	日	Holo			最新中部地震歌火燒平陽城☆	1935地震	王順隆網站	807			臺灣	嘉義	玉珍書局		
社會事件	日	Holo	2001	黃勁連/編註	二林鎮大奇案	二林奇案	臺灣七字仔簿9二林鎮大奇案	冊	11～105	2001.8	臺灣	台南	台南縣文化局	未註明出處	
社會事件	日	Holo	1959	竹林書局	彰縣二林大奇案	二林奇案	二林大奇案歌	全五集	15葉30面	1959.5.18初版	臺灣	新竹	竹林印書局	正本	
社會事件	日	Holo	1987	竹林書局	彰縣二林大奇案	二林奇案	二林鎮大奇案歌	全五本	15葉30面	1987.5八版	臺灣	新竹	竹林印書局	正本	
社會事件	日	Holo			二林鎮大奇案	二林奇案	王順隆網站	318			臺灣	新竹	竹林印書局		
社會事件	日	Holo	2001	黃勁連/編註	基隆七號房慘案	基隆慘案	臺灣七字仔簿9二林鎮大奇案	冊	116～162	2001.8	臺灣	台南	台南縣文化局	未註明出處	
社會事件	日	Holo	1990	竹林書局	基隆七號房慘案	基隆慘案	基隆七號房慘案歌	全二本	7葉14面	1990.8九版	臺灣	新竹	竹林印書局	正本	
社會事件	日	Holo	1997	曾金金、鄭良偉、李櫻/編	基隆七號房慘案	基隆慘案	台語文學出版物收集、目錄、選讀編輯計劃附錄二歌仔冊	冊	168～172	1997.6	臺灣	台北	行政院文建會委託專題研計劃成果報告	未註明出處	
社會事件	日	Holo			基隆七號房慘案	基隆慘案	王順隆網站	346			臺灣	新竹	竹林印書局		

社會事件	日	Holo	1987	竹林書局	台南運河奇案歌	運河奇案	運河大奇案歌	全四本	12葉24面	1987.5八版	臺灣	新竹	竹林印書局	正本	
社會事件	日	Holo	1989	竹林書局	台南運河奇案歌	運河奇案	台南運河奇案歌	全四本	12葉24面	1989.6九版	臺灣	新竹	竹林印書局	正本	
社會事件	日	Holo	1997	曾金金、鄭良偉、李櫻/編	台南運河奇案歌	運河奇案	台語文學出版物收集、目錄、選讀編輯計劃附錄二歌仔冊	冊	143～150	1997.6	臺灣	台北	行政院文建會委託專題研究計劃成果報告	未註明出處	
社會事件	日	Holo	2001	董峰政/編著	台南運河奇案歌	運河奇案	土地的聲嗽——台語歌仔冊		139～202	2001.8	臺灣	台南	董峰政	原稿：竹林書局	1冊2CD
社會事件	日	Holo	2001	黃勁連/編註	金快也跳運河	運河奇案	臺灣七字仔簿11金快也跳運河	冊	6～69	2001.8	臺灣	台南	台南縣文化局	未註明出處	
社會事件	日	Holo			金快運河記新歌	運河奇案	王順隆網站	250			臺灣	嘉義	玉珍書局		
社會事件	日	Holo	1957	張新興（萬華人）	最新運河奇案	運河奇案	最新編運河奇案	全三集	22頁	1957.2	臺灣	台中	文林出版社	影本（印自施炳華老師）	
社會事件	日	Holo	1998	邱文錫、陳憲國/編註	運河奇案	運河奇案	臺灣七字仔系列（二）千金譜	冊	137～217	1998.5	臺灣	台北	樟樹出版社	原稿：中央研究院歷史語言所	
社會事件	日	Holo			台南運河奇案歌	運河奇案	王順隆網站	324			臺灣	新竹	竹林印書局		
社會事件	日	Holo			最新運河奇案	運河奇案	王順隆網站	270			臺灣	台中	文林書局		
社會事件	國	Holo	1987	竹林書局	八七水災歌	八七水災	八七水災歌	全三本	9葉18面	1987.2一版	臺灣	新竹	竹林印書局	正本	
社會事件	國	Holo			八七水災歌	八七水災	王順隆網站	1490			臺灣	新竹	竹林印書局		
社會事件	國	Holo	1971		苓雅市場大火災	苓雅市場火災	苓雅市場大火災	全二本		1971.1五版	臺灣	新竹	竹林印書局	印自「中研院・傅圖」（一～二葉1～4面）	
社會事件	清	Holo	2001	黃勁連/編註	周成過臺灣	周成	臺灣七字仔簿8周成過臺灣	冊	13～68	2001.8	臺灣	台南	台南縣文化局	未註明出處	
社會事件	清	Holo	1996	葉素英/講述、翁麗卿/采錄	周成過臺灣	周成	彰化縣民間文學集10：歌謠篇（四）	冊	48～56	1996.6	臺灣	彰化	彰化縣立文化中心	中興大學總圖書庫	講周成妻來台尋夫

社會事件	清	Holo	1989	竹林書局	周成過臺灣歌	周成	周成過臺灣歌	全三本	9葉18面	1989.6九版	臺灣	新竹	竹林印書局	正本	
社會事件	清	Holo	1997	曾金金、鄭良偉、李櫻/編	周成過臺灣歌	周成	台語文學出版物收集、目錄、選讀編輯計劃附錄二歌仔冊	冊	37627	1997.6	臺灣	台北	行政院文建會委託專題研究計劃成果報告	未註明出處	
社會事件	清	Holo			周成過臺灣歌	周成	王順隆網站	307			臺灣	新竹	竹林印書局		
社會事件	清	Holo	2001	董峰政/編著	周成過臺灣歌	周成	土地的聲嗽——台語歌仔冊		51～100	2001.8	臺灣	台南	董峰政	原稿:竹林書局	1冊2CD
社會事件	清	Holo	1955	陳春榮/作詞	林投姉	林投姉	清代台南奇案新歌林投姉	全六本	6*6=24頁	1955.11版	臺灣	台北	義成圖書社/發行/總經銷(興新出版社/印行)	印自「中研院・傅圖」(一 P.1～6、二 P.1～6、三 P.1～6)	
政治事件	1895	Holo	1999	張裕宏/校注	台省民主歌	抗日:臺灣民主國	十九世紀歌仔冊台省民主歌	冊	21～96	1999.5	臺灣	台北	文鶴出版公司	主要根據:1897上海「點石齋」石印本	
政治事件	1895	Holo	1996	楊秀卿/唱	台省民主歌	抗日:臺灣民主國	音樂臺灣		150～158	1996.12.25	臺灣	台北	時報文化出版公司	未交代出處	
政治事件	1895	Holo	1997	陳憲國、邱文錫/編註	臺灣民主歌	抗日:臺灣民主國	臺灣演義	冊	11～90	1997.8	臺灣	台北	樟樹出版社	原稿:中央圖書館臺灣分館	
政治事件	1895	Holo			新刻手抄臺灣民主歌	抗日:臺灣民主國	王順隆網站	44			中國		木刻本		
政治事件	1895	Holo			臺省民主歌	抗日:臺灣民主國	王順隆網站	52			中國	上海	點石齊書局		
政治事件	1945	Holo		竹林書局	昭和敗戰新歌	日本敗戰	日本拜戰擂檯對答?	全二本			臺灣	新竹	竹林印書局	印自「中研院・傅圖」(P.1～2)	
政治事件	1945	Holo	1946	汪思明	歡迎祖國(節錄)	臺灣史詩	五十年來的中國俗文學(婁子匡、朱介凡/著)	「俗曲」柒	227～228	1946.1	臺灣	台北市	汪思明	呂訴上藏有2本	
政治事件	日	客語	1992	黃榮洛/整理	吳阿來歌	吳阿來	臺灣客家傳統山歌歌詞	冊	31～33	2002.12二版	臺灣	新竹	新竹縣文化局	正本	客語

政治事件	日	Holo	1954	何連福口述、吳萬水筆紀	士林土匪仔歌	抗日:士林土匪	臺灣陳辦歌研究		195～198	1985.6	臺灣	台北市	中國文化大學中文所碩士論文	影本	手抄、加「仔」字
政治事件	日	Holo	1954	何連福口述、吳萬水筆紀	士林土匪歌	抗日:士林土匪	臺灣風物	v4n5	55～26	1954.5.31	臺灣	台北	臺灣風物雜誌社	影本	
政治事件	日	客語	1996	北埔人/造	臺灣歌（部分書影）	抗日:臺灣	大仁學報（邱春美〈客家「姜紹祖抗日歌」探析〉）	n14	164	1996.3	臺灣	屏東	大仁藥學專科學校		徐阿興手抄本:徐家茂→陳運棟→羅肇錦提供
政治事件	日	客語	1993	新竹北埔人/作、黃榮洛/整理	姜紹祖抗日歌	抗日:姜紹祖	臺灣客家傳統山歌歌詞	冊	66～74	2002.12二版	臺灣	新竹	新竹縣文化局	正本	客:姜紹祖抗日
政治事件	日	客語	1996	邱春美/選	姜紹祖抗日歌（部分書影）	抗日:姜紹祖	大仁學報（邱春美〈客家「姜紹祖抗日歌」探析〉）	n14	164	1996.3	臺灣	屏東	大仁藥學專科學校		新竹縣文獻委員會出版，黃榮洛提供
政治事件	日	Holo	2001	黃勁連/編註	義賊廖添丁	廖添丁	臺灣七字仔簿10義賊廖添丁	冊	9～129	2001.8	臺灣	台南	台南縣文化局	未註明出處	
政治事件	日	Holo	1990	竹林書局	義賊廖添丁	廖添丁	義賊廖添丁	全六集	18葉36面	1990.8九版	臺灣	新竹	竹林印書局	正本	
政治事件	日	Holo	1955	梁松林（艋舺人、有相片）	廖添丁	廖添丁	臺灣義賊新歌廖添丁	全六本	6*6=24頁	1955.5版	臺灣	台北	義成圖書社/發售/總經銷（興新出版社/印行）	印自「中研院・傅圖」（一P.1～6、二P.1～6、三P.1～6）	
政治事件	日	Holo	2001	楊秀卿/唱、洪瑞珍/編註	廖添丁傳奇	廖添丁	廖添丁傳奇	冊	23～200	2001.4	臺灣	台北	臺灣台語社	正本	CD2片
政治事件	日	Holo			義賊廖添丁	廖添丁	王順隆網站	314			臺灣	新竹	竹林印書局		
政治事件	日	Holo	1921	片岡巖/抄錄	新編歐洲大戰歌上編	歐州大戰	臺灣風俗誌	第二章	344～350	1921			中興大學總圖書庫		台北:古亭書屋/複製本
政治事件	日	Holo	2001	周定邦	義戰嘍吧哖──台語七字仔白話史詩	嘍吧哖	義戰嘍吧哖		2～99	2001.7	臺灣	台南	臺灣說唱藝術工作室	正本	1冊2CD
政治事件	國	Holo	1998	鹿耳門漁夫	二二八見證歌	228	臺灣白話史詩	冊	198～203	1998.3	臺灣	台南	台笠出版社	正本	

政治事件	國	Holo	1998	鹿耳門漁夫	我愛臺灣——勸世文（一）（二）	我愛臺灣	臺灣白話史詩	冊	185～192	1998.3	臺灣	台南	台笠出版社	正本	
政治事件	國	Holo	?	竹林書局	尤清博士選縣長歌	選舉：尤清	尤清博士選縣長歌		7葉14面	?	臺灣		?	手抄本（影本）	
政治事件	國	Holo			尤清博士選縣長歌	選舉：尤清	王順隆網站	1458			臺灣		其他（出版社不詳）		
政治事件	國	Holo		張玉成/編歌	嘉義縣第三屆省議員縣長競選歌	選舉：嘉義	嘉義縣第三屆省議員縣長競選趣味歌				臺灣	嘉義	玉珍書局/印行	印自「中研院‧傳圖」（p.1～4）	
政治事件	國	Holo	1958	張玉成/編作	嘉義縣第四屆縣議員競選歌	選舉：嘉義	嘉義縣第四屆縣議會議員嘉義市候選人講演政見歌				臺灣	嘉義	張玉成/發行人	印自「中研院‧傳圖」（p.1～5）	
政治事件	清	福州話	1821～1850	賴建銘/收藏、註解	臺灣朱一貴歌	朱一貴	台南文化（賴建銘〈清代臺灣歌謠（下）〉）	v7n1	85～92	1960.9.30	臺灣	台南	台南市文獻委員會	印自中興大學歷史系圖（1983年成文複印本）	
政治事件	清	福州話	?	?	新刊臺灣朱一貴歌	朱一貴	新刊臺灣朱一貴歌		6葉12面		?	?	?	中央圖書館臺灣分館有影本	
政治事件	清	福州話			新刻臺灣朱一貴歌	朱一貴	新刻臺灣朱一貴歌	冊	6葉12面					中央圖書館臺灣分館有影本	
政治事件	清	福州話			新刊臺灣朱一貴歌	朱一貴	王順隆網站	38			中國		木刻本		
政治事件	清	Holo	1997	陳憲國、邱文錫/編註	西仔反	西仔反	臺灣演義	冊	177～188	1997.8	臺灣	台北	樟樹出版社	原稿：黃焰生後代提供	
政治事件	清	客語	1987	黃榮洛/整理	臺灣番薯哥歌	清移民：臺灣	臺灣客家傳統山歌歌詞	冊	27～29	2002.12二版	臺灣	新竹	新竹縣文化局	三田裕次收藏	客語
政治事件	清	客語	1723～1874年間	好像是廣東梅縣人創作的	臺灣番薯歌	清移民：臺灣	臺灣風物（三田裕次、沼崎一郎〈關西范家所藏的『臺灣歌』手抄本〉）	v37n4	100～104	1987.12	臺灣	台北	臺灣風物雜誌社	范林安手抄本‧新竹關西范美信→三田裕次收藏	
政治事件	清	Holo			南洋遊歷新歌	清移民：	南洋遊歷新歌上本				臺灣	台中	瑞成書局	印自「中研院‧傅	

類別	朝代	語言	年代	作者	題名	系列	出處	卷期	頁	日期	國	地	出版者	備註	備註
						南洋								圖」(上本 一～三葉 1～5面)	
政治事件	清	客語	1723～1874年間	好像是廣東梅縣人創作的	又題出臺灣勸世文	清移民：莫過臺灣	臺灣風物（三田裕次、沼崎一郎〈關西范家所藏的『臺灣歌』手抄本〉）	v37n4	100～104	1987.12	臺灣	台北	臺灣風物雜誌社	范林安手抄本，新竹關西范美信→三田裕次收藏	
政治事件	清	Holo	1821～1850？	張秀蓉/整理	又勸莫過臺歌	清移民：莫過臺灣	臺灣風物（張秀蓉〈牛津大學所藏有關臺灣的七首歌謠〉）	v43n3	188～185	1993.9.30	臺灣	台北	臺灣風物雜誌社	臺灣大學圖書館藏有微卷	
政治事件	清	Holo			又勸莫過臺歌	清移民：莫過臺灣	王順隆網站	31			中國		木刻本		
政治事件	清	Holo	1986	黃榮洛/校註	渡台悲歌	清移民：莫過臺灣	臺灣客家傳統山歌歌詞	冊	10～17	2002.12二版	臺灣	新竹	新竹縣文化局	曾吉造收藏	客語
政治事件	清	客語	1990	羅肇錦/改編	渡台悲歌	清移民：莫過臺灣	台語文摘	n8	180～178	1990.3.15	臺灣	台北縣	台語社	印自中興大學中文系圖	
政治事件	清	客語	1990	羅肇錦/改編	渡台悲歌	清移民：莫過臺灣	客家雜誌	n2（總n25）		1990.2	臺灣		客家雜誌社	收在《台語文摘》n8	
政治事件	清	Holo			新刊莫往臺灣女人卅六款歌	清移民：莫過臺灣	王順隆網站	47			中國		木刻本		
政治事件	清	Holo			新刊勸人莫過台歌	清移民：莫過臺灣	王順隆網站	31			中國		木刻本		
政治事件	清	Holo	1821～1850？	張秀蓉/整理	新刊勸人莫過臺歌	清移民：莫過臺灣	臺灣風物（張秀蓉〈牛津大學所藏關臺灣的七首歌謠〉）	v43n3	188～185	1993.9.30	臺灣	台北	臺灣風物雜誌社	臺灣大學圖書館藏有微卷	
政治事件	清	Holo	1821～1850	賴建銘/收藏、註解	勸人莫過臺灣歌	清移民：莫過臺灣	台南文化（賴建銘〈清代臺灣歌謠(上)〉）	v6n1	66～67	1958.8.31	臺灣	台南	台南市文獻委員會	印自中興大學歷史系圖（1983年成文複印本）	

政治事件	清	Holo	1821~1850	王育德/校註	勸人莫過臺灣歌	清移民：莫過臺灣	王育德全集3:臺灣話講座（華文譯版）	冊	215~223	2000.4	臺灣	台北	前衛出版社	轉抄自賴建銘〈清代臺灣歌謠（上）〉（1958）	
政治事件	清	Holo	2001	黃勁連/編註	勸儂莫過臺灣歌	清移民：莫過臺灣	臺灣七字仔簿7 鄭國姓開臺灣歌	冊	61~65	2001.8	臺灣	台南	台南縣文化局	未註明出處	
政治事件	清	Holo			新出過番歌	清移民：番邦	王順隆網站	465			中國	上海	開文書局		
政治事件	清	Holo		南安江湖客/輯	新刊手抄過番歌	清移民:番邦	新刊過番歌				中國	廈門	會文堂/發行	印自「中研院·傅圖」（一～二葉1～3面）	
政治事件	清	Holo			新刊手抄過番歌	清移民：番邦	王順隆網站	128			中國	廈門	博文齋書局		
政治事件	清	Holo	1905		新樣過番歌	清移民：番邦	最新過番歌			光緒乙巳年	中國	廈門	文德堂榮記兌	印自「中研院·傅圖」（一～二葉1～3面）	
政治事件	清	Holo	?	?	又臺灣小娘仔歌	陳辦	新刊莫往臺灣、女人卅六歎歌	1葉2面		?	?	?	中央圖書館臺灣分館有影本		
政治事件	清	Holo	?	?	又臺灣表子三十六歎	陳辦	新刊莫往臺灣、女人卅六歎歌	1葉2面		?	?	?	中央圖書館臺灣分館有影本		
政治事件	清	Holo	1821~1850	賴建銘/收藏、註解	臺灣陳辦歌	陳辦	台南文化（賴建銘〈清代臺灣歌謠（中）〉）	v6n4	87~89	1959.10.1	臺灣	台南	台南市文獻委員會	印自中興大學歷史系圖（1983年成文複印本）	
政治事件	清	Holo	?	?	新刊臺灣陳辦歌	陳辦	新刊臺灣陳辦歌	3葉6面		?	?	?	中央圖書館臺灣分館有影本		
政治事件	清	Holo			新刊臺灣陳辦歌	陳辦	臺灣陳辦歌研究	4葉7面		臺灣	台北	中國文化大學中文所碩士論文		
政治事件	清	Holo	1821~1850？	張秀蓉/整理	新刊臺灣陳辦歌	陳辦	臺灣風物（張秀蓉〈牛津大學所藏有關臺灣	v43n3	188~185	1993.9.30	臺灣	台北	臺灣風物雜誌社	臺灣大學圖書有館藏有微卷	與李版本有不同
政治事件	清	Holo	1833~1850	應是一位民間詩人	新刊臺灣陳辦歌	陳辦	七首謠〉）臺灣風物（李李〈一首抗清歌謠──	v42n4	28~30	1992.12	臺灣	台北	臺灣風物雜誌社	共189句、1332字，英國Bodleian Library（鮑德林	

						「臺灣陳辦歌」〉)							圖書館)藏
政治事件	清	Holo			新刊臺灣陳辦歌	陳辦	新刊臺灣陳辦歌	冊	3葉6面					中央圖書館臺灣分館有影本
政治事件	清	Holo	?	?	新刊勸人莫過台歌	陳辦	新刊莫往臺灣、女人卅六歎歌		1.5葉3面	?	?	?		中央圖書館臺灣分館有影本
政治事件	清	Holo			新刊臺灣陳辦歌	陳辦	王順隆網站	29			中國		木刻本	
政治事件	清	Holo			新刊臺灣陳辦歌其二	陳辦	王順隆網站	29			中國		木刻本	
政治事件	清	Holo		林有來/改造	楊本縣過臺灣敗地理歌	楊本縣	楊本縣過臺灣敗地理歌	全六集	16葉32面?		臺灣	新竹	竹林印書局	印自「中研院·傅圖」(一集1~3葉、二1~3葉、三1~3葉)
政治事件	清	Holo	1936	演唱/楊清池、初稿/賴和、定稿/楊守愚（宮安中）、連慧珠/打字	辛酉一詩歌	戴萬生	「萬生反」——十九世紀後期臺灣民間文化之歷史觀察	附錄（二）	156~182	1995.6	臺灣	台中市	東海大學歷史系碩士論文	影本
政治事件	清	Holo	1997	陳憲國、邱文錫/編註	辛酉一歌詩	戴萬生	臺灣演義	冊	91~176	1997.8	臺灣	台北	樟樹出版社	原稿：中央研究院歷史語言所
政治事件	清	Holo	1936	演唱/楊清池、初稿/賴和、定稿/楊守愚（宮安中）	辛酉一歌詩（一）（天地會底紅旗反）	戴萬生	臺灣新文學	v1n8	125~132	1936.9.19	臺灣	台中市	臺灣新文學社	影本
政治事件	清	Holo	1936	演唱/楊清池、初稿/賴和、定稿/楊守愚（宮安中）	辛酉一歌詩（二）（天地會底紅旗反）	戴萬生	臺灣新文學	v1n9	63~72	1936.11.5	臺灣	台中市	臺灣新文學社	影本
政治事件	清	Holo	1936	演唱/楊清池、初稿/賴和、定稿/楊守愚（宮安中）	辛酉一歌詩（三）（天地會底紅旗反）	戴萬生	臺灣新文學	v2n1	63~67	1936.12.28	臺灣	台中市	臺灣新文學社	影本

政治事件	清	Holo	1945以前	曾乾舜先生的父親/手抄	無（相龍年一歌詩）	戴萬生	（毛筆手抄本歌仔簿）		25頁	日治時期	臺灣	高雄	高雄縣田寮鄉西德村蛇仔穴	未註明出處（蔡承維先生影印）	
政治事件	清	客語？	1936	天賜/重抄、洪敏麟/藏、連慧珠/打字	新編戴萬生作反歌	戴萬生	「萬生反」——十九世紀後期臺灣民間文化之歷史觀察	附錄（一）	69、76、141～155	1995.6	臺灣	台中市	東海大學歷史系碩士論文	影本	客語？
政治事件	清	Holo	1936	賴和採集、廖漢臣校註、李李加注	戴萬生反清歌	戴萬生	臺灣陳辦歌研究		151～190	1985.6	臺灣	台北市	中國文化大學中文所碩士論文	影本	手抄
政治事件	清	Holo	1936	賴和採集、廖漢臣校註	戴萬生反清歌（原題〈辛酉一歌詩〉）（收在〈彰化縣的歌謠〉這篇文章中）	戴萬生	臺灣文獻	v11n3	23～36	1960.9.27	臺灣	台北市	臺灣省文獻委員會	影本	
政治事件	通史	Holo	1986	吳天羅/唱、張炫文記譜	臺灣史詩	臺灣史詩	臺灣的說唱音樂	（附Tape）	121～126	1986.6	臺灣	台中	臺灣省教育廳交響樂團	印自李泗滄先生藏書	鄭國姓開台
政治事件	通史	Holo	1998	鹿耳門漁夫	臺灣白話史詩	臺灣史詩	臺灣白話史詩	冊	48～97	1998.3	臺灣	台南	台笠出版社	正本	
政治事件	通史	Holo	1989	舒蘭/編	臺灣歷史故事歌	臺灣史詩	中國地方歌謠集成2.理論研究（二）（舒蘭/編）		104～120	1989.7	臺灣	台北	渤海堂文化公司	未註明出處	
政治事件	通史	Holo	1989	舒蘭/編	臺灣歷史故事歌	臺灣史詩	中國地方歌謠集成2.理論研究（二）（舒蘭/編）	8句56字	148	1989.7	臺灣	台北	渤海堂文化公司	未註明出處	
政治事件	通史	Holo	1991	李坤城	原鄉II	臺灣史詩	原鄉（羅大佑演唱音樂帶）			1991	臺灣	台北	滾石唱片	正本	
政治事件	通史	Holo	1989	舒蘭/編	開臺鄭國姓	臺灣史詩	中國地方歌謠集成2.理論研究（二）（舒蘭/編）	12句84字	103	1989.7	臺灣	台北	渤海堂文化公司	未註明出處	
政治事件	通史	Holo	1983	簡上仁/抄錄	鄭國姓開臺灣歌	臺灣史詩	臺灣民謠	說唱唸謠選輯	139～147	1983.6	臺灣	台中	臺灣省政府新聞處	中興大學總圖書館	

政治事件	通史	Holo	1958	竹林書局	鄭國姓開臺灣歌	臺灣史詩	鄭國姓開臺灣歌	全二本	6葉12面	1958.10一版	臺灣	新竹	竹林印書局	正本	
政治事件	通史	Holo	1987	竹林書局	鄭國姓開臺灣歌	臺灣史詩	鄭國姓開臺灣歌	全二本	6葉12面	1987.5八版	臺灣	新竹	竹林印書局	正本	
政治事件	通史	Holo	1997	曾金金、鄭良偉、李櫻/編	鄭國姓開臺灣歌	臺灣史詩	台語文學出版物收集、目錄、選讀編輯計劃附錄二歌仔冊	冊	60～63	1997.6	臺灣	台北	行政院文建會委託專題研究計劃成果報告	未註明出處	
政治事件	通史	Holo	1961	吳瀛濤/選	鄭國姓開臺灣歌（又名：臺灣舊風景歌）（節錄）	臺灣史詩	臺灣風物（吳瀛濤〈開台歌及其他〉）	v11n4	54	1961.4.29	臺灣	台北	臺灣風物雜誌社	未註明出處；印自東大總圖2F	
政治事件	通史	Holo	2001	黃勁連/編註	鄭國姓開臺灣歌	臺灣史詩	臺灣七字仔簿7鄭國姓開臺灣歌	冊	19～54	2001.8	臺灣	台南	台南縣文化局	未註明出處	
政治事件	通史	Holo	2001	董峰政/編著	鄭國姓開臺灣歌	臺灣史詩	土地的聲嗽——台語歌仔冊		105～137	2001.8	臺灣	台南	董峰政	原稿:竹林書局	1冊2CD
政治事件	通史	Holo	1994	簡榮聰/抄錄	鄭國姓開臺灣歌	臺灣史詩	臺灣農村民謠與詩詠	第五節	101～111	1994.6	臺灣	南投	臺灣史蹟源流研究會	中興大學總圖書庫	
政治事件	通史	Holo			鄭國姓開臺灣歌	臺灣史詩	王順隆網站	340			臺灣	新竹	竹林印書局		
政治事件	通史	Holo	1986	楊秀卿/唱、張炫文記譜	勸世說唱（1）七字調接江湖調	臺灣史詩	臺灣的說唱音樂	（附Tape）	24～28	1986.6	臺灣	台中	臺灣省教育廳交響樂團	印自李泗滄先生藏書	鄭國姓開台
政治事件	通史	Holo	1956	竹林書局	寶島新臺灣歌	臺灣史詩	寶島新臺灣歌	全二本	6葉12面	1956.6一版	臺灣	新竹	竹林印書局	正本	
政治事件	通史	Holo	1990	竹林書局	寶島新臺灣歌	臺灣史詩	寶島新臺灣歌	全二本	6葉12面	1990.6九版	臺灣	新竹	竹林印書局	正本	
政治事件	通史	Holo	1997	曾金金、鄭良偉、李櫻/編	寶島新臺灣歌	臺灣史詩	台語文學出版物收集、目錄、選讀編輯計劃附錄二歌仔冊		112～115	1997.6	臺灣	台北	行政院文建會委託題研計劃成果報告	未註明出處	

政治事件	通史	Holo			寶島新臺灣歌	臺灣史詩	王順隆網站	317			臺灣	新竹	竹林印書局		
政治事件	通史	Holo	1975	吳瀛濤/選註	寶島新臺灣歌、鄭國姓開臺灣（選錄）	臺灣史詩	臺灣諺語		427～433	1975初版、1988八版	臺灣	台北	臺灣英文出版社	未註明出處	
電影改編	國	Holo			王哥柳哥	王哥柳哥	笑話百出新歌王哥柳哥	全二本			臺灣	台北	義成書店/發售總經售（興新出版社/印行）	印自「中研院·傅圖」（一 P.1～6、二 P.1～6、三 P.1～7）	
戲劇改編	?	Holo	1986	黃秋田/唱、張炫文記譜	蘭陽風雨情（選粹）	蘭陽風雨情	臺灣的說唱音樂	（附Tape）	76～83	1986.6	臺灣	台中	臺灣省教育廳交響樂團	影本	電視劇

附錄五 「歌仔冊」相關大事年表

Teng Hongtin （丁鳳珍）/整理　　2005.1.13 修改版

◎主要參考書目

1. 臺灣省文獻委員會（編印），《臺灣史大事簡表》、《臺灣歷史年代對照表》，南投：臺灣省文獻委員會，2000.12。

2. 李筱峰，《臺灣史 100 件大事》（上）（下），台北市：玉山社出版公司，1999.10。

3. 楊碧川，《臺灣歷史年表（13 世紀到 1945 年 12 月）》，台北市：自立晚報社文化出版部，1988.6 第一版，1990.8 第二版。

4. 楊碧川，《昭明歷史手冊》，台北市：昭明出版社，2003.6。

5. 遠流臺灣館（編著），《臺灣歷史年表》，台北市：遠流出版事業公司，2001.1.20。

6. 遠流臺灣館（編著），《臺灣史小事典》，台北市：遠流出版事業公司，2000.12.31 二版。

7. 張豈之（主編），〈元明清大事年表〉發表，《中國歷史　元明清史》附錄，台北市：五南圖書公司，2002.6，pp.541-554。

8. 藤島達朗、野上俊靜，《中日韓對照年表》，台北市：文史哲出版社，1983.11。

9. 台北帝國大學東洋文學所，《臺灣歌謠書目》（共 394 種），1940.10.26，油印本。

10. 陳健銘，〈閩台歌冊綜橫談〉，《民俗曲藝》，n52，台北：財團法人施合鄭民俗文化基金會，1988.3，pp. 109-121。（後來收在：陳健銘，《野台鑼鼓》，台北：稻鄉出版社，1989 初版，1995 再版。）

11. 陳健銘，〈從歌仔冊看臺灣早期社會〉，《臺灣文獻》，v47n3，南投：

臺灣省文獻委員會，1996.9，pp. 61-110。

12. [荷蘭]施博爾（施舟人‧Kristofer M. Schipper），〈五百舊本「歌仔冊」目錄〉，《臺灣風物》，v15n4，台北：臺灣風物雜誌社，1965.10.31， pp. 41-60。

13. 陳兆南，〈臺灣歌仔綜錄〉，《逢甲中文學報》，n2，台中：逢甲大學中國文學系，1994.4，pp. 43-66。

14. 王順隆，〈談臺閩「歌仔冊」的出版概況〉，《臺灣風物》，v43n3，台北：臺灣風物雜誌社，1993.9.30，pp. 109-131。

15. 王順隆，〈閩台「歌仔冊」書目‧曲目〉，《臺灣文獻》，v45n3，南投：臺灣省文獻委員會，1994.9，pp. 171-271。

16. 王順隆，〈「歌仔冊」書目補遺〉，《臺灣文獻》，南投：臺灣省文獻委員會，1996.3，v47n1，pp. 73-100。

17. 呂興昌，〈臺灣歌仔冊中的災難書寫〉，《戰後初期臺灣文學與思潮國際學術研討會》，台中：東海大學中國文學系，2003.11.30。

西元	干	支	國號	帝號	帝紀	年序	日紀	「歌仔冊」大事	臺灣大事	中國大事（國際大事）
1601	辛	丑	明	神宗	萬曆	29				*利瑪竇進北京，獻《萬國輿圖》（萬曆年間在中國大量出版）等物，皇帝待以上賓，利留北京傳教，直到1610去世
1602	壬	寅	明	神宗	萬曆	30				
1603	癸	卯	明	神宗	萬曆	31			*荷人韋麻郎率艦至澎湖，要求互市	
1604	甲	辰	明	神宗	萬曆	32				
1605	乙	巳	明	神宗	萬曆	33				
1606	丙	午	明	神宗	萬曆	34				
1607	丁	未	明	神宗	萬曆	35				
1608	戊	申	明	神宗	萬曆	36				
1609	己	酉	明	神宗	萬曆	37			*荷蘭人佔澎湖	
1610	庚	戌	明	神宗	萬曆	38				*明思宗（毅宗）（崇禎）朱由檢誕生 *中國天主教信徒約2500人
1611	辛	亥	明	神宗	萬曆	39				
1612	壬	子	明	神宗	萬曆	40				*努爾哈赤第14子「多爾袞」生
1613	癸	丑	明	神宗	萬曆	41				

1614	甲	寅	明	神宗	萬曆	42		
1615	乙	卯	明	神宗	萬曆	43		*努爾哈赤「八旗軍制度」確立
1616	丙	辰	明 後金	神宗 太祖	萬曆 天命	44 1		*努爾哈赤建立【後金】
1617	丁	巳	明 後金	神宗 太祖	萬曆 天命	45 2		
1618	戊	午	明 後金	神宗 太祖	萬曆 天命	46 3		*4 努爾哈赤以「七大恨」正式向明開戰
1619	己	未	明 後金	神宗 太祖	萬曆 天命	47 4		*2~「薩爾滸戰役」後金以寡擊眾，大敗明軍 *努爾哈赤統一「女眞族」
1620	庚	申	明 後金	光宗 太祖	泰昌 天命	1 5		
1621	辛	酉	明 後金	熹宗 太祖	天啓 天命	1 6	*海盜顏思齊攻略北港	*春.【後金】佔瀋陽、遼陽，將首都從薩爾滸遷到遼陽。袁應泰死
1622	壬	戌	明 後金	熹宗 太祖	天啓 天命	2 7	*明朝抗議荷蘭在澎湖築堡	*後金陷遼西，佔廣寧，遷都瀋陽
1623	癸	亥	明 後金	熹宗 太祖	天啓 天命	3 8	*明軍與荷軍在澎湖交戰，明勝。 *明朝禁船隻航行臺灣。	
1624	甲	子	明 後金	熹宗 太祖	天啓 天命	4 9	*明、荷澎湖交戰8個月，明勝，議和：荷退往臺灣，中國對荷佔臺灣，不表異議。	*鄭成功（鄭森）在日本誕生。
1625	乙	丑	明 後金	熹宗 太祖	天啓 天命	5 10		*8 明.魏忠賢毀天下書院 *12 明.榜東林黨人姓名示天下
1626	丙	寅	明 後金	熹宗 太祖	天啓 天命	6 11		*9 皇太極（清太宗）即位（35歲）
1627	丁	卯	明 後金	熹宗 太宗	天啓 天聰	7 1		*11 崇禎殺魏忠賢
1628	戊	辰	明 後金	毅（思）宗 太宗	崇禎 天聰	1 2		*鄭芝龍降明朝
1629	己	巳	明 後金	毅（思）宗 太宗	崇禎 天聰	2		
1630	庚	午	明 後金	毅（思）宗 太宗	崇禎 天聰	3		*8 明.流寇四起 *鄭成功回中國泉州府南安縣。
1631	辛	未	明 後金	毅（思）宗 太宗	崇禎 天聰	4		*6 高迎祥、張獻忠、李自成反亂
1632	壬	申	明 後金	毅（思）宗 太宗	崇禎 天聰	5		*【後金】滅【北元】 *皇太極命人改良「滿文」，稱：有圈點的滿文

1633	癸	酉	明 後金	毅（思）宗 太宗	崇禎 天聰	6	*12流寇擾湖廣
1634	甲	戌	明 後金	毅（思）宗 太宗	崇禎 天聰	7	*1尚可喜降後金 *11李自成攻河南
1635	乙	亥	明 後金	毅（思）宗 太宗	崇禎 天聰	8	*漠南蒙古被後金統一
1636	丙	子	明 後金	毅（思）宗 太宗	崇禎 崇德	9 1	
1637	丁	丑	明 清	毅（思）宗 太宗	崇禎 崇德	10 2	*李自成攻四川
1638	戊	寅	明 清	毅（思）宗 太宗	崇禎 崇德	11 3	
1639	己	卯	明 清	毅（思）宗 太宗	崇禎 崇德	12 4	
1640	庚	辰	明 清	毅（思）宗 太宗	崇禎 崇德	13 5	
1641	辛	巳	明 清	毅（思）宗 太宗	崇禎 崇德	14 6	*明清最大戰役「松錦之戰」，明死5萬多名士卒，並喪失關外軍事防守能力，吳三桂等敗逃。 *李自成陷河南
1642	壬	午	明 清	毅（思）宗 太宗	崇禎 崇德	15 7	*2~3明將洪承疇、祖大壽降清。 *5張獻忠陷廬州 *9李自成入開封 *11清軍侵入河北、山東。
1643	癸	未	明 清	毅（思）宗 太宗	崇禎 崇德	16 8	*8順治即位（6歲），九王·多爾袞輔政 *10李自成陷西安
1644	甲	申	明 清 大西 大順	毅（思）宗 世祖 張獻忠 李自成	崇禎 順治 大順	17 1 1 1	*3.29李自成陷北京，【明】亡。在清軍入北京前，李自成逃到陝西 *4.9多爾袞率清軍從瀋陽出兵征內地→4.15三海關守將吳三桂派人與清軍議降→5.2抵北京 *5.15〔南明〕馬士英等擁福王（朱由崧）在南京自立·弘光1年 *9在多爾袞堅持下，清從瀋陽遷都北京。「開科取士」籠絡漢族士子。 *11張獻忠在四川即位，帝號：大西國王，年號：大順。
1645	乙	酉	清 南明	世祖 福王	順治 弘光	2 1	*4.25清軍陷揚州，史可法戰死，清軍屠殺80多萬士民→5.15南京陷 *5李自成退守武昌，

								部隊 50 餘萬，與清激戰，後爲地主武裝擊斃*6清廷重身剃髮令，江陰、嘉定人民大反抗，被大屠殺 *6〔南明〕鄭芝龍等擁唐王（朱聿鍵）在福州自立 *順治封孔子爲「大成至聖文宣先師」
1646	丙	戌	清 南明	世祖 唐王 魯王	順治 隆武 紹武	3 1 1		*8 鄭芝龍棄唐王降清（後被扣押威脅鄭成功） *清.始開科舉
1647	丁	亥	清 南明	世祖 桂王	順治 永曆	4 1		*1 張獻忠被清兵所殺。 *1 清廷第 3 次更大範圍圈地，民怨難止，導致漢族農民投身滿人爲奴。 *3 多爾袞下令「永行禁止」圈地，但零星圈地長期未斷，到康熙親政才眞的停止。 * 〔南明〕鄭成功據鼓浪嶼
1648	戊	子	清 南明	世祖 桂王	順治 永曆	5 2		*山東榆園農民軍·李化鯨建立政權，年號天正，聚眾多達數 10 萬，到 1655 年才被鎮壓住。
1649	己	丑	清 南明	世祖 桂王	順治 永曆	6 3		
1650	庚	寅	清 南明	世祖 桂王	順治 永曆	7 4		* 〔南明〕鄭成功據廈門、金門（當時廈門叫「中左所」，改名「思明州」），遙奉桂王（永曆）
1651	辛	卯	清 南明	世祖 桂王	順治 永曆	8 5		*順治親政
1652	壬	辰	清 南明	世祖 桂王	順治 永曆	9 6		
1653	癸	巳	清 南明	世祖 桂王	順治 永曆	10 7		
1654	甲	午	清 南明	世祖 桂王	順治 永曆	11 8		*7 〔南明〕鄭成功晉封「延平王」 *1654 年起，清廷逐漸加強海禁，在局部地區推行遷界政策
1655	乙	未	清 南明	世祖 桂王	順治 永曆	12 9		*清軍佔兩廣
1656	丙	申	清 南明	世祖 桂王	順治 永曆	13 10		*清始行海禁，不許商民出海貿易，犯禁者一律處斬，貨充公
1657	丁	酉	清 南明	世祖 桂王	順治 永曆	14 11		
1658	戊	戌	清 南明	世祖 桂王	順治 永曆	15 12		*清軍入雲南 *清改內三院爲「內閣」，

西元			朝代	帝	年號	年	日本	臺灣事件	中國事件
									爲中央最高行政機關，設大學士滿、漢各2人 *5.13〔南明〕鄭成功【北伐】
1659	己	亥	清 南明	世祖 桂王	順治 永曆	16 13			*7.7〔南明〕鄭成功至南京，敗退
1660	庚	子	清 南明	世祖 桂王	順治 永曆	17 14			*清.禁士子結社
1661	辛	丑	清 南明	世祖 桂王	順治 永曆	18 15		*3〔南明〕鄭成功攻澎湖→4.30抵臺灣鹿耳門→5.2鄭成功立臺灣爲【東都】→8.12荷軍再至澎湖→9.16荷攻安平，失敗 *11.6李率泰要荷人攻「思明」（廈門），以解臺灣熱蘭遮城之危	*清廷殺鄭芝龍 *6鄭成功叛將黃梧上清廷「遷民禁海」五疏 *8清廷驅迫江、浙、閩、粵四省沿海數千里的居民從海岸撤數十里，片帆不許出海，全面實行遷界。 *8歲的康熙即位
1662	壬	寅	清	聖祖	康熙	1	寬文2	*2.1荷蘭人投降鄭成功 *5.8鄭成功在臺灣病死（1624～） *5.14鄭成功弟鄭世襲自立 *鄭經在「思明」（廈門）即位→10.16攻回【東都】	
1663	癸	卯	清	聖祖	康熙	2	寬文3	*1鄭經回思明（廈門） *3.22荷蘭出海王率兵到福州，建議聯清滅鄭→10荷清聯軍攻金、廈，鄭經退守銅山	*文字獄：《明史》案。
1664	甲	辰	清	聖祖	康熙	3	寬文4	*1鄭經放棄金門、廈門→3改【東都】爲【東寧】，形成獨立王國 *8荷人攻澎湖	*會試停止八股文，改用策論表判
1665	乙	巳	清	聖祖	康熙	4	寬文5	*4清軍施琅、周全斌攻臺灣	*鄉、會試復舊制，仍用八股文取士
1666	丙	午	清	聖祖	康熙	5	寬文6	*12澎湖兵遣回東寧	
1667	丁	未	清	聖祖	康熙	6	寬文7	*1清派孔元璋來東寧招降	*7清康熙親政，鰲拜仍專權

1668	戊	申	清	聖祖	康熙	7	寬文 8		*2 清派明珠、蔡毓榮招降鄭氏 *9.13 荷人離灣雞籠 *施琅屢陳攻臺灣策，清廷調他爲內政臣，毀沿海戰船	
1669	己	酉	清	聖祖	康熙	8	寬文 9			*5 康熙伏殺鰲拜→宣佈永停圈地占民房 *康熙公布天主教禁令，只承認外國人有信教自由
1670	庚	戌	清	聖祖	康熙	9	寬文 10			*中國天主教徒 273780 人
1671	辛	亥	清	聖祖	康熙	10	寬文 11			
1672	壬	子	清	聖祖	康熙	11	寬文 12			
1673	癸	丑	清	聖祖	康熙	12	延寶 1			*12.21 清發生【三藩之亂】
1674	甲	寅	清	聖祖	康熙	13	延寶 2			
1675	乙	卯	清	聖祖	康熙	14	延寶 3			
1676	丙	辰	清	聖祖	康熙	15	延寶 4			*以軍需對百姓加征房屋稅
1677	丁	巳	清	聖祖	康熙	16	延寶 5			
1678	戊	午	清	聖祖	康熙	17	延寶 6			*3.1 吳三桂稱帝→8.17 吳三桂暴斃
1679	己	未	清	聖祖	康熙	18	延寶 7			*10 劉國軒敗清軍於坂尾寨（漳州） *11 姚啓聖在漳州開「修來館」招降鄭軍
1680	庚	申	清	聖祖	康熙	19	延寶 8		*3 清軍攻佔廈門→3.12 鄭經退回東寧 *6 陳永華病逝	
1681	辛	酉	清	聖祖	康熙	20	天和 1		*1.28 鄭經歿（1642～），鄭克塽繼位，殺鄭克臧	*10 三藩之亂徹底平息，清統一中國，加強中央集權 *康熙 13～20 南懷仁奉旨監製大砲數百尊，編成《神武圖說》，助康熙攻三藩。
1682	壬	戌	清	聖祖	康熙	21	天和 2			*南懷仁〈致西歐耶蘇會士書〉發表說明中國歡迎擅天文學、光學、靜力學、重力學等物質科學的會士
1683	癸	亥	清	聖祖	康熙	22	天和 3		*6.16 施琅攻澎湖→6.22 劉軒大敗，退回臺灣→7.15 鄭向施琅求和→8.13 施琅入臺灣→8.18 鄭克塽投降，【東寧】國滅	

西元	干	支	朝代	帝	年號	年	日本年號	臺灣大事	世界大事
									*12.22 施琅上〈臺灣棄留疏〉發表
1684	甲	子	清	聖祖	康熙	23	貞享 1	*5.27 臺灣劃屬福建省，下設 1 府（臺灣府）3 縣（鳳山縣、台灣縣、諸羅縣） *清廷頒布渡台禁令 *設臺灣鎮，下轄 10 營，編制總兵 1 名、副將 2 名，班兵 1 萬。	*清廢除海禁，開海貿易以增稅收 *康熙封孔子爲「至聖先師」，親自到曲阜向孔子致祭，行三跪九叩禮。並推銷程朱理學。
1685	乙	丑	清	聖祖	康熙	24	貞享 2	*設臺灣府儒學於台南孔廟 *蔣毓英修《臺灣府志》，是臺灣最早的地方志	*2康熙派兵驅逐佔領雅克薩俄軍。（1685～1687） *在廣東的澳門（粵海）、福建的漳州府（閩海）、浙江的寧波府（浙海）、江南的雲臺山（江海）設立四個海關，與外國通商，對來華商船減免商稅 *英國、荷蘭商船來清國貿易
1686	丙	寅	清	聖祖	康熙	25	貞享 3	*廣東客家人入墾「下淡水」（今屏東平原）一帶	
1687	丁	卯	清	聖祖	康熙	26	貞享 4	*清廷許台民赴福建鄉試	
1688	戊	辰	清	聖祖	康熙	27	元祿 1		*響應 1682 南懷仁，法王路易十四派 5 名教士抵北京傳教。
1689	己	巳	清	聖祖	康熙	28	元祿 2		*9.7 清、俄〈尼布楚條約〉發表
1690	庚	午	清	聖祖	康熙	29	元祿 3		*蒙古「準葛爾部」喀爾丹攻熱河
1691	辛	未	清	聖祖	康熙	30	元祿 4		
1692	壬	申	清	聖祖	康熙	31	元祿 5		
1693	癸	酉	清	聖祖	康熙	32	元祿 6		
1694	甲	戌	清	聖祖	康熙	33	元祿 7		
1695	乙	亥	清	聖祖	康熙	34	元祿 8	*高拱乾撰成《臺灣府志》	
1696	丙	子	清	聖祖	康熙	35	元祿 9		*2 清軍征定喀爾丹
1697	丁	丑	清	聖祖	康熙	36	元祿 10	*郁永河赴臺灣北投採硫磺，作《裨海記遊》	*清征服「外蒙」
1698	戊	寅	清	聖祖	康熙	37	元祿 11		*法國商船首次來清國貿易
1699	己	卯	清	聖祖	康熙	38	元祿 12		*英國在廣州設商館 *准鄭成功、鄭經歸葬泉州府南安縣 *白晉帶 10 位法國傳教

								回中國，這些人幫康熙翻譯《人體解剖學》、地理大測良、繪製《皇輿全覽圖》。
1700	庚	辰	清	聖祖	康熙	39	元祿 13		*中國天主教徒 30 萬人
1701	辛	巳	清	聖祖	康熙	40	元祿 14		*英企圖在寧波通商，失敗
1702	壬	午	清	聖祖	康熙	41	元祿 15		
1703	癸	未	清	聖祖	康熙	42	元祿 16		*羅馬教廷禁中國信徒祭天、祀祖、祀孔
1704	甲	申	清	聖祖	康熙	43	寶永 1	*臺灣第 1 所書院（崇文書院）建立 *諸羅縣築木柵爲城	
1705	乙	酉	清	聖祖	康熙	44	寶永 2		
1706	丙	戌	清	聖祖	康熙	45	寶永 3		*清廷驅除西洋傳教士到澳門，僅留特殊技藝者
1707	丁	亥	清	聖祖	康熙	46	寶永 4		
1708	戊	子	清	聖祖	康熙	47	寶永 5	*江日昇作《臺灣外紀》	
1709	己	丑	清	聖祖	康熙	48	寶永 6	*墾戶陳賴章取得台北地區的墾照	
1710	庚	寅	清	聖祖	康熙	49	寶永 7		
1711	辛	卯	清	聖祖	康熙	50	正德 1		*文字獄：《南山集》案。株連 300 多人
1712	壬	辰	清	聖祖	康熙	51	正德 2	*臺灣知府周元文撰《重修臺灣府志》	*人頭稅（丁銀、丁役）改革，頒訂「滋生人丁，永不加賦」 *清廷特升朱子配享孔廟，續修朱子全書
1713	癸	巳	清	聖祖	康熙	52	正德 3		*御纂《朱子全書》成
1714	甲	午	清	聖祖	康熙	53	正德 4	*耶穌會教士馮秉正測繪臺灣地形圖，並勘丈里數 *清廷以大甲溪爲界，視淡水爲化外之地，非有官照，人民不得私行	
1715	乙	未	清	聖祖	康熙	54	正德 5		
1716	丙	申	清	聖祖	康熙	55	享保 1		*來清國商船，法國佔 1/3
1717	丁	酉	清	聖祖	康熙	56	享保 2	*澎湖築城	*下令禁止清國商船去南洋貿易 *4.16 下令全面禁天主教傳教
1718	戊	戌	清	聖祖	康熙	57	享保 3	*新設淡水營，守備 1 名、兵 500 名。	

1719	己	亥	清	聖祖	康熙	58	享保4		*彰化縣施世榜建築八堡圳，開拓東螺堡	
1720	庚	子	清	聖祖	康熙	59	享保5		*建海東書院	*清軍入拉薩，冊封達賴7世
1721	辛	丑	清	聖祖	康熙	60	享保6		*4.19 臺灣朱一貴反清，夜攻岡山→杜君英在檳榔林起義→5.1朱、杜占臺灣府（府城）→5.3朱一貴稱「中興王」→5 朱杜分裂→6.21 朱一貴被擒 *5.10 下淡水地區粵民組成「六堆」，號稱「義民」，與閩人互相殘殺，是臺灣首次出現的分類械鬥 *設立巡台御史，滿、漢各1人	
1722	壬	寅	清	聖祖	康熙	61	享保7		*2.23 清廷斬朱一貴、杜君英 *臺灣首度劃定「番界」 *築鳳山縣土城	*11.13康熙歿，雍正即位
1723	癸	卯	清	世宗	雍正	1	享保8		*增設彰化縣、淡水廳 *台南出現「郊」 *藍鼎元作《東征集》 *臺灣府建築木柵城牆 *張達京被任命爲岸裡社總通事	*解放浙江的賤民 *8 頒布祕密建儲法 *清廷禁天主教，流放教民到澳門
1724	甲	辰	清	世宗	雍正	2	享保9			*年羹堯征服青海 *人頭稅（丁銀、丁役）改革，實施「攤丁如地」，使人口數驚人成長 *全國耕地 680 多萬頃，而1651 年才 200 多萬頃
1725	乙	巳	清	世宗	雍正	3	享保10			
1726	丙	午	清	世宗	雍正	4	享保11			*西南地區土司被「改土（世襲土司）歸流（流動官員）」 *文字獄：查嗣庭案。
1727	丁	未	清	世宗	雍正	5	享保12		*改台廈道爲臺灣道，增設澎湖廳	
1728	戊	申	清	世宗	雍正	6	享保13		*山豬毛社事件	

1729	己	酉	清	世宗	雍正	7	享保 14			*爲征討西北「準葛爾部」叛亂，雍正設「軍需房」，後改名「軍機處」 *禁吸鴉片和販賣，但仍可當藥材進口 *文字獄：曾靜、呂留良案。雍正特刊行《大義覺迷錄》。 *文字獄：謝濟世案。
1730	庚	戌	清	世宗	雍正	8	享保 15	*淡水營守備改爲都司		
1731	辛	亥	清	世宗	雍正	9	享保 16	*淡水同知始駐竹塹，大甲溪以北劃歸淡水同知管理。臺灣縣丞改駐羅漢門，佳里興巡檢由笨港移駐鹽水港 *大甲西社原住民抗清		
1732	壬	子	清	世宗	雍正	10	享保 17			*置軍機處
1733	癸	丑	清	世宗	雍正	11	享保 18	*臺灣綠營大幅擴編，新設「城守營」，「北路營」參將改爲副將，南路營下新增「下淡水營」		
1734	甲	寅	清	世宗	雍正	12	享保 19			
1735	乙	卯	清	世宗	雍正	13	享保 20	*柳樹湳、登台庄原住民殺人事件		*張廣泗征貴州苗族（～1936） *8 雍正歿
1736	丙	辰	清	高宗	乾隆	1	元文 1	*「歌仔冊」起源應不晚於乾隆年間。（王順隆）		*乾隆標榜治國將綜合「康熙的寬縱與雍正的嚴刻」 *乾隆即位後，先後九次到曲阜朝拜，朱熹學說風
										行，書院學校以《四書》爲教材，科考以之爲依據，朱子變成神聖不可侵犯的權威
1737	丁	巳	清	高宗	乾隆	2	元文 2			
1738	戊	午	清	高宗	乾隆	3	元文 3			
1739	己	未	清	高宗	乾隆	4	元文 4	*艋舺龍山寺落成，主祀觀世音		
1740	庚	申	清	高宗	乾隆	5	元文 5	*清廷賜岸裡社原住民「潘」姓		*湖南、廣西苗族反清
1741	辛	酉	清	高宗	乾隆	6	寬保 1			
1742	壬	戌	清	高宗	乾隆	7	寬保 2			
1743	癸	亥	清	高宗	乾隆	8	寬保 3			*《大清一統志》完成
1744	甲	子	清	高宗	乾隆	9	延享 1			
1745	乙	丑	清	高宗	乾隆	10	延享 2			

1746	丙	寅	清	高宗	乾隆	11	延享 3		范咸等撰成《重修臺灣府志》
1747	丁	卯	清	高宗	乾隆	12	延享 4		*四川大、小金川苗族反清
1748	戊	辰	清	高宗	乾隆	13	寬延 1		
1749	己	巳	清	高宗	乾隆	14	寬延 2		
1750	庚	午	清	高宗	乾隆	15	寬延 3		*傅恒征服西藏
1751	辛	未	清	高宗	乾隆	16	寶曆 1		*帝第 1 次南巡江、浙
1752	壬	申	清	高宗	乾隆	17	寶曆 2		
1753	癸	酉	清	高宗	乾隆	18	寶曆 3		
1754	甲	戌	清	高宗	乾隆	19	寶曆 4		
1755	乙	亥	清	高宗	乾隆	20	寶曆 5		*文字獄：胡中藻案。 *禁滿、漢人文字往來
1756	丙	子	清	高宗	乾隆	21	寶曆 6		
1757	丁	丑	清	高宗	乾隆	22	寶曆 7		*下令關閉浙海、閩海、江海三個海關，僅留廣州和英國等國貿易 *帝第 2 次南巡
1758	戊	寅	清	高宗	乾隆	23	寶曆 8	*竹塹社原住民賜姓「潘」	
1759	己	卯	清	高宗	乾隆	24	寶曆 9	*新設南投縣丞	*英國商船強行到寧波貿易，促使清政府閉關政策達高峰，到 1835 年間，多次頒布限制外商行動的條款 *閉關政策阻礙西方科學知識的傳入
1760	庚	辰	清	高宗	乾隆	25	寶曆 10		*天地會地下反清運動始
1761	辛	巳	清	高宗	乾隆	26	寶曆 11	*潘墩仔出任岸裡社總通事 *鳳山縣丞由丹改駐阿里港，新港巡檢移駐斗六門	*全國耕地 740 多萬頃（1724 年有 680 多萬頃，1651 年 200 多萬頃）
1762	壬	午	清	高宗	乾隆	27	寶曆 12		*荷蘭人在廣州設商港 *帝第 3 次南巡
1763	癸	未	清	高宗	乾隆	28	寶曆 13	*府城三郊重修水仙宮，作爲三郊總辦事處	
1764	甲	申	清	高宗	乾隆	29	明和 1		
1765	乙	酉	清	高宗	乾隆	30	明和 2		*帝第 4 次南巡
1766	丙	戌	清	高宗	乾隆	31	明和 3	*新設南北路理番同知，南路由海防同知兼任	*官俸支出約占財政總支出 1/6，遠超過明代，此後加強「捐納」與「商人報效」來增財
1767	丁	亥	清	高宗	乾隆	32	明和 4	*改臺灣道爲臺灣兵備道	
1768	戊	子	清	高宗	乾隆	33	明和 5	*9 黃教抗清	
1769	己	丑	清	高宗	乾隆	34	明和 6	*3 黃教被擒	

1770	庚	寅	清	高宗	乾隆	35	明和 7			
1771	辛	卯	清	高宗	乾隆	36	明和 8			
1772	壬	辰	清	高宗	乾隆	37	安永 1		*小刀會事件	*1 月和 10 月乾隆下詔，以訪書爲名，行禁書之實。
1773	癸	巳	清	高宗	乾隆	38	安永 2			*朝廷開「四庫全書館」，總纂官：紀昀、陸錫熊
1774	甲	午	清	高宗	乾隆	39	安永 3		*余文儀《續修臺灣府志》成書	*8 山東「清水教」王倫武裝起義，不到一個月被鎮壓，清軍血腥大屠殺，連孩童也不放過。 *乾隆明示要查禁明末清初「悖謬」之書，勒令人民自動呈繳，並主動派人搜查。
1775	乙	未	清	高宗	乾隆	40	安永 4			
1776	丙	申	清	高宗	乾隆	41	安永 5			*命國史館立「二臣傳」
1777	丁	酉	清	高宗	乾隆	42	安永 6			*文字獄：王錫侯《字貫》案。
1778	戊	戌	清	高宗	乾隆	43	安永 7			*文字獄：徐述夔案。 *11 正式頒布四庫全書館〈查辦違禁書籍條款〉發表 9 則，將禁書時限上溯到宋元。
1779	己	亥	清	高宗	乾隆	44	安永 8	*中國歌仔冊《繡像荔枝記陳三歌》刊刻。（薛汕）		
1780	庚	子	清	高宗	乾隆	45	安永 9			
1781	辛	丑	清	高宗	乾隆	46	天明 1			*甘肅回民伊斯蘭新教徒因清廷迫害而起義，回民戰敗，但無一降者。清軍進行大屠殺，成年男子無一倖免。 *12 第 1 部四庫全書抄成，藏於文淵閣
1782	壬	寅	清	高宗	乾隆	47	天明 2		*彰化縣刺桐腳爆發漳泉械鬥	*10 第 2 部四庫全書抄成，藏於文溯閣
1783	癸	卯	清	高宗	乾隆	48	天明 3			*冬第 3 部四庫全書抄成，藏於文源閣
1784	甲	辰	清	高宗	乾隆	49	天明 4		*鹿港開港，與福建蚶江對渡 *清丈番界墾地	*6 甘肅伊斯蘭新教徒爆發「石鋒堡回民起義」，兵敗死守。 *美國商船首度來清國貿易（廣州） *11 第 4 部四庫全書抄成，藏於文津閣
1785	乙	巳	清	高宗	乾隆	50	天明 5			
1786	丙	午	清	高宗	乾隆	51	天明 6		*原住民殺淡水同知潘凱 *鹿港龍山寺落成，主祀觀世音 *11 臺灣林爽文	河南連年荒災，山西富戶藉此放利貸換田，造成田價上升，農民淪爲佃戶

西元	干	支	朝	帝	年號	數	日本年號	臺灣事件	中國／世界事件
									建立政權抗清。莊大田響應
1787	丁	未	清	高宗	乾隆	52	天明7	*林爽文兵敗。清付出代價巨大。 *改諸羅縣爲嘉義縣	
1788	戊	申	清	高宗	乾隆	53	天明8	*莊大田被捕 *新設斗六門縣丞	
1789	己	酉	清	高宗	乾隆	54	寬政1		
1790	庚	戌	清	高宗	乾隆	55	寬政2		*鴉片輸入達40000箱
1791	辛	亥	清	高宗	乾隆	56	寬政3	*臺灣實施「屯番」制度 *彰化縣爆發漳泉械鬥	*與俄羅斯開市通商
1792	壬	子	清	高宗	乾隆	57	寬政4	*臺灣八里坌（淡水河口）與福建五虎門面閩江口）通航	
1793	癸	丑	清	高宗	乾隆	58	寬政5		*英使到北京拒向乾隆跪拜而被逐 *白蓮教反亂 *多《四庫全書總目（提要）》修改完成
1794	甲	寅	清	高宗	乾隆	59	寬政6		*浙江翻印《四庫全書總目（提要）》傳向各地
1795	乙	卯	清	高宗	乾隆	60	寬政7	*鳳山縣陳光愛、彰化縣陳周全抗清	*1貴州、湖北苗族反清，苗民鬥爭一直延續到1806年，歷時12年。
1796	丙	辰	清	仁宗	嘉慶	1	寬政8	*漳州人吳沙進入蛤仔難（宜蘭平原）開墾	*乾隆退位，改稱太上皇帝，掌軍政大權，自詡爲「訓政」，更加倚賴大學士「和坤」 *湖北白蓮教農民大起義～1804.9 *禁鴉片進口
1797	丁	巳	清	仁宗	嘉慶	2	寬政9		*英屬東印度公司取得製鴉片特權，此後英國對清國鴉片貿易日興
1798	戊	午	清	仁宗	嘉慶	3	寬政10		
1799	己	未	清	仁宗	嘉慶	4	寬政11		*1.3乾隆殁，仁宗開始親政。 *8洪亮吉上書，請仁宗清除弊政，被罷官，以「私論國政」罪戍伊犁。朝政日壞，貪瀆激增
1800	庚	申	清	仁宗	嘉慶	5	寬政12	*海盜蔡牽攻鹿耳門，海盜黃勝長攻八里坌	*1796白蓮教起義到今年轉勝爲敗 *重申禁鴉片進口，英國改走私 *中國天主教徒20萬

1801	辛	酉	清	仁宗	嘉慶	6	享和1		*貴州苗族反清 *19 世紀初，清國外商貿易排名：1.英 2.美
1802	壬	戌	清	仁宗	嘉慶	7	享和2		
1803	癸	亥	清	仁宗	嘉慶	8	享和3		*李長庚破蔡牽於浙江定海
1804	甲	子	清	仁宗	嘉慶	9	文化1	*彰化縣平埔族由潘賢文率領，遷至蛤仔難（宜蘭）	*9 平定川、楚、陝白蓮教反亂（1796～）
1805	乙	丑	清	仁宗	嘉慶	10	文化2		*禁西洋人刻書傳教
1806	丙	寅	清	仁宗	嘉慶	11	文化3	*淡水發生漳泉械鬥	
1807	丁	卯	清	仁宗	嘉慶	12	文化4		*英國派「基督教新教」教士馬禮遜（1782～1834）到清國傳教，初到廣州，後到澳門，他努力學華語文，並翻譯聖經
1808	戊	辰	清	仁宗	嘉慶	13	文化5		*8 英軍佔澳門砲台，旋去
1809	己	巳	清	仁宗	嘉慶	14	文化6	*蔡牽在黑水溝（臺灣海峽）遭王得祿包圍，將座船擊沉自盡 *蛤仔難（宜蘭）發生三籍械鬥 *北路淡水擴編升格為艋舺營，鹿港巡檢署移駐大甲	
1810	庚	午	清	仁宗	嘉慶	15	文化7	*蛤仔難入版圖，改稱噶瑪蘭 *雲南：楊桂森補彰化知縣，向紳民募款將彰化縣城由竹城改建為磚城；並在八卦山上建「定軍寨」（1812.9）	*3 禁鴉片 *11 禁流民開墾蒙古 *9 馬禮遜中譯版聖經（少部份）開始在清國出版
1811	辛	未	清	仁宗	嘉慶	16	文化8		
1812	壬	申	清	仁宗	嘉慶	17	文化9	*建噶瑪蘭廳，設通判1名、縣丞1名、巡檢1名 *新設噶瑪蘭營	*禁外人傳教、居住
1813	癸	酉	清	仁宗	嘉慶	18	文化10		*9 北方天理教起義，李文成建立農民政權，林清率眾攻入紫禁城，失敗。嘉慶下罪己詔
1814	甲	戌	清	仁宗	嘉慶	19	文化11		
1815	乙	亥	清	仁宗	嘉慶	20	文化12		*下令外商船到澳門受檢，查到偷帶鴉片則整船駁回

1816	丙	子	清	仁宗	嘉慶	21	文化 13		*官府將違法開墾埔里的郭百年等人驅逐出山	
1817	丁	丑	清	仁宗	嘉慶	22	文化 14			*雲南高羅衣稱「窩泥王」反清，失敗 *輸入清國鴉片排名：1.英 2.美
1818	戊	寅	清	仁宗	嘉慶	23	文政 1			
1819	己	卯	清	仁宗	嘉慶	24	文政 2			
1820	庚	辰	清	仁宗	嘉慶	25	文政 3			*鴉片大量流入 *3.7 兵部查知印信被竊，原來 1819.8 便丟失。暴露兵部官吏廢弛殆職之極。 *7 嘉慶死。
1821	辛	巳	清	宣宗	道光	1	文政 4	*廈門印售歌仔冊的「會文堂」、「文德堂」書局創業不晚於道光年間		*明令凡洋船至粵，先出具無鴉片切結，採准開艙驗貨，如有夾帶，即將行商治罪
1822	壬	午	清	宣宗	道光	2	文政 5		*噶瑪蘭林永春抗清	
1823	癸	未	清	宣宗	道光	3	文政 6		*竹塹鄭用錫中進士，號稱「開台進士」	*禁種鴉片 *馬禮遜中譯版新舊約聖經在南洋麻六甲出版
1824	甲	申	清	宣宗	道光	4	文政 7			*張格爾侵邊境
1825	乙	酉	清	宣宗	道光	5	文政 8			
1826	丙	戌	清	宣宗	道光	6	文政 9	*歌仔冊《新傳臺灣娘仔歌》、《繡像王抄娘新歌》、《新傳桃花過渡歌》、《新刊臺灣十二月相思歌》刻印。	*竹塹城改築石城	
1827	丁	亥	清	宣宗	道光	7	文政 10	*歌仔冊《初刻花會新歌》、《新刊莫往臺灣歌》刻印。		*捕張格爾，重佔喀什葛爾
1828	戊	子	清	宣宗	道光	8	文政 11		*淡水人吳全等進入花蓮港開墾	
1829	己	丑	清	宣宗	道光	9	文政 12			*禁外商在內地貿易
1830	庚	寅	清	宣宗	道光	10	天保 1			*湖南、兩廣農民動亂 *張格爾之兄玉素普反清
1831	辛	卯	清	宣宗	道光	11	天保 2	*歌仔冊《繡像上大人歌》、《十月懷胎勸孝》、《曾二娘歌》泉	*閩、粵人合資設金廣福墾號，設隘防番，向內山拓墾	*到 1830 年代以前，清國對西方貿易始終「出超」，英國對於白銀長期流入清國深感不愜，遂有計畫的向清國傾銷鴉片；此時俄

西元	干	支	朝代	帝王	年號		日本	台灣	中國・世界
								州：見古堂書坊刊行。（施舟人藏）	國也開始在清國賣鴉片；道光對鴉片氾濫十分憂心
1832	壬	辰	清	宣宗	道光	12	天保3	*夏季旱災，鬧饑荒 *9 嘉義縣發生閩、粵械鬥（陳辦與張阿凜） *10 嘉義縣張丙、陳辦抗清	*3立〈防禦外夷章程〉發表 *12湖南瑤族反清
1833	癸	巳	清	宣宗	道光	13	天保4	*張丙、陳辦、陳連、詹通四人被押往北京問斬	*鴉片氾濫，清國對英貿易「入超」440萬圓，白銀大量外流，銀價上漲，發生「(白)銀貴(銅)錢賤」危機，勞動人民負擔加重（賣物以銅錢計價，納稅折換成銀兩），國庫日空，又加捐增稅
1834	甲	午	清	宣宗	道光	14	天保5	*北路左營改為嘉義營 *淡水廳爆發閩粵械鬥，持續至道光20年（1840）	*驅逐洋船，嚴禁鴉片
1835	乙	未	清	宣宗	道光	15	天保6		*鴉片流毒達十幾省，吸食人口過200萬
1836	丙	申	清	宣宗	道光	16	天保7		*2湖南瑤族藍正樽反清
1837	丁	酉	清	宣宗	道光	17	天保8		姚瑩任職臺灣
1838	戊	戌	清	宣宗	道光	18	天保9		*4黃滋爵奏禁鴉片 *11（12）欽差大臣林則徐赴廣州查禁鴉片 *12廣州1萬多名群眾示威，抗議英.美商人阻撓清廷處決鴉片煙犯的挑釁行為
1839	己	亥	清	宣宗	道光	19	天保10	全台紳民響應禁煙運動	*4.18 林則徐沒收外商鴉片→6.3當眾銷毀2萬2百多箱。 *9.28中英穿鼻海戰
1840	庚	子	清	宣宗	道光	20	天保11		*5 英軍封鎖廣州，佔舟山→12琦善、伊里布與英人談判（鴉片戰爭）
1841	辛	丑	清	宣宗	道光	21	天保12		*4英軍佔舟山、寧波、香港 *10廣州人組成「平英團」反英 *魏源著《海國圖志》、《聖武記》
1842	壬	寅	清	宣宗	道光	22	天保13		*5 英軍佔上海，攻南京 *5.24（8.29）南京條約
1843	癸	卯	清	宣宗	道光	23	天保14	*3.24 臺灣縣民郭光侯等抗拒	*10.8（8.15）虎門條約

西元										
									灣縣開徵錢糧，聚眾抗官，被圍捕	
1844	甲	辰	清	宣宗	道光	24	弘化 1			*中美望廈條約，中法黃埔條約
1845	乙	巳	清	宣宗	道光	25	弘化 2		*1 彰化縣發生地震，民房倒塌 4000 多間 *臺灣南部遭巨颱侵襲，死亡 3000 多人。	*英人開上海租界 *新疆七卓和反清
1846	丙	午	清	宣宗	道光	26	弘化 3			
1847	丁	未	清	宣宗	道光	27	弘化 4	*歌仔冊《新設十勸娘附落陰歌》刊印。	*英船抵雞籠（基隆），勘查煤礦	*湖南白蓮教反亂
1848	戊	申	清	宣宗	道光	28	嘉永 1		*11.28（西 12.30）雲嘉大地震，死 1030 人，屋倒 13993 間。	
1849	己	酉	清	宣宗	道光	29	嘉永 2	*歌仔冊《新選笑談俗語歌》、《新刻繡像荔枝陳三歌全傳》、《繡像荔枝記陳三歌》刻印。		*10 湖南瑤族李沅發反清 *俄人到黑龍江探險
1850	庚	戌	清	宣宗	道光	30	嘉永 3		*3.26 英國船艦駛入雞籠港，要求購煤被拒	*12.10 洪秀全建立【太平天國】
1851	辛	亥	清	文宗	咸豐	1	嘉永 4		*清廷重申臺灣禁採煤礦、硫磺的命令	*8 太平軍攻佔永安，洪秀全稱天王
1852	壬	子	清	文宗	咸豐	2	嘉永 5			*太平軍攻湖南→12 佔武昌
1853	癸	丑	清	文宗	咸豐	3	嘉永 6			*3.29 太平軍佔南京，改稱天京→9.7 小刀會佔上海→10.29 太平軍迫天津 *曾國藩督辦團防
1854	甲	寅	清	文宗	咸豐	4	安政 1		*福建小刀會黃位竄入雞籠，被曾玉明擊退，霧峰林文察在這此役中嶄露頭角。	*曾國藩收復武昌
1855	乙	卯	清	文宗	咸豐	5	安政 2			*2.17 太平軍退出上海→4 太平軍在華北敗退 *7 雲南回民杜文秀反清
1856	丙	辰	清	文宗	咸豐	6	安政 3	*英國牛津大學 Bodleian Library（鮑德林圖書館）東方圖書館的「Alexender		*8 太平天國內亂 *9.10（10.8）亞羅號事件

							Wylie」（偉力文庫），於1856～1876年收集19本（2目）歌仔冊。（引自張秀蓉）		
1857	丁	巳	清	文宗	咸豐	7	安政4			*5 石達開離天京 *12.28（11.14）英法聯軍佔廣州
1858	戊	午	清	文宗	咸豐	8	安政5		*6 中國分別與美國、英國、法國簽訂「天津條約」，臺灣正式開港 *霧峰林家下厝開始建宮保第	*4.8 英法聯軍佔大沽砲台 *5.28 中俄璦琿條約 *6.16 天津條約
1859	己	未	清	文宗	咸豐	9	安政6		*4.3 大稻埕霞海城隍廟落成 *西班牙道明會教士郭德剛、何保祿抵台宣教 *9.7 淡水廳多處發生漳泉械鬥	*僧格林沁與英軍衝突
1860	庚	申	清	文宗	咸豐	10	萬延1	*歌仔冊《新刻臺灣種蔥奇樣歌》、《新刊番婆弄歌》刊印。	*9 淡水廳械鬥再起，漳人攻入新莊，波及大坪頂、桃仔園一帶 *「北京專約」簽訂，規定開放臺灣安平及淡水為通商口岸 *英國在台設領事館 *怡和洋行及DENT洋行進駐臺灣	*6 太平軍陷蘇州 *10.13 英法聯軍佔北京 *10.24 北京條約
1861	辛	酉	清	文宗	咸豐	11	文久1		*新設全台釐金局，歸臺灣道管轄 *臺灣道實施樟腦專賣制度 *11 郇和由廈門乘艦抵打狗（高雄市），轉至臺灣府（台南市），於滬尾（淡水）開設海關 *12 英國領事館由臺灣府遷至滬尾（今紅毛城） *西班牙道明會教士郭德剛到鳳山縣萬金庄向平埔族傳教	*設總理衙門 *11.2 同治中興，西太后（慈禧）聯恭親王政變

1862	壬	戌	清	穆宗	同治	1	文久2		*3.17 臺灣天地會戴潮春抗清，3.19 攻佔彰化城，臺灣道孔昭慈自殺	*1862～1908 穆宗的母親慈禧（西太后）掌政權47年 *2 上海出現常勝軍
									*4 戴潮春、林晟阿罩霧（霧峰）攻林家 *6.8 總兵林向榮解嘉義城之圍 *7.18 淡水正式設關徵稅 *9 臺灣鎮總兵林向榮在斗六門被包圍，自殺	*5 太平軍英王陳玉成被捕 *11 李鴻章組織淮軍
1863	癸	亥	清	穆宗	同治	2	文久3		*9 林文察回臺灣鎮壓戴潮春，臺灣道台丁曰健抵台平亂 *11 官兵收復彰化城、斗六門 *12.21（1.26）戴潮春被新任道台丁曰健處斬 *雞籠開設海關	*3.25 英人戈登指揮常勝軍 *6.1 太平軍翼王石達開被捕
1864	甲	子	清	穆宗	同治	3	元治1		*3 林文察率眾圍攻小埔心（彰化縣坪頭鄉）陳弄，戴軍始衰 *5 打狗及安平設海關	*3.2 湘軍圍天京→6.1 洪秀全自盡，【太平天國】滅亡→7.22 捕忠王李秀成台
1865	乙	丑	清	穆宗	同治	4	慶應1		*3 太平軍攻佔漳州，臺灣進入警戒狀態 *6.16 長老教會馬雅各在臺灣府城傳教 *10 暴民焚毀萬金教會 *噶瑪蘭西皮福路械鬥	
1866	丙	寅	清	穆宗	同治	5	慶應2		*英人杜德（John Dodd）在雞籠種茶 *郇和在打狗建立英國領事館	*阿古柏陷伊犁 *7.14 左宗棠開福建船政局
1867	丁	卯	清	穆宗	同治	6	慶應3		*英人杜德（John Dodd）試種烏龍茶 *3.12 美國船羅發號（Rover）觸礁，遭瑯嶠原住民襲擊 *5 美艦登陸龜	*11 西捻軍攻西安 *11.21 蒲安臣出使各國

								報復，副艦長陣亡 *9 美國駐廈門領事李仙德到瑯嶠與頭目卓篤杞和 *德記洋行（Tait & Co.）在安平開設分店	
1868	戊	辰	清	穆宗	同治	7	明治 1	*3.19 鳳山縣北門外長老教會教堂被毀 *4.2 教民莊清風在鳳山縣左營庄被鄉民毆斃 *英商必麒麟在梧棲走私樟腦，被鹿港同知扣留。6.26 英國海軍到臺灣示威。10.12 英艦砲擊安平，毀軍裝局、火藥局。10.13 府城紳商交付英軍 4 萬元作為押金，英軍同意停戰。	*4 鎮壓捻軍 *左宗棠「西征」
1869	己	巳	清	穆宗	同治	8	明治 2	*清廷實施裁兵加餉，臺灣的綠營兵大幅縮減為 7700 名。	
1870	庚	午	清	穆宗	同治	9	明治 3		*3 李鴻章鎮壓陝、甘回民 *6.12 天津教案 *12 阿古柏攻迪化
1871	辛	未	清	穆宗	同治	10	明治 4	*11.6 琉球人飄流到八瑤灣，上岸船員與牡丹社原住民發生衝突，被殺	*3 劉錦棠鎮壓甘肅回民 *7.4 俄人佔伊犁
1872	壬	申	清	穆宗	同治	11	明治 5	*2.1 馬偕抵達臺灣北部傳教、行醫 *9.8 日本陸軍少佐樺山資紀到臺灣調查 *10.20 日本內閣會議決定出兵臺灣	*4.30 上海《申報》創刊 *8 派學童赴美留學 *12.27 雲南回民反清失敗
1873	癸	酉	清	穆宗	同治	12	明治 6		*11 左宗棠入新疆
1874	甲	戌	清	穆宗	同治	13	明治 7	*3.22 日本進兵臺灣南部「瑯嶠」牡丹社。 *9.22 日清簽約，清國賠償日本軍費 50 萬兩 *欽差大臣沈	

								楨奏請清廷在台開山撫番。「瑯嶠」築城設官，定名「恒春縣」。*沈葆楨籌建億載金城	
1875	乙	亥	清	德宗	光緒	1	明治 8	*2.13 沈葆楨抵台 *12.20 臺灣行政區重劃，增設台北府、淡水縣、恆春縣、新竹縣、卑南廳、埔里社廳、基隆廳，改噶瑪蘭廳爲宜蘭縣，改臺灣府爲台南府，全台共 2 府 8 縣 4 廳	*2 雲南事件，居民殺英國探險隊通譯馬卡里
1876	丙	子	清	德宗	光緒	2	明治 9	*8.24 基隆煤礦開始以機器開採	*中英〈烟台條約〉發表 *嚴復留學英倫
1877	丁	丑	清	德宗	光緒	3	明治 10	*臺灣府城到旗後的電報線完工	*派學生至英、法學海軍 *愛迪生發明最原始的留聲機，人類進入留聲、錄音的新紀元。
1878	戊	寅	清	德宗	光緒	4	明治 11	*6.19 加禮宛等 7 社原住民襲擊駐紮新城的清軍	*1 左宗棠征服新疆 *7 李鴻章設開平礦物局
1879	己	卯	清	德宗	光緒	5	明治 12	*歌仔冊《新編臺灣奇樣鬧葱葱相思歌》重刊（伊能嘉矩收藏）	*10 崇厚與俄訂伊犂條約 *嚴復學成回國 *日本首度引進留聲機，
1880	庚	辰	清	德宗	光緒	6	明治 13		*2.19 曾紀澤與俄談判 *嚴復爲天津水師學堂總教習
1881	辛	巳	清	德宗	光緒	7	明治 14		*伊犂條約，清賠債 900 萬盧布
1882	壬	午	清	德宗	光緒	8	明治 15	*5.4 馬偕創設的理學堂大書院落成	*9.30 清移（韓）大院君到保定
1883	癸	未	清	德宗	光緒	9	明治 16	*3.24 鵝鑾鼻燈塔啓用 *12.12 淡水女學堂落成，首屆學生 34 人，全是宜蘭縣的平埔族	*9 劉永福敗法軍於河內
1884	甲	申	清	德宗	光緒	10	明治 17	*6.23 中法戰爭 *劉銘傳爲福建巡撫，督辦臺灣軍務。*法國攻澎湖、隆、淡水、台南	*6.23 中法戰爭

								等地。宣布封鎖臺灣。	
1885	乙	酉	清	德宗	光緒	11	明治18		*中法停戰，法解除封鎖臺灣。 *清廷下令臺灣設省。劉銘傳任巡撫。 *劉銘傳爲大稻埕做了許多公共設施，塑造現代化城市雛形。 *《台南府城教會報》創刊。 *9.21 長老教會中學台南神學校（今長榮中學）設立	*6.9 天津條約，清承認法國保護越南 *嚴復回籍，治八股文，納粟爲監生，鄉試報罷 *康有爲著《人類公理》
1886	丙	戌	清	德宗	光緒	12	明治19		*劉銘傳爲大稻埕做了許多公共設施，塑造現代化城市雛形。 *4 月開始「清賦」工作	*清承認英人在緬甸的主權
1887	丁	亥	清	德宗	光緒	13	明治20		*3 月創辦西學堂，延聘洋人爲教師。 *6 劉銘傳聘外籍技師規劃、監造基隆到台北鐵路	*向德國借款 500 萬馬克
1888	戊	子	清	德宗	光緒	14	明治21	*歌仔冊《新刊小弟歌》文記堂木刻。	*2.10 開辦臺灣郵政 *8.29 彰化浸水莊施九緞反抗清丈土地。9.22 霧峰林朝棟鎮壓施九緞。 *臺灣設郵政總局。 *基隆河發現沙金。 *劉銘傳派人測量台北到台南鐵路線	*12 北洋海軍成立
1889	己	丑	清	德宗	光緒	15	明治22		*全台清丈土地，共徵 512900餘兩。 *台北建醮，戶口調查：艋舺約有4000 戶，大稻埕900 多戶，但日據臺灣後「艋舺」河面日漸淤積，船隻改在大稻埕卸貨。臺灣藝旦由「艋舺」衍生。	*9 湖南哥老會暴動 *12 張之洞設漢陽製鐵局

1890	庚	寅	清	德宗	光緒	16	明治23			*11 熱河金丹教反亂
1891	辛	卯	清	德宗	光緒	17	明治24		*11 月電影在臺灣台北西門町首映。	
1892	壬	辰	清	德宗	光緒	18	明治25		*邵友濂巡撫將臺灣鐵路修至新竹。	
1893	癸	巳	清	德宗	光緒	19	明治26		*台北～新竹鐵路通車。 *九份山金礦開採。	
1894	甲	午	清	德宗	光緒	20	明治27	*歌仔冊《梁士奇歌》在上海刻印。	*邵友濂巡撫停頓台中建築省城工程,將省會遷到台北。 *5月28日賴和在彰化街誕生(～1943)。	*3.29(韓)東學黨反亂→6.8 清出兵朝鮮→6.12 日本出兵→8 甲午戰爭 *11 孫文在檀香山組「興中會」(?) (*美國發明電影。)
1895	乙	未	清	德宗	光緒	21	明治28	*伊能嘉矩以陸軍省雇員的名義來台,任職於總督府,在臺灣從事田野調查研究。	*3.1 南洋大臣張之洞奏陳臺灣地位重要 →3.3 軍機處奏:「宗社爲重,邊徼爲輕」 →3.6 張之洞主張向英國借款,以臺灣爲抵押 4.13 命李鴻章保留臺灣北部,李反對 *4月17日馬關條約簽署:割讓臺灣、遼東半島,承認朝鮮獨立。 *4月20日全台鳴鑼罷市。 *4月22日台北兵變。 *5.15 禁張之洞送武器到臺灣 *5月25日「臺灣民主國」建國。唐景崧任總統。6月6日唐逃回廈門。 *5月29日日本「近衛師團」登陸澳底。 *5月31日日軍佔三貂角。6月2日完成接收臺灣。6月3日佔基隆。6月7日入台北城。6月17	*1.30 日軍陷威海衛南幫砲台→2.1 日軍佔威海衛→2.12 丁日昌自盡,北洋海軍全滅 4.1 日軍陷遼陽、鞍山 4.6 廷臣議論割地事 4.17 馬關條約簽署 4.30 廣州舉人梁啓超等上書反對和約 5.4 日本放棄遼東

									舉行始政式。 *日本統治灣，設「臺灣總督府」，海軍大將「樺山資紀」任總督。招降劉永福。劉永福表示「臺灣讓予貴國」。 *6 月 13 日劉永福移駐安平。 *6.22 張之洞密電劉永福死守臺灣 *8 月 26 日日軍佔臺灣府（台中）。 *10 月 19 日劉永福逃出臺灣，臺灣民主國滅亡。	
1896	丙	申	清	德宗	光緒	22	明治 29		*2 月 29 日開始戶口調查。 *3 月 14 日公佈「法律六三號」，宣布解除軍政，進入民政時期，日本女人始可來台，臺灣開始有日本藝妓。政府設立「檢番」，藝妓、藝旦每週身體檢查，領有執照者都要加入，娼妓不得參加。 *7 月准許台北市公娼。	*6.3 中俄密約（聯俄抗日）
1897	丁	酉	清	德宗	光緒	23	明治 30	*歌仔冊《台省民主歌》上海點石齋刻印。（施舟人藏）	*3 月 14 日台北電燈會社成立。 *3 月 30 日公佈「臺灣銀行法」。 *4 月 16 日公佈「戒嚴令」。 *5 月 8 日國籍選擇日截止，共有 4500 人回中國。 *5 月 8 日「臺灣日報」創刊。 *10 月 20 日國語學校開校。 *12 月 20 日米穀市場開幕。 *創設「艋舺遊廓」，是日本人妓院集中地，規定除劃定區，其它地區不能有「貸座敷」。	*11 山東教案 *11.14 德佔膠州灣 *世界第 1 間唱片公司「EMI」在英國成立

1898	戊	戌	清	德宗	光緒	24	明治 31		*臺灣實施「保甲制」。 *台北地區平均工資較中國廈門多三至五倍，生活費用卻比廈門低廉。 *大稻埕人口有 31533 人，僅次台南 47283 人，為全台第 2 大城。最主要的產品是茶葉。 *日本人在北投開設第 1 家溫泉旅社，後來又建跑馬場，供高級軍官享樂	*3.6 德租膠州灣 *3.27 俄租大連、旅順 *6.9 英租威海衛 *6.11～8.21 戊戌變法 *梁啓超參加康有為的保皇黨，為「忠君保皇」、「君主立憲」奔走 *康有為、梁啓超出走
1899	己	亥	清	德宗	光緒	25	明治 32		*6 月 17 日第一本風月雜誌《花柳粹》發行，統計艋舺有貸座敷 55 家，料理屋 73 家、飲食店 29 家、藝妓 125 人、娼妓 501 人。 *9 月 26 日臺灣銀行開業。 *本年度依匪徒刑罰令，處死 1023 人。 *10 月 2 日台北師範開校。	*3 山東義和團倡扶清滅洋 *濰縣商人初售安陽甲骨 *日本第一家唱片公司成立
1900	庚	子	清	德宗	光緒	26	明治 33		*黃玉階倡「天足會」，鼓勵婦女放小腳。 *6 月 12 日阿里山發現大森林。 *7 月 1 日台北～台南通電話。 *11 月 28 日台南～打狗通火車。 *日文「臺灣時報」創刊。 *「臺灣出版規則」公佈。 *吳濁流誕生（～1976）。	*6.20 義和團殺德公使，包圍北京各國使館 *8.14 八國聯軍攻北京
1901	辛	丑	清	德宗	光緒	27	明治 34		*1 月「臺灣舊慣記事」創刊。 *6 月 1 日馬偕醫生歿（1830～）。 *10 月 17 日謝雪紅誕生於彰化（～1970.11.5）。	*4 列強要求清賠款 4 億 5 千萬兩 *9.7 辛丑和約

									*11 月電影在臺灣台北西門町首映。
1902	壬	寅	清	德宗	光緒	28	明治 35	*采訪生〈台人の俗歌〉發表發表在《臺灣慣習記事》v2n7		*2.8 梁啓超創《新民叢報》 *嚴復爲編譯局總辦。始譯孟德斯鳩《法意》、斯賓塞《群學肄言》、甄克思《社會通詮》
1903	癸	卯	清	德宗	光緒	29	明治 36			*6.29《蘇報》案,章炳麟等下獄 *劉鶚《鐵雲藏龜》印布
1904	甲	辰	清	德宗	光緒	30	明治 37	*歌仔冊《最新梁士奇全歌》廈門:會文堂石印。		
1905	乙	巳	清	德宗	光緒	31	明治 38	*歌仔冊《過番歌》廈門:文德堂木版刻印。 *歌仔冊《最新梁山伯祝英台新歌全傳》廈門:文德堂刊行。	*台北市街全面點燈。	*8.20 孫文在東京組織中國革命同盟會 *嚴復赴英倫,晤孫文
1906	丙	午	清	德宗	光緒	32	明治 39	*歌仔冊《增廣最新陳三歌全集》、《新出臭頭、新娘、娘仔合歌》廈門:會文堂刊行。(施舟人藏)	*3.17 嘉義大地震,7.1 級,死1258 人,傷 2358人,屋全毀 6769間,半毀及破損14218 間。	*9.1 清廷下詔預備立憲
1907	丁	未	清	德宗	光緒	33	明治 40	*歌仔冊《新樣桃花過渡、臺灣種蔥、病仔懷胎、鬧蔥、守寡合歌》廈門學記石印本。 *歌仔冊《新樣唐寅磨鏡珠簪記》廈門:會文堂石印。(施舟人藏) *手抄本歌仔冊《警丁歌》(陳健銘藏)		*5.22 同盟會黃岡起義 *7.6 光復會安慶起義 *7.13 秋董在紹興起義,失敗 *9 欽廉起義 *日本第一家標榜生產留聲機與唱片的公司成立。
1908	戊	申	清	德宗	光緒	34	明治 41	*中國廈門「博文齋書局」開業,印行歌仔冊。(中日戰爭後停業,戰後復業至 1950年代初期售罄爲止。)	*4 月 1 日許世賢生於台南(～1983)。	*2盛宣懷組織漢冶萍公司 *11.14 光緒歿→11.15 慈禧(西太后)歿,掌政 47年 *12.2 宣統 3 歲即位

1909	己	酉	清	宣統帝	宣統	1	明治42	*歌仔冊《最新玉堂春廟會歌》、《最新玉堂春三司會審歌》廈門：文德堂印行；《最新劉廷英賣身歌》、《最新許美觀王來春合歌》、《新刊番婆弄、公婆拖合歌》、《最新狀元三嬌會歌》廈門：會文堂印行。（施舟人藏） *大甲：歌仔冊創作者林達標出（～1997）	*台北自來水工程動工。 *台北、台南電話正式通話。	*10.14 各省咨議局成立
1910	庚	戌	清	宣統帝	宣統	2	明治43	*歌仔冊《金姑趕羊歌》廈門文德堂刻印 *歌仔冊《最新陳總歌》刊行 *歌仔冊《最新張文貴紙馬記》、《最新父子狀元歌》廈門：會文堂石印；《陳總殺媳報歌》南洋：三益書社印行；《新樣採茶相褒歌》刊行。（施舟人藏）	*1月28日～4月11日梁啓超來臺灣。 *株式會社日本蓄音器商會（簡稱「日蓄」）成立後，在台北設立「出張所」，負責銷售唱片和留聲。	*1.26 各省代表要求成立國會 *2.12 廣東新軍事件
1911	辛	亥	清	宣統帝	宣統	3	明治44	*歌仔冊《最新陳白筆新歌》廈門：會文堂刊行。 *歌仔冊《王昭君冷宮歌》廈門：文德堂刊行。	*全台第一所獨立女子公學校設立。 *明治時代末期，臺灣藝旦由艋舺轉戰大稻埕，開設酒樓，以船頭行爲大主顧。	*3.29（4.27）黃花岡之役 *10.10 辛亥革命 *11.30 外蒙獨立 *12.29 孫文就任臨時大總統
1912	壬	子	中華民國	民國	民國	1	大正1	*歌仔冊《增廣長工、縛腳、天干、上大人、十二生相歌》廈門：文德堂刊行。 *歌仔冊《特別最新呂蒙正彩樓配歌	*1912～1925 是大稻埕藝旦全盛期，注重風雅。 *大正1年起全台各地實施市街改正。	*1.1 中華民國成立

								廈門：會文堂印行。		
1913	癸	丑	中華民國	民國	民國	2	大正2	*歌仔冊《新樣採茶相褒歌》泉州：綺文堂木版刊印。		*3.20 宋教仁被袁世凱暗殺 *7.12 李烈鈞反袁，二次革命起
1914	甲	寅	中華民國	民國	民國	3	大正3	*「株式會社日本蓄音器商會」（簡稱「日蓄」）開始製作臺灣歌謠的唱片，其中有一種是《三伯英台》，以「七字調」演唱，演唱方式類似「說唱」。 *唸歌藝人蔡添登出生在今台南縣將軍鄉 **歌仔冊《特別改良孟姜女哭倒萬里長城歌》廈門：會文堂出版 *歌仔冊《增廣最新陳三歌全集》廈門：文德堂石印 *歌仔冊《青竹絲案》、《乾隆遊蘇州》、《最新王塗歌》、《最新大舜耕田歌》、《最新王昭君冷宮歌》廈門：會文堂石印。 *泉州：劉懷信編《特別遊台新歌》（上下本）廈門：會文堂石印（陳健銘藏）	*「株式會社日本蓄音器商會」（簡稱「日蓄」）開始製作臺灣歌謠的唱片，包含客家採茶、北管及「本地歌仔：三伯英台」。 *臺灣有林石生、鮑蓮生等共計15名樂師、歌手（據說都是客家籍）前往日本「飛鷹唱片公司」，錄製臺灣傳統音樂（客家調、山歌、鬧廳用的音樂），臺灣音樂第1次灌製做唱片。當時唱片是奢侈品，銷路不佳。 *「白賊七」故事首度被日人宇井英編入《臺灣昔口新》故事集。	（*1 愛爾蘭反英） （*7.28 第一次世界大戰起）
1915	乙	卯	中華民國	民國	民國	4	大正4	*歌仔冊《梅開二度新歌》、《最新孟姜女火燒樓合歌》廈門：會文堂石印。	*臺灣西來庵抗日事件（噍吧哖事件）發生，首領余清芳。有數千名臺灣人被處死，沖擊臺灣士紳、知識份子，進而調整抗日	*8.14 楊度等六君子組成「籌安會」推動袁世凱稱帝→12.25 唐繼堯、蔡鍔反袁

									略。 *大稻埕爲全台最大的「茶葉製造加工出口區」，臺灣女性多於臺灣男性，多爲茶葉商雇用的揀茶女工，及演藝人士、風月女子。 *正式利用保甲制度來全面推動「放足斷髮」運動。	
1916	丙	辰	中華民國	民國	民國	5	大正5	*歌仔冊《最新李龍橄欖記》、《新刊手抄梁世奇歌》廈門：會文堂。 *歌仔冊《勸改鴉片歌》廈門：博文齋石印。 *歌仔冊《白扇記歌》王金火發行（台北：黃塗活版所）（見台北帝大臺灣歌謠書目）	*臺灣逐漸從「武裝抗日」走向「文化抗日」。	*3.22 袁世凱取消帝制（*4.4 愛爾蘭復活節大反亂）
1917	丁	巳	中華民國	民國	民國	6	大正6	*歌仔冊《金姑趕羊歌》、《楊乃武》廈門：文德堂刻印。 *平澤丁東/編《臺灣の歌謠と名著物語》出版 *冬.中國學者劉復開始徵集歌謠	*「臺灣新聞紙令」公佈。 *大稻埕臺灣料理大酒樓「江山樓」開業，共經營32年。	（*3.12 俄國大革命→11.7 列寧、托洛茨基建立蘇維埃政權）
1918	戊	午	中華民國	民國	民國	7	大正7		*1918～1920 年間爲大稻埕藝旦全盛期.約有300位藝旦。（1934年剩82名） *本年起規定戶籍上不再有「查某間女」登記。	（*11.11 第一次世界大戰結束）
1919	己	未	中華民國	民國	民國	8	大正8		*大稻埕人口破6萬,遠比日人居住的台北城11000多人來得多。日治時期台人移入台北以大稻埕爲主。	*1.18～6.28 巴黎和會（*1.21 愛爾蘭宣布獨立）*5.4 五四運動美國首度播出廣播節目。

								*1 月 4 日公佈「臺灣教育令」，重視女子教育。	
1920	庚	申	中華民國	民國	民國	9	大正 9	*歌仔冊《殺子報》、《最新出外歌》廈門：會文堂刊行。	*全島大地震。 *1 月 11 日東京「新民會」成立。 *11 月 9 日蔡培火要求廢除六三法。 *台北市區改正，艋舺改名萬華。 *7 月 16 日《臺灣青年》創刊。10 月陳崑樹發表日文文章，批判臺灣婚姻制度、蓄妾、查某女間……。 *11 月蔣渭水成立「文化公司」。 *11 月 12 日連橫《臺灣通史》（上、中）出版。	*7.14 直皖戰爭
1921	辛	酉	中華民國	民國	民國	10	大正 10	*片岡巖《臺灣風俗誌》出版，內有〈臺灣の雜念〉，附錄歌仔冊《新編歐洲大戰歌（上編）》 *歌仔冊《買臣妻迫妻寫離婚書》廈門：會文堂刊行。 *歌仔冊《白賊七新歌》出版（引自陳兆南）	*1 月 17 日「臺灣文化協會」成立。 *1 月 30 日林獻堂等 187 人呈第 1 次「臺灣議會設置請願書」給日本議會。 *今年左右，韓國人在台北「艋舺遊廓」開設數間韓國妓院，收費低，台人喜去。 *4 月日連橫《臺灣通史》（下）出版。 *1920 年代以後，臺灣電影事業蓬勃發展，無論是臺灣自製，或者是歐、美、日本、上海等地的外製影片攏在台熱烈上演。全台電影院曾多達 180 外間，或兼演新劇、歌仔戲。台北的「永樂座」、「第三世界館」是臺灣人的專屬戲院，西門町是臺灣電影娛樂事業中心。	*5.17 孫文就任非常大總統 *7.1 中共建黨

1922	壬	戌	中華民國	民國	民國	11	大正 11	*歌仔冊《最新破腹驗花歌》廈門：會文堂印行。	*2 月 16 日林獻堂等 512 人呈第 2 次「臺灣議會設置請願書」給日本議會。 *比江山樓更壯觀的「蓬萊閣」開幕。	*2.27 孫中山在桂林宣布北伐
1923	癸	亥	中華民國	民國	民國	12	大正 12		*1 月 30 日臺灣議會期成同盟成立。2 月 2 日被總督府禁止，2 月 16 日又於東京成立，台北地方法院檢察局以違反「臺灣治安警察法」爲由，於 12 月 16 日在臺灣全島大搜查，至 22 日被收監者 28 名。包含：賴和、蔡培火、林幼春、蔣渭水、王敏川、陳逢源……。 *4 月 15 日標榜專用平易漢文的「臺灣民報」創刊。，初爲半月刊，10 月 15 日改爲旬刊，1925 年 7 月 12 日起改爲週刊。 *6 月《臺灣》停刊。《臺灣民報》成爲臺灣人的唯一喉舌。 *12 月 16 日臺灣議會期成同盟會員因爲「治警事件」入獄，蔡培火因在獄中創作〈臺灣自治歌〉發表。賴和也入獄。	*11 中國國民黨改組，聯俄容共
1924	甲	子	中華民國	民國	民國	13	大正 13	*大正年間，臺灣版歌仔冊由台北「黃塗活版所」首度發行，臺灣本地歌仔冊作品才漸漸出現。 *歌仔冊《改良孟姜女長城歌》、《最新朱買臣勸妻歌》台南：雲	*1 月 7 日「治警事件」有 11 人不起訴，賴和等人被釋放。 *7 月 25 日〜8 月 4 日「治警事件」有 17 人（蔡培火、林幼春、蔣渭水、王敏川、陳逢源……）開審，日籍檢察官與律師激辯。8 月 8 日宣判全部	

							龍堂出版部印行。（施舟人藏）	無罪。10月又在高等法院三審。 *11.30 鐵路宜蘭線全線通車	
1925	乙	丑	中華民國	民國	民國	14	大正14	*「金鳥牌」（厚紙版塗賽璐珞製品）小型唱盤發行，一片只賣三、五角，臺灣唱片市場才漸發達。據說銷路上好的是臺灣盲人陳石春編唱的〈安童買菜〉發表。 *歌仔冊《陳三五娘歌》漳州古風書社印行。 *約在1925～1926 賴和記錄唸歌藝人楊清池演唱的《辛酉一歌詩》記錄下來。 *施乾《乞食社會の生活》在台北出版 *伊能嘉矩逝世 *台北：黃塗所出版《新刊孟姜女歌》（中研院傅斯年圖書館藏） *歌仔冊《小金歌》、《上大人歌》、《廿四孝歌》、《陳白筆歌》、《正月種蔥歌》、《破腹驗花歌》、《最新縛腳歌》、《新刊秀英歌》、《勸善戒淫歌》、《陳三歌》、《桃花女鬥法歌》、《新刊孟姜女歌》、《最新三國相褒歌》台北：黃塗所出版	*1月2日二林農民大會。 *2月8日彰化婦女共勵會成立。 *2月20日治警事件判決，蔣渭水、蔡培火禁錮4個月，林幼春、蔡惠如、陳逢源、林呈祿、石煥長等3個月。 *2月23日泰雅族花岡一郎入台中師範。 *3月24日臺灣民報追悼孫中山大會，被制止。 *中上學校實施「軍訓」。 *5月10日蔣渭水假釋出獄。 *6月28日「二林蔗糖組合」成立，李應章負責。 *謝雪紅與林木順加入共產黨。6月被遴選就讀莫斯科東方大學。 *蔡培火出版《十項管見》一書，提倡使用「羅馬拼音文字」來解決臺灣文盲的文字障礙，但未引起普遍重視。 *12月張我軍詩集《亂都之戀》出版。	*3.12孫文歿 *5.30五卅慘案

| 1926 | 丙 | 寅 | 中華民國 | 民國 | 民國 | 15 | 昭和1 | *1920年代中期台北「黃塗活版所」印行歌仔冊（～1929）
*歌仔冊《最新生相、火車歌》廈門：會文堂石印。
*歌仔冊《買臣妻歌》、《十二碗菜歌》、《風流阿片歌》、《最新打某歌》、《最新水災歌》、《收成正果歌》、《月台夢美人歌》、《玉堂春廟會歌》、《包公審尿壺歌》、《徐胡審石獅歌》、《最新玉盃記歌》、《最新敢欖記》、《新刊紙馬記歌》台北：黃塗所出版 | *7月23日諸羅婦女協進會成立。
*「台中博物館」開幕。
*王詩琅加入無政府主義團體「臺灣黑色青年聯盟」。1927年被捕。
*10月17日文化協會第6次大會，開始分裂。（新竹） | *3.20中山艦事件
*7.9中國國民黨北伐
*11.28國民政府遷都武漢 |
| 1927 | 丁 | 卯 | 中華民國 | 民國 | 民國 | 16 | 昭和2 | *鄭坤五編印《臺灣藝苑》雜誌，特闢「臺灣國風」一欄，收錄歌謠俗曲40外首。
*歌仔冊《廿四孝歌》、《萍水相逢歌》、《唐寅磨鏡歌》、《最新草鞋記歌》、《僥倖錢失得了歌》台北：黃塗所出版
*4.8 歌仔冊《最新周遊歌》台北：黃塗活版所鉛印，王金火發行。內容與1914年泉州：劉懷信編《特別遊台新歌》廈門：會文堂石印本一樣（陳健銘藏） | *臺灣農民組合爲臺灣最大的群眾運動團體：擁有16個分會、24100名會員。
*1月3日臺灣文化協會分裂，連溫卿提出新綱領。3月文協本部移師台中。趁工人一連串罷工，籌組「臺灣勞動運動統一聯盟」。
*2月10日蔣渭水、蔡培火組「臺灣自治會」。
*4月23日「臺灣議會請願運動」上京委員蔡式穀、蔡培火等抵東京，「臺灣青年會」舉辦歡迎會。
*5月29日「臺灣民黨」成立，6月3日被禁。
*6月23日「臺灣民眾黨」申請立。 | *3.24國民革命軍佔南京
*4.12國民黨在上海清共
*5.28日本出兵山東
*8.1中共南昌暴動
*12.15中蘇斷交 |

								*謝雪紅自莫斯科東方大學畢業，返台組臺灣共產黨。12 月起草台共黨綱。 *9 月 10 日第屆全台棒球賽。 *12 月 12 日高雄火力發電廠完工。 *12 月臺灣第 1 間廣播電台「台北放送局」成立。	
1928	戊	辰	中華民國	民國	民國	17	昭和 3	*歌仔冊《三國歌（打黃蓋）》、《最新冤枉枉錢拔輪餃》、《趁錢是司父開錢是司仔》廈門林國清石印。 *歌仔冊《文明勸改歌》、《合攻破曹歌》台北：黃塗所出版 *伊能嘉矩《臺灣文化志》出版，有〈講古・演戲及び歌謠〉發表 *中國學者劉復主持中研院史語所「民間文藝組」，大量搜集歌謠、雜曲、說唱鼓書彈詞等俗文學。	*2 月 19 日臺灣民眾黨宣布成立「臺灣工友總聯盟」，一年後聲稱擁有 41 個分會、11446 名會員。 *3 月底「彰化新高製糖會社」採用一名日本女服務生，待遇高臺灣女性 2 倍，工時更少，臺灣女服務生罷業抗議。 *4 月 15 日上海成立臺灣共產黨。4 月 25 日日警在中國抓謝雪紅等 7 人回台審判。 *8 月 14 日民眾黨要求自治。反對保甲制度。 *11 月 12 日文協舉辦全導演講。 *11 月 30 日彰化無產青年與楊逵對立。 *11 月日共指令謝雪紅為台共中委。	*5.11 日軍佔濟南→6.4 張作霖被炸死 *12.29 張學良承認中共
1929	己	巳	中華民國	民國	民國	18	昭和 4	*到今年為止，除了中國進口的歌仔冊。台北「黃塗活版所」歌仔冊差不多獨佔臺灣歌仔冊市場。 *古倫美亞唱片公司發行印有「流行小曲」字樣的	*1 月 10 日文協新方向，不為大眾團體，而為思想團體，代表無產階級。 *2 月 12 日農民組合被檢舉。 *4 月 3 日農組重組中共。 *5 月 30 日王敏川出獄，重整	*3.28中國國民黨第3次大會 （*10.24 紐約股票暴跌，世界經濟恐慌開始）

西元										
								《雪梅思君》，以「說唱」方式演唱 *歌仔冊《正派三國歌》、《天作良緣歌》、《第二才子歌》、《大舜坐天新歌》、《新編五才子歌》台北：黃塗活版所出版 *歌仔冊《娜吒鬧東海歌》台北：黃塗活版所出版，陳兆南指出這是臺灣新創的說唱唱本	協。 *10月6日彰化無產青年退出文協，另組「臺灣勞動互助社」。	
1930	庚	午	中華民國	民國	民國	19	昭和5	*「台南南社」、「春鶯吟社」同仁創辦《三六九小報》，連載百外篇陳茉莉〈對民謠的管見〉發表。 *1930年代前後，臺灣歌仔冊創作者及改編者輩出，許多甚至被廈門的書局所翻印。 *2.15 唸歌藝人吳天羅出世	*1930年臺灣經濟盪到谷底、農村凋敝、失業率大增。 *黃石輝在《伍人報》連載〈怎樣不提倡鄉土文學〉發表。 *台北市營巴士通車。 *台中州發生泰雅族原住民「霧社抗日事件」。 *許世賢醫專畢業，執醫。 *1930年代臺灣底層的女性服務業面臨極大轉型沖擊，西方仕女打扮的女服務生、酒女、舞女，打敗了傳統的藝旦、藝妓、土娼。 *女性新興職業依次為產婆、教師、護士、電話接線生、車掌。 *台北各金銀紙業男工200人、女工500多人，抗議業主不合理工資，同盟罷工。	*4.9 甘地發起全印度不合作運動（食鹽進軍）（～1931.3.4） *5.5 印度：甘地被補 *6.11 中共決定李立三的都市暴動路線 *12.27 國民政府開始勦共
1931	辛	未	中華民國	民國	民國	20	昭和6	*臺灣新民報346期起特闢「歌謠～歌謠拾零」專欄，公開	*1月「板橋放送電台」成立。 *謝雪紅因臺灣共產黨事件被判刑13年。	*9.18 日本關東軍佔中國東三省 *11.7 中共「中華蘇維埃」在瑞金成立，毛澤東為主席。

								集。 *1931 年以前，臺灣雖有多家唱片公司，如「鶴標」、「新高」、「文聲」、「羊標」、「金鳥」、「東洋」、「駱駝」、「飛鷹」等，但發行的曲盤以「歌仔戲」、「歌仔曲」、「山歌」、「採茶歌」爲主。後來「東洋」、「駱駝」、「飛鷹」三間唱片公司業務由「日蓄」唱片的柏野正次郎承接，爲擴大營業，將「飛鷹」改名爲「古倫美亞」，並將三間唱片公司的曲盤冠上「古倫美亞」重新發行。請藝旦幼良、寶惜、桂英、秋蟾、匏仔桂，灌製台語小曲〈八月十五〉發表、〈螃蟹歌〉發表等，頗受好評。同時發行副廠牌「利家唱片」，分洪利家、黑利家兩種。 *歌仔冊《娜吒鬧東海歌》嘉義：捷發漢書部	*7月9日台北印刷工、基隆碼頭工大罷工。 *9月郭秋生在《臺灣新民報》〈建設臺灣話文一提案〉發表。 *12月文協、農協成員陸續被捕。 *臺灣人經營的第一家新式酒吧「エルテル」（維特）開幕，聘用「女給」。 *10月嘉義鈴蘭咖啡店12名女給抗議店主苛刻。	*12.15蔣介石下野 *巴金發表《家》
1932	壬	申	中華民國	民國	民國	21	昭和7	*中國出版的歌仔冊無法運送來臺灣，當時臺灣歌仔冊市場需求大，促使臺灣商人開始大量印製歌仔冊。台北「黃塗活版所」歌仔冊被各地印刷所盜印。臺灣歌	*日本在中國引起「一二八上海事變」，中國政府下令禁運物資來臺灣。 *臺灣第1家百貨公司「菊元百貨公司」開幕。 *古倫美亞唱片因爲〈桃花泣血記〉表成功，籌組文藝部，網羅詞、曲作者。	*1 蔣介石、汪精衛合流 *1 印度：甘地被捕（～9.20-9.26在獄中絕食） *1.28 日軍與19路軍在上海激戰（128上海事變）。～5月停戰。 *3.1 日本扶持滿州國 *6 蔣介石第4次剿共 *7.31 納粹爲德國第一大黨 *10.15南京政府逮捕前中

								仔冊出版進入戰國時代、顛峰期。 *1930年代是臺灣歌仔冊的黃金時期。 *嘉義：捷發出版社、嘉義：玉珍書局、台中：瑞成書局、台北：周協隆書局，在1932到1937間印售歌仔冊。 *王順隆認為「在1932年創作歌謠發生之前，『歌仔』一詞都還只是一般名詞，直到創作歌謠席捲臺灣之後，『歌仔』一詞才逐漸升格為專有名詞。」 *8.5 歌仔冊《國語白話新歌》台中：瑞成書局鉛印本 *歌仔冊《社會鳥狗歌》（上下本）台中：瑞成書局鉛印（陳健銘藏） *歌仔冊《路鰻坵北兵歌》、《排撤鳥狗圍新歌》、《桃花過江》台中：秀明堂印刷，基隆宋阿食發行鉛印本（陳健銘藏） *中國學者劉復、李家瑞編《中國俗曲總目稿》出版 *冬.李家瑞編《北平俗曲略》刊行，劉復（半農）寫序	*4月「台南放送電台」成立。 *中國無聲黑白影片〈桃花泣血記〉發表運入臺灣，請大稻埕電影辯士創作主題曲。 *郭秋生在《南音》特闢「臺灣話文嘗試欄」，收集歌謠、謎語、故事等民間文學。	共總書記陳獨秀
1933	癸	酉	中華民國	民國	民國	22	昭和8	*台北：禮樂活版社、高	*1933 年後藝旦唱南管曲漸失風	*1.3 日軍佔山海關 *2.19 蔣介石發動「新生活

								雄：三成堂在1930年代印售歌仔冊 *連橫在《六九小報》開闢「雅言」專欄 *歌仔冊《臺灣名勝仙洞遊歷褒歌》台中：瑞成書局鉛印本 *歌仔冊《娜吒鬧東海歌》台中：瑞成書局（廣告書目著錄）	采，多改唱閩南小曲或北管。 *郭秋生與廖漢臣共同發起「臺灣文藝協會」。 *古倫美亞聘請陳君玉擔任文藝部職務，計劃大量灌製台語創作歌曲。	運動」 *3.4 日軍佔熱河 *5.31 中日塘沽停戰協定 *7 印度：甘地停止大眾不合作運動，開始個人不合作運動 *10 蔣介石第5次剿共 *11.20「19路軍」「閩變」在福建宣布成立「中華共和國人民革命政府」
1934	甲	戌	中華民國	民國	民國	23	昭和9	*1.12 唸歌藝人楊秀卿出生在新店屈尺。	*6月30日日月潭發電廠第1期完工。 *7月辜顯榮為貴族院議員。 *張深切在台中市發起創立「臺灣文藝聯盟」，主編《臺灣文藝》。 *楊逵小說〈送報伕〉發表入選東京《文學評論》二獎。 *郭博容組「博友樂」唱片，開始灌製台語創作歌謠。 *江文也完成〈臺灣舞曲〉	*1.13 福建人民政府瓦解 *3.1 滿州國改為滿州帝國 *5 甘地停止不合作運動（～10.24引退） *10.21 中共紅軍撤出瑞金，開始長征（～1935）
1935	乙	亥	中華民國	民國	民國	24	昭和10	*歌仔冊《最新流行中部地震歌》玉珍漢書部鉛印 *7 台北：柯維思創作《震災悲傷歌》以話字發表在《臺灣教會公報》n604（引自呂興昌）	*日本「勝利」唱片台北營業所開始灌製台語創作歌謠，由張福興負責文藝部。 *古倫美亞唱片在朝風咖啡室3樓設臨時錄音室，開始灌製小曲流行歌、台語創作歌謠。 *4.21（農3.19）臺灣中部發生大地震，前7.1級、後6級，震央在新竹關刀山附近，死3276人，傷12053人，屋舍全毀17907間，半毀及破36781間。	*1.13 毛兒蓋會議，毛澤東掌權 *3 日本通過以天皇為中心的「國體徵明」 *7.25 第三國際「七大」通過人民戰線綱領 *10.3 義大利侵略衣索比亞 *12.9 北京學生抗日運動

									*9月「台中放送電台」成立。 *10 月.10-28 總督府舉辦「臺灣始政四十周年紀念博覽會」。在江山樓舉辦流水席，每日席開120桌以上。藝旦出局來陪酒，爲藝旦全盛期，多達400多人。 *政府提出國家公園興建計劃，顯示當時臺灣休閒生活日受重視。 *1935 年左右台中「臺灣大酒家（醉月樓）」出現一位古典美人：藝旦「艷秋」，擅唱京劇，深受文人歡迎。 *楊熾昌主編的《風車》詩刊創刊。	
1936	丙	子	中華民國	民國	民國	25	昭和11	*台北：梁松林創作歌仔冊《三伯英台歌集》(55 本) 台北：周協隆書局連續發行 *5 月李獻璋編輯《臺灣民間文學集》，收集歌謠近千首。 *9-12 楊守愚（宮安中）參考賴和10 年前草稿，重新請唸歌藝人楊清池彈唱《辛酉一歌詩》，分三次連載在《臺灣新文學》。 *歌仔冊《尪某看博覽會歌》嘉義：玉珍漢書部鉛印本 *林漢璋（本名林達標）編作歌仔冊《中部震災新歌》台中：瑞成書	*3 月 30 日松山機場完工。 *6 月 23 日鼓勵日本人移民來台。 *9月海軍上降將小林躋造任臺灣總督，結束長達17 年的「文官總督」體制，推行高壓政策，爲「南進計劃」的過策做準備。 *9 月「台北新公園」啓用。 *7 月成立「民風振興協會」，禁止在公共場所使用「臺灣話」，推行「國語家庭」。	*3.7 德國進兵萊茵區 *4 南非通過原住民代表法，徹底實施種族隔離政策 *5.9 義大利併吞衣索比亞 *7 西班牙內戰（～1939） *8.7 日本決定南侵及攻中國 *12.4 西安事變 *12.5 蘇通過史達林憲法 *英國成立世界 1 間電視台。

							局鉛印本；《專勸少年好子歌》嘉義：玉珍漢書部。		
1937	丁	丑	中華民國	民國	民國	26	昭和12	*廈門「會文堂」、「文德堂」、「博文齋」等印售歌仔冊的書局在中日戰爭前夕歇業。	*臺灣家庭所得較1932年大幅成長26.23%。消費能力因而提昇。 *臺灣總督府下令4月1日起，禁止所有報紙漢文欄，6月廢止漢文雜誌。（到1945.8為止） *7月中日戰爭開始，皇民化運動加緊推行，廢止臺灣漢文教育，全面實施日語教育。 *開始實施「台北新市區計劃」。 *10月調查台北市女性職業，約有50種類別。 *12月15日本發生「第一次人民戰線事件」，「山川均」、「加藤勘十」等人被捕。 *12月日本內務部警保局警告，不得出版「人民戰線派」刊物。	*2.15第2次國共合作 *7.7中日戰爭（～1945.8.15）→7.28日攻華北→8.13攻上海→11.5登陸杭州灣 *8.21〈中蘇互不侵犯條約〉發表 *9.23第2次國共合作 *10.28蒙古人民自治政府成立（歸綏） *11.6德、義、日三國防共協定 *11.12日軍佔領上海 *11.20中國宣布遷都重慶 *11.30國民政府棄守南京 *12.4華北臨時政府成立
1938	戊	寅	中華民國	民國	民國	27	昭和13	*臺灣的歌仔冊印行銷聲匿跡。 *吳守禮協助台北帝大文政學部東洋文學講座搜購歌仔冊合訂為《臺灣歌謠集（一）至（六）》(引自陳健銘)	*2月22日中國空軍轟炸新竹油田。 *4月1日本公佈「國家總動員令」。 *臺灣禁演台語電影。 *6月20日台銀收購黃金。 *陳秋霖及幾位朋友合組「東亞」唱片，發行台語創作歌謠。 *古倫美亞唱片在周添旺帶領下，最後一次灌製台語新歌。	*5.10日軍佔廈門 *5.15日軍佔徐州 *6.8國民政府從武漢遷都重慶 *9.22日本在北平成立「中華民國聯合政府委員會」 *10.21日軍佔廣東 *10.27日軍佔武漢 *12.30汪精衛在河內發表「艷電」，表明親日態度
1939	己	卯	中華民國	民國	民國	28	昭和14		*10月2日築花蓮港。	*英國限制猶太人進入巴基斯坦

西元	干支		朝代	年號		年	日本	臺灣事件	中國	世界
								*10月18日日本公佈「物價統制令」。 *全面禁止台語流行歌傳唱。 *日本對臺灣百姓積極推動皇民化運動，唱片公司紛紛歇業。		*3 日軍佔海南島、南昌 *5.30 汪精衛抵東京 *9.1 德國佔領波蘭，第二次世界大戰爆發 *9.3 英、法對德宣戰 *9.17 蘇軍入侵波蘭 *9.28 蘇、德瓜分波蘭 *10.19 土、英、法互助條約 *11.30 蘇軍入侵芬蘭
1940	庚	辰	中華民國	民國	民國	29	昭和15	*10 台北帝國大學東洋文學所《臺灣歌謠書目》(共394種，油印本)。爲歌仔冊目錄首見。歌仔冊在1945年8月以後亡佚，僅存書目(臺灣大學圖書館收藏)。 *日治時期(年代不詳)總督府圖書館收集歌仔冊編成《臺灣俗曲集》	*5月9日日本檢舉共產主義團體。 *7 月6日日本「社會大眾黨」解散。 *謝雪紅因肺炎提早出獄，潛居台中。 *8月6日台中州廢中元普渡。	*3.30 汪精衛「南京政府」成立 *4.6 德軍入侵娜威，丹麥投降 *5.10 英國邱吉爾組閣，德軍入侵比、荷、盧三國 *5.15 荷蘭投降德軍 *6.10 娜威投降德軍，義大利向英、法宣戰 *6.14 德軍入法國巴黎 *6.17 蘇軍入侵波羅的海三小國(7.22併吞) *7.10 德空軍轟炸英國本土 *9.7 德機轟炸英國倫敦65天(不列顛戰役) *9.22 日軍進駐法屬印度
1941	辛	巳	中華民國	民國	民國	30	昭和16	*7 月金關丈夫等人創立《民俗臺灣》雜誌，池田敏雄任編輯。 *任職台北帝國大學助手的稻田尹在《臺灣時報》發表〈臺灣の歌謠に就て〉	*2月9日「臺灣革命同盟會」在重慶成立。 *3月7日日本公佈「國防保安法」。 *4月19日「皇民奉公會」成立。 *6 月21日各地奉公會分會成立 *將公學校與小學校合稱「國民學校」。 *許世賢於嘉義創立「順天堂醫院」。	*6.22 德國入侵蘇聯 *8.3 美國援助蘇聯 *10.2-12.5 德國進攻莫斯科 *12.8 日軍偷襲珍珠港，美國對日宣戰 *12.9 國民政府正式對日宣戰 *12.11 德、義對美宣戰 *12.14～25 日軍攻佔香港
1942	壬	午	中華民國	民國	民國	31	昭和17	*「臺灣文學奉公會」成立，打壓對戰爭無益的文學刊物。 *稻田尹挑選發表在雜誌上的文章，並以改訂，出版《臺灣歌謠集》	*2 月1日公佈「臺灣醫療關係者徵用令」。 *4月舉辦第1梯次「臺灣志願兵」入伍。 *7月4日制定最低工資。 *11 月1日日本修正臺灣總督府官制，符合日台	*1.4 蔣介石爲盟軍中國戰區總司令 *2.1 毛澤東在延安發表「整頓黨風」報告 *2.16 日軍佔新加坡 *3.1 日軍佔爪哇 *3.2 美國囚禁日裔(112000多人)至集中營 *3.8 日軍佔仰光 *3.28 英空軍開始反攻

								*10 東方孝義《臺灣習俗》出版，有〈唱本〉一節，並附錄《三伯英台賞花歌》歌詞	（內外）地行政一致。 *本年街頭服裝調查報告：太平町菊元布行前面走過的 766 位年輕女性，穿洋服 583 位，和服 12 位，本島服 170 位。	*4.3 中共開始「整風運動」 *5 毛澤東發表「延安文藝講話」 *6.4-7 美日中途島海戰，日軍戰敗 *8.8 菲律賓人民抗日軍抵抗日軍*11.11 德軍佔法國全境 *11.19 蘇軍從史達林格勒大反攻 *美國試驗原子彈
1943	癸	未	中華民國	民國	民國	32	昭和 18		*1 月 31 日賴和病逝（1894～）。 *4 月 1 日臺灣全面實施義務教育，學童就學率 71.3%。 *5 月「嘉義放送電台」成立。 *5 月 12 日實施海軍志願軍制度。 *6 月 21 日第 2 批陸軍志願兵 1030 人入伍。 *美國飛機開始轟炸臺灣上空。 *10 月 1 日強迫農民交出白米。 *10 月 25 日徵集學生兵。 *11 月 25 日美機炸新竹機場。 *11 月 30 日強徵台、韓籍學生赴前線。 *12 月 5 日起准人民在街道養豬，以解決肉荒。 *12 月 27 日提高香煙售價。 *政府以戰時節約為由，勒令臺灣酒家、酒樓停業。 *吳濁流開始偷偷以日文撰寫長篇小說《亞細亞的孤兒》，2 年後完成。	*1.9 日本與汪政權締結日華協定 *5.13 義軍投降 *5.15 第三國際解散 *9.13 蔣介石為國府主席兼行政院長（～1948） *11.5 大東亞會議（日、滿、菲、泰、緬、汪政權） *11.12～26 丘吉爾、羅斯福、蔣介石開羅會議
1944	甲	申	中華民國	民國	民國	33	昭和 19	*1944（1945?）新竹：竹林書局印售歌仔	*1 月 24 日簡化手續，鼓勵台人改日姓名。 *3 月 13 日全台 6	*6 日軍佔長沙 *6.15 美佔塞班島 6.20 美佔關島

									冊，創店老闆林有來也自編或改編歌仔冊。（2005年仍販售中） *新竹：竹林書局《貂蟬弄董卓歌》出版（中研院史語所傅斯年圖書館藏） *唸歌藝人楊秀卿10歲，被賣唱維生的蕭姓人家收養。開始向養母收養的盲女金鳳姊學習唸歌	家報紙停刊。 *4月1日全台報紙合刊爲《臺灣新報》。 *4月4日戰時犯罪將一概視爲國內之敵人，嚴辦。 *5月12日「糧食奉獻運動」。 *5月「花蓮放送電台」成立。 *8月22日總督府宣佈臺灣進入戰場狀態。 *9月1日開始在全台全面實施「台民徵兵制」。 *10月8日決定「兒童疏散辦法」。 *10月12日盟機千餘架炸臺灣各地。 *10月14日美日機在東方海面交戰。 *10月23日日機撞毀臺灣神宮。 *11月15日嚴禁收聽短波外來消息。 *瑞芳事件發生，500多人被捕，300多人死獄中。	*6.6 聯軍諾曼第登陸 *8.25 聯軍解放巴黎 *10 菲律賓海戰 *10.20 麥克阿瑟反攻菲律賓 *11.24 美機突襲東京
1945	乙	酉	中華民國	民國	民國	34	昭和20	*6.2新竹：竹林書局《鄭國姓開臺灣歌》初版（王順隆藏） *新竹：竹林書局《桃花女周公鬥法》鉛印（中研院傅斯年圖書館藏） *1945.8日本戰敗後，中國廈門「博文齋」書局再度銷售歌仔冊，到1950年代初期售完爲止。	*3月日本訂立「殖民地政治待遇案」，開啓臺灣人參與日本國政之路。 *3月3日全台中學生編成「防衛警備隊」，防備美軍登陸。 *3月9日日月潭發電廠被炸毀。 *3月29日以甘藷代米爲主食。 *4月3日盟機炸嘉義及花蓮港，7日炸彰化、台南、嘉義，11日高雄、台南、新竹。	*1.12 希臘內戰停止（1944.12.6～） *1.9 美軍登陸呂宋島 *2.4 美軍登陸馬尼拉 *4.12 美國總統羅斯福去世，杜魯門繼任 *4.23 蘇軍入柏林 *4.25 聯合國舊金山會議 *4.28 墨索里尼被吊死 *4.30 希特勒自殺 *5.2 蘇軍佔柏林 *5.7 德國投降 *6.28 簽訂聯合憲章 *7.16 美國試爆原子彈成功 *8.8俄向日宣戰,美投原子彈於廣島

								*「臺灣光復」初期，汪思明在廣播電台演唱「唸歌」《歡迎祖國》	*4月末台北受到大空襲。 *5月17日高雄花蓮、台中各地工場及機場被炸。5月30日盟機炸台北市。 *6月廢除「保甲制」。 *6月18日公佈「臺灣國民義勇隊編成方案」。 *7月盟軍疲勞轟炸臺灣各地。 *8月15日日軍投降。 *國民政府在臺灣設置「臺灣省行政長官公署」，陳儀任首長。 *10月25日「臺灣光復」 *許世賢獲聘嘉義女中校長。	*8.9第2顆原子彈投於長崎 *8.14中蘇友好同盟條約 *8.15日本天皇宣布投降 *8.16杜魯門聲明美國將單獨統治日本 *8.17印尼宣布獨立 *9.2胡志明建立越南民主共和國 *9.6朝鮮人民共和國成立 *9.20國大黨孟買大會，要求英國退出印度 *10.21臺灣省行政長官陳儀抵台 *10.22外蒙古公投 *10.25外蒙古公投贊成獨立 *11國共內戰開始 *12.6伊朗成立政權
1946	丙	戌	中華民國	民國	民國	35	昭和21	*戰後初期，唱片無法灌製，只能在淡水河邊搭露天戲台，開始高唱台語歌曲，透過演唱來推銷歌仔簿。 *新竹：竹林書局《曾二娘燒好香歌》鉛印（王順隆藏） *春.尤瑞珍從《臺灣民主國歌》添加拼湊成《番仔反歌集》（日本反、民主歌）台北：思明書局發行（陳健銘藏） *邱清壽編作歌仔冊《接迎祖國河山光復歌》邱清壽書局鉛印（陳健銘藏）	*「省立臺灣師範學院」（臺灣師大前身）設「音樂專修科」，1948年改「音樂系」，是臺灣戰後第1個大專音樂科系。	*1.7美、英、法、蘇承認奧地利獨立 *1.10聯國第1次大會在倫敦舉行 *1.12成立聯合國安理會 *1.15中國承認蒙古人民共和國（外蒙） *4.14蘇軍撤出中國東北 *5.1國民政府遷回南京 *5.4中共在解放區進行土地改革 *6.10義大利共和國成立 *7.4飛律賓獨立 *7.12國共全面內戰開始
1947	丁	亥	中華民國	民國	民國	36	昭和22	*洪一峰自畫插圖、自行刻版印製，開始賣歌仔簿。	*發生228事件。謝雪紅、鍾逸人組「二七部隊」與國民黨對抗。	*1.1國府公布中國民國憲法 *1.29美國宣布停止調停

西元	天干	地支	政權	政權	年號	年	日本年號	臺灣歌謠	臺灣大事	世界大事
								*臺灣文化協進會舉辦「民謠座談會」 *唸歌藝人楊秀卿開始彈琴賣唱	謝後來悄悄離台，到上海成立「臺灣民主自治聯盟」。 *國民政府推行幣制改革，四萬元新台幣兌換一元新台幣。	國共內戰 *5.3 日本公布新憲法 *6.5 馬歇爾計劃援助歐洲復興（～1951.12.30） *7.7 中共「七七宣言」宣布建立民主聯合政府及實施土地改革 *9.12 中共人民解放軍宣布總反攻 *12.30 羅馬尼亞人民共和國建立
1948	戊	子	中華民國	民國	民國	37	昭和23	*新竹：竹林書局《三英俊陰司對案歌》鉛印（中研院傅斯年圖書館藏） *北京中研院史語所在1928-1932年間大量搜集的中國俗文學約在這2.3年左右輾轉運來臺灣，存在中研院史語所傅斯年圖書館。 *汪思明編作兼發行歌仔冊《臺灣博覽會歌》台北：榮文印書館鉛印本（陳健銘藏）	*4.19 蔣介石、李宗仁當選中華民國正、副總統 *10月25日《國語日報》創刊。 *10.25 臺灣省政府慶祝臺灣光復三週年紀念，在台北市舉辦50天「臺灣博覽會」。	*美國「歌倫比亞公司」發明「細薄音溝」的錄音方法，將唱片的轉速由每分鐘78轉改爲33又1/3轉，唱片容量增爲40分鐘。 *6.7 歐洲六國倫敦協定，決定西德獨立 *8.15 大韓民國成立 *8.19 中共成立華北人民政府 *9.5 朝鮮民主主義人民共和國成立（金日成） *10.26 國府軍撤出東北 *12.10 聯合國通過世界人權宣言 *12.17 中共解放軍入北平
1949	己	丑	中華民國	中華人民共和國	1	38	昭和24	*10.1 黃得時〈關於臺灣歌謠的搜集〉發表 *政治迫害文藝，加上「國語運動」、「廣電法」打壓，使台語歌詞內容多以情愛爲主，消費人口日減，爲降低成本，1950～60年代流行將日本曲填台語歌詞。	*1.21 蔣介石下野，李宗仁代總統 *5月國民政府在臺灣實施「戒嚴令」，臺灣進入「白色恐怖時期」。 *7月19日國府下令嚴禁臺灣私設廣播電台。 *12.7「中華民國」政府流亡台北。 *1946年5月到1949年6月臺灣物價上漲約10倍。 *楊逵因撰寫〈和平宣言〉發表，刊在上海《大公報》，被國民政府判監綠島12年。	*4.4 北大西洋公約組織成立 *4.18 愛爾蘭脫離英國聯邦 *4.21 中共解放軍南下長江 *5.6 德意志聯邦共和國成立（西德） *5.24 解放軍佔南京 *5.27 解放軍佔上海 *6.29 荷蘭退出印尼 *10.1 中華人民共和國成立 *10.7 民主德國（東德）建國 *12.16 毛澤東訪蘇聯 *西蒙.波娃《第二姓》出版

									葉陶也被關4個月。
1950	庚	寅	中華民國	中華人民共和國	2	39	昭和25		*1月教育廳通令各縣市設立「國語推行委員會」。 *3.1 蔣介石復行總統職。 *6.27 美第七艦隊巡訪台海 *12月收音機開始強制登記執照。	*1.6 英國承認中共政權 *1.14 胡志明總統宣布成立越南民主共和國(北越) *1.23 以色列定都耶路撒冷 *2.9 美國麥卡錫反共狂潮 *2.25 英國工黨執政 *6.25 韓戰爆發 *10.11 中共解放軍攻西藏 *10.28 聯合國軍突破38度線進宮北韓 *12.5 中共奪平壤
1951	辛	卯	中華民國	中華人民共和國	3	40	昭和26		*5月內政部公佈「電影檢查標準」。 *6月實施報禁。 *7月24日「保護養女運動委員會」成立。 *日本與盟國簽訂「舊金山合約」,放棄對臺灣、澎湖的主權,共48國參予簽字。 *謝雪紅因中共「整風運動」,首度被公開鬥爭。	*英國成功研究高度原音唱片。 *1.1 北韓、中共突破38渡線南下→1.4佔漢城→1.25聯合國軍反攻 *2.1 聯合國大會譴責中共爲入侵者 *3.7 聯合國軍奪回漢城→4.3聯軍北進 *7.10-8.23 朝鮮停戰會議 *9.4-8 舊金山對日和平會議,簽定「舊金山對日和約」 *9.8 日美安保條約簽字 *10.27 英國邱吉爾(保守黨)組閣 *12.1 中共解放軍至拉薩 *12.24 利比亞獨立
1952	壬	辰	中華民國	中華人民共和國	4	41	昭和27	*5.27 黃得時〈臺灣歌謠之形態〉發表	*4.23「中日和約」在台北簽定,中華民國與日本重建邦交。 *10.31 中國青年反共救國團成立 *臺灣登記有案的收音機有52457架。	*2.6 英女皇伊麗莎白二世即位 *5.26 英、法、美終止佔領西德 *5.27 歐洲防衛共同體成立 *10.5-14 蘇共「十九大」通過第2次5年計畫,改黨名爲蘇聯共產黨 *10.23 伊拉克反英爆動 *美國研究出使高度原音唱片的聲音更加完美真實的高傳真「Hi-Fi」唱片。
1953	癸	巳	中華民國	中華人民共和國	5	42	昭和28	*1.10 歌仔冊《楊本縣過臺灣敗地理歌》(全7集)	*1月實施「耕者有其田」 *12月省政府通令各縣市嚴禁日	*1.20 美國艾森豪就任總統,副總統尼克森 *3.5 史達林去世
							新竹:竹林書局印行(中研究傅斯年圖書館藏)	語、台語教學。 *「中日和約」在台北簽字,重申放棄對臺灣、澎湖的主權。	*9.12 赫魯雪夫爲蘇共總書記

1954	甲	午	中華民國	中華人民共和國	6	43	昭和29	*5.31 何連福口述、吳萬水筆紀〈士林土匪仔歌〉發表在《臺灣風物》	*「中美共同防禦條約」締結。 *2.19 蔣介石連任總統	*9.20 第一次人大會，通過中華人民共和國憲法
1955	乙	未	中華民國	中華人民共和國	7	44	昭和30	*1955-1957新竹：興新書局（義成圖書社）曾印售歌仔冊。 *梁松林編歌仔冊《可憐之壯丁》台北：義成圖書社書目著錄（引自陳健銘）	*1月由「華興電影製片公司」出品，何基明導演的《薛仁貴與王寶釧》上映，票房好，致使民營電影公司紛紛拍攝台語電影。 *11月公佈「動員戡亂時期無線電廣播收音機管制辦法」，明令歌星不得在公開場合演唱禁歌。	*1.1 美國直接援助越南反共政權
1956	丙	申	中華民國	中華人民共和國	8	45	昭和31	*楊秀卿與楊再興結婚 *1956.1957台中：文林出版社曾印售歌仔冊。 *新竹：竹林書局《英台廿四拜歌、三伯回陽歌》鉛印（日.波多野太郎藏） *6.5 歌仔冊《寶島新臺灣歌》新竹：竹林書局印行（陳健銘藏）	*1.28 美國會通過「臺灣決議案」 *5.20 孫立人將軍案 *5月教育廳下令學校禁說方言。並在學校廣設「糾察隊」相互監視。 *9.4 中共砲擊金門 *全年拍攝完成台語影片有21部。	*1.1 蘇丹獨立 *1.20 共軍佔一江山 *3.2 摩洛哥獨立 *3.23 巴勒斯坦伊斯蘭共和國建立 *10.19 日蘇復交宣言 *12.18 聯合國承認日本加盟
1957	丁	酉	中華民國	中華人民共和國	9	46	昭和32	*楊秀卿開始在電台說唱「口白歌仔」，並與夫婿賣藥走唱 *台中：自強出版社，1957年曾印售歌仔冊。 *歌仔冊《李娜吒抽龍筋歌》新竹：竹林書局	*10月教育部下令取締羅馬字聖經，禁止傳教士以方言傳教。 *中華民國實施「戰士授田政策」。 *11月教育部規定「國語片」不得附帶台語說明，違者勒令停業。 *全年拍攝完並上映的台語影片有41部。	*6.18 中共開始反右派鬥爭及黨內整風運動 *10.4 蘇聯發射人造衛星Sputnik成功
1958	戊	戌	中華民國	中華人民共和國	10	47	昭和33	*新竹：竹林書局《雪梅思君、愛玉自	*4.20 高雄市苓雅區菜市場大火災，燬屋75棟	*1.31 美發射人造衛星成功 *2.15 印尼、蘇門答臘宣布

西元	干	支					昭和	歌仔冊大事	臺灣大事	世界大事
								歌》鉛印（中研院傅斯年圖書館藏）*陳秋霖自編自導《乞丐開藝旦》台語影片。	災民 310 人無家可歸，損失 300 萬，無人死亡。*8.23 金門「823 炮戰」發生。*10.23 蔣介石與美國國務卿杜勒	獨立 *4.9 印尼排華事件 *7.14 伊拉克政變，建立共和國 *9.8`法國公民投票 *9.19 阿爾及利亞共和國
								*6 吳瀛濤〈歌仔〉發表收在《臺灣省通志稿·卷六·學藝志·藝術篇》 *7.8 歌仔冊《過去臺灣歌》（全本）新竹：竹林書局印行（陳兆南、陳健銘各藏 1 本） *10.25 歌仔冊《鄭國姓開臺灣歌》（全本）新竹：竹林書局印行（陳健銘藏）*嘉義：張玉成（1914-1983）編作出版《高雄苓雅市場大火災歌》*新竹：竹林書局《苓雅市場大火災》印行	斯發表聯合公報，聲明不以武力「光復大陸」。	臨時政府成立
1959	己	亥	中華民國	中華人民共和國	11	48	昭和 34	*賴建銘〈清代臺灣歌謠〉發表 *歌仔冊《八七水災可憐歌》新竹：竹林書局鉛印（出版年不詳，艾伯華藏）	*8.7 臺灣中南部發生「八七水災」，為 60 年最大的一次水患，667 人死亡，408 人失蹤，942 人受傷，屋全毀 27446 間，半毀 18303 間，損失高達 35 億元，約佔當時國民所得 11%。	*3.10 西藏反中國運動 *3.21 達賴喇嘛 14 世逃入印度 *4.27 劉少奇為中共國家主席 *9.16 法國戴高樂賦予阿爾及亞自治 *9.30 赫魯雪夫訪北京，中蘇對立表面化
1960	庚	子	中華民國	中華人民共和國	12	49	昭和 35	*9 廖漢臣〈彰化縣的歌謠〉發表，內有《戴萬生反清歌》	*3.21 蔣介石第 3 次連任總統 *實施「獎勵投資條例」，臺灣外資迅速增加。	*4.19 南韓學生抗議總統選舉舞弊 *5.19 美日新安條約通過，引起安保鬥爭
								*10 歌仔冊《鄭國姓開臺灣歌》（上、下本）新竹：竹林	*臺灣廣播電台有 31 間。	*9.12 東西德經濟斷交 *12.20 南越民主解放陣線成立

								局印行（陳健銘藏） *10 歌仔冊《甘國寶過臺灣》新竹：竹林書局印行		
1961	辛	丑	中華民國	中華人民共和國	13	50	昭和36	*4.29 吳瀛濤〈開臺歌及其他〉發表 *新竹：竹林書局《汽車司機車掌互訴衷情歌》鉛印（艾伯華藏）	*6 月 27 日內政部訂定「查禁唱片的標準」。 *臺灣登記有案的收音機有609131架。	*3.21 南非黑人反對身分證制度大示威 *5.1 古巴宣布爲社會主義國家 *5.30 南非獨立 *6.19 科威特獨立 *6.30 比屬剛果獨立 *8.13 東德築柏林圍牆 *12 聯合國發表「殖民地解放宣言」
1962	壬	寅	中華民國	中華人民共和國	14	51	昭和37		*3.1 警備總部宣布反共自覺運動 *臺灣第1間電視台「台視」開播 *台視製作以演唱台語歌爲主的節目「寶島歌聲」。 *黃梅調電影《梁山伯與祝英台》轟動，黃梅調唱片也風行，臺灣電影片興起「歌唱片」風潮。 *「中國文化學院」設「藝術研究所」，有「音樂組」，是臺灣戰後第1個音樂研究所。	*2.8 美在南越設立軍事援助司令部 *8.6 英屬牙買加獨立
1963	癸	卯	中華民國	中華人民共和國	15	52	昭和38	*5 婁子匡、朱介凡，《五十年來的中國俗文學》出版，內有〈臺灣俗曲的特色〉發表 *王育德〈談歌仔册（Ⅰ）（Ⅱ）（Ⅲ）（補講）〉在日本發表 *施舟人來臺灣研究道教，開始搜集歌仔冊	*5月省政府下令各機關學校收音機不得接耳機，以免收聽「匪區」節目。 *臺灣電影院有574間。 *臺灣部份中小學開始設立「音樂班」。	*8.23 美國金恩牧師率黑人向華盛頓前進 *9.16 馬來西亞聯邦成立 *11.1 南越軍人政變 *11.22 美國甘迺迪總統被刺殺，詹森繼任 *12.12 肯亞獨立 *荷蘭「飛利浦公司」研製成功寬度僅有 1/8 英吋的「卡式錄音帶」。
1964	甲	辰	中華民國	中華人民共和國	16	53	昭和39	*「台視」製作節目「寶島之歌」。	*3.5 日本聲明對臺灣維持外交，對中共採取政經分離政策	*1.8 巴拿馬反美爆動 *1.27 法與中共建交 *7.2 美國通過新公民權法案

			中華民國	中華人民共和國						
								*教育廳通令各機關學校辦公時間一律使用國語。		*8.2 東京灣事件，美艦被北越攻擊 *8.4 美機炸北越 *10.16 中國第1次核爆成功
1965	乙	巳	中華民國	中華人民共和國	17	54	昭和40	*台語歌受箝制，洪一峰轉往日本發展。 *1960年代中期許常惠常邀請陳達出來唱歌。 *10.31[荷蘭]施博爾（施舟人·Kristofer M. Schipper）〈五百舊本「歌仔冊」目錄〉發表	*1951年到1965年美國金援臺灣約14億6千萬美元。 *高雄成立亞洲第1個「加工出口區」。	*1.2 印尼退出聯合國 *2.7 美軍轟炸北越 *2.21 美國黑人領袖麥爾坎·X被暗殺 *3 美國反越戰激昂 *5.15 華盛頓全美學者批判越戰政策集會 *7.3 阿爾及利亞獨立 *8.6-10 華盛頓反越戰示威 *8.9 新加坡被趕出馬來西亞聯邦而獨立 *10 美國反越戰遊行 *10.9 烏干達獨立 *10.16 倫敦、布魯塞爾各地反越戰遊行
1966	丙	午	中華民國	中華人民共和國	18	55	昭和41	*中壢黃金群為楊秀卿錄製唸歌錄音帶	*2.19 蔣介石第4次連任總統 *謝雪紅在中國首次被紅衛兵抄家。	*1.19 英迪拉甘地夫人為印度總理 *5.29 清華大學附中組織紅衛兵 *8.18 中共通過無產階級文化大革命的16條 *10 北韓親中共派失利 *12.13 紅衛兵批鬥劉少奇
1967	丁	未	中華民國	中華人民共和國	19	56	昭和42	*4.28 毛一波〈臺灣民間文藝雜談〉發表	*1967年臺灣進出口貿易總額比1970年增加342.38%。 *到今年為止，內政部登記有案的唱片發行業者共計117間，唱片製作廠有26間。	*1.6 美軍登陸湄公河三角洲 *4.17 美金恩牧師在電視上號召反戰 *6.5-10 第3次中東戰爭，以軍突襲埃、敘、約，佔領約旦河西岸 *6 阿拉伯產油國宣布對英、美、西德禁運石油 *7.1 歐洲共同體（EC）成立
1968	戊	申	中華民國	中華人民共和國	20	57	昭和43		*臺灣實施「九年國民義務教育」。 *許世賢當選嘉義市長。	*3.28 日本反美大示威 *4.4 美國金恩牧師遇刺 *4.5 小笠原群島歸還日本 *4.29 美國黑人「貧民行軍」 *6.19 十萬黑人聚集華盛頓 *7 伊拉克革命 *7.9 越共、北越圍攻17度線以南 *8.20 蘇、東歐五國軍入侵捷克

西元	天干	地支	國號		民國		昭和	歌仔冊	臺灣	世界
										*10.5 愛爾蘭德里天主教爭取公民權示威 *10.13 中共開除劉少奇 *10.31 美國詹森總統宣布停止轟炸北越
1969	己	酉	中華民國	中華人民共和國	21	58	昭和44		*臺灣第2間電視台「中視」開播。 *「彩色電視機」開始在臺灣生產。 *今年起臺灣農業開始陷入「負成長」的泥淖。 *台中、楠梓也成立「加工出口區」。 *「中華人民共和國」開始展開外交攻勢。	*1.20 尼克森就任美國總統 *4.4 中共「九大」，林彪爲毛澤東繼承人 *7.20 美國阿波羅太空船登陸月球 *8.12 北愛爾蘭天主教、新教巷戰 *9.3 胡志明去世（1890～） *11.12 劉少奇去世
1970	庚	戌	中華民國	中華人民共和國	22	59	昭和45		*3月台視播出黃俊雄布袋戲「雲州大儒俠史豔文」，收視超高。 *4.18 蔣經國訪美→4.22 鄭自才、黃文雄在紐約行刺蔣經國失敗被捕 *5月「警備總部」公佈「臺灣地區戒嚴時期出版物管制辦法」。 *10 月臺灣省社會處通告人民團體，開會辦公應講國語。 *保釣運動 1970～1972	*4.30 美軍入侵高棉 *8.8 中東停火 80 天 *11.25 日本作家三島由紀夫闖入自衛隊後自殺 *美國「歌倫比亞唱片公司」發展出「SQ」「矩陣式四聲道唱片」，音樂更具臨場感。
1971	辛	亥	中華民國	中華人民共和國	23	60	昭和46	*10 歌仔冊《周成過臺灣歌》（全三本）新竹：竹林書局印行第 5 版	*4.15 臺灣學生抗議釣魚台事件 *7月省政府通令各機關學校推行「臺灣省加強推行國語實施計劃」。 *臺灣開始出現貿易出超。臺灣外匯持續增加。 *中華民國國民政府拒絕接受「雙重代	*2.5 北愛爾蘭動亂 *3.10 美國修正 18 歲以上有選舉權 *3.19、5.12 東西德總理會談 *7.9 季辛吉訪中共 *10.25 中共進入聯合國，臺灣退出 *11.29 尼克森宣布將訪中國
									制」，喪失「聯合國」席位。 *臺灣長老教會發表「國是宣言」，強調臺灣前途由臺灣人民自決。	

1972	壬	子	中華民國	中華人民共和國	24	61	昭和47		*5月監察院鑑於電視台大量增播台語節目，函請教育部注意改善。12月1日教育部所屬「文化局」以行政命令限制三台將台語節目限制為1個小時。三台協商每台每天方言節目不超過全部節目時間的16%，每台每天最多只能播出兩齣台語連續劇。 *「中華民國」與日本斷交。	*2.12 尼克森訪中國 *2.28 中美上海公報 *5.8 美國全面封鎖北越港口 *5.15 琉球歸還日本 *5.22 尼克森訪蘇聯 *6.17 美國水門事件 *9.29 田中角榮訪中，中日復交 *11.7 尼克森再度當選美國總統 *日本作家川端康成自殺（1899-） *日本「JVC」與美國「RCA」試驗成功「CD-4」「分立式四聲道唱片」，音樂更具臨場感。
1973	癸	丑	中華民國	中華人民共和國	25	62	昭和48	*11月29日新聞局訂定「歌曲出版品查禁標準」。 *屈萬里接任中研院史語所所長，命永義重新整理1928-1932年間搜集的中國俗文學資料，並開始搜集臺灣歌謠（共394種）	*臺灣推行「十項建設」。 *3月「文化局」函告三台播映「國語」節目時，必須使用純正國語。 *7.1 美國停止軍援臺灣	*1.27 越南和平協定 *3.29 美軍全部撤離越南 *8.7 中共全面批孔揚秦 *10.6 第4次中東戰爭 *10.10 美國副總統安格紐因水門事件下台 *12.21 東西德同時加入聯合國 *紐約世界貿易中心大樓（110層，高412公尺）啓用
1974	甲	寅	中華民國	中華人民共和國	26	63	昭和49	*[德]艾伯華（Wolfram Eberhard），《臺灣唱本提要（TAIWANESE BALLADS A Catalogue）》由台北：東方文化書局出版	*4.20 台日斷航 *10.27 美國廢除「臺灣決議案」	*國際石油危機 *2.13 蘇聯放逐作家索忍尼辛到西德 *5.19 英宣布北愛戒嚴 *8.8 尼克森下台，福特繼任美國總統 *10.26 紐約世貿大樓爆炸案 *11.5 世界糧食會議在羅馬召開
1975	乙	卯	中華民國	中華人民共和國	27	64	昭和50	*2 吳瀛濤《臺灣諺語》出版，內有〈歌謠〉	*4.5 蔣介石在中華民國總統任內死亡，嚴家淦繼任總統。	*4.17 高棉解放 *5.30 南越解放 *6.5 蘇伊士運河再度放 *12.1 美國總統福特訪中國 *個人電腦（PC）在美國開始流行
1976	丙	辰	中華民國	中華人民共和國	28	65	昭和51		*1月「廣播電視法」公佈，第20條要求播音語言以國語為主，方言應逐年減少。 *12月「廣播電視法施行細則」	*1.8 中國總理周恩來去世（1898-） *4.5 天安門事件 *4.7 鄧小平下台，華國鋒兼總理 *7.2 越南社會主義共和國建國

									佈，第 19 條規定調幅電台國語應佔 55%以上，調頻電台國語應佔 70%以上。 *1970 年代中後期臺灣文學界興起「鄉土文學運動」。	*7.28 中國.唐山大地震 *9.9 毛澤東去世（1893～） *10.22 中共四人幫被捕
1977	丁	巳	中華民國	中華人民共和國	29	66	昭和 52		*11 月「中壢事件」發生群眾抗爭。黨外民主運動興起。	*7.22 鄧小平復出 *8.23 中共：四個現代化政策 *英法合作協和號民航機首航
1978	戊	午	中華民國	中華人民共和國	30	67	昭和 53	*4.25-26 曾永義〈中央研究院所藏俗文學資料的分類整理和編目〉發表在聯合報副刊 *11 月底，74 歲的陳達帶著月琴，從恆春到台北，爲雲門舞集林懷民的新舞劇《薪傳》伴唱。 *台中瑞成書局位在綠川旁的書店發生火災，日治時期歌仔冊存書及刻版付之一炬。	*蔣經國當選「中華民國」第 6 任總統。 *美國與「中華民國」斷交。 *12 臺灣宣布停止選舉活動	*9.17 中東和平會議 *10.27 中共解放紅衛兵 *12.16 美國總統卡特宣布明年 1 月訪問中國 *英國誕生第 1 個試管嬰兒
1979	己	未	中華民國	中華人民共和國	31	68	昭和 54	*5 臧汀生碩士論文《臺灣民間歌謠研究》完成	*8 月《美麗島雜誌》創刊。 *12 月 10 發生高雄「美麗島事件」。	*1.1 美中建交 *1.11 柬埔寨人民共和國成立 *1.28 中共總理鄧小平訪美 *10.16 韓國釜山大示威 *11.4 伊朗學生佔領美國駐德黑蘭大使館 *日本「新力（SONY）公司」推出一種高品質的輕重量錄音機「隨身聽」（Walkman），導致唱片迅速被卡式錄音帶取代。 *日本發明液晶電視（LCD）
1980	庚	申	中華民國	中華人民共和國	32	69	昭和 55	*5 臧汀生《臺灣閩南語歌謠研究》出版	*10.2 台美非正式外交關係確立 *1973～1980 年間臺灣經濟成長率平均高達 8.3%。	*5.17 韓國學生示威後宣布戒嚴 *5.22-27 韓國光州事件 *8.10 中共趙紫陽取代華國鋒爲總理 *11.4 雷根當選美國總統

								*臺灣有 39 間廣播公司，156 座電台。 *「臺灣師範大學」設「音樂研究所」。	*11.20 中國審判四人幫 *被譽爲「夢幻般的音響」的「雷射唱片」（CD）問世。 *思想家沙特去世（1905～）
1981	辛	酉	中華民國	中華人民共和國	33	70	昭和 56	*楊秀卿接受張炫文訪問；並由簡上仁推薦，參與文建會「民間劇場演出」。 *2 日本漢學家波多野太郎〈新得中國小說戲曲語學書目提要〉發表在《東洋大學文學院紀要》第 8 輯	*4.26 藏匿施明德案審判 *7.3 留美博士陳文成回台探親，被警總約談後，陳屍台大校園 *9.30 中共葉劍英向臺灣提出「九點方案」，號召三通、四流 *1980 年代後音響、隨身聽、卡式錄音帶、MTV、KTV 逐漸在台發展。 *1980 年代因爲「擴音科技」發展，使得從前受制於音量而無法舉辦的大型演唱會，開始盛行。 *臺灣家庭的音響普及率爲 29.53%。 *臺灣家庭擁有「彩色電視機」的戶數占全台 77.90%。	*1.2 蘇軍入侵阿富汗 *6.29 華國鋒辭職，胡耀邦爲總書記，鄧小平爲軍委主席 *9.27 伊拉克轟炸德黑蘭，兩伊戰爭激化 *12.13 波蘭宣布戒嚴 *法國高速火車首駛
1982	壬	戌	中華民國	中華人民共和國	34	71	昭和 57	*5 郭立誠〈由上海錦章書局新書廣告說起〉發表 *「陳達」車禍過世。 *12 李獻璋〈清代福佬話歌謠〉發表	*4.14 李師科搶台北市土地銀行 *「CD」以每片新台幣 850 元在台上市。 *根據黃宣範的研究，在在 1980 年代，臺灣四大族群的人口比率爲：閩南人（Holo 人、福佬人）佔 73.3%、外省人（新臺灣人）13%、客家 12%、原住民 1.7%。（註1）而在 1905年臺灣總督府的戶口調查	*4.30-6.11 英國、阿根廷：福克蘭戰爭 *8.17 美中「八一七公報」 *12.14 美參議院勸日本增強防衛力(12.21 日上議院接受) *日本發明「伴唱機」（卡拉 OK）。

〔註 1〕 詳見黃宣範〈臺灣各族群的人口與政經力量〉，《語言、社會與族群意識——臺灣語言社會學的研究》（台北：文鶴出版公司，1993.7 出版，1994.1 再版），pp.20～21。

									中，Holo 人（福佬人）約 250 萬人，佔臺灣人口 82%之高。	
1983	癸	亥	中華民國	中華人民共和國	35	72	昭和 58	*6 簡上仁《臺灣民謠》出版，內有〈說唱唸謠選輯〉 *9.30 曹甲乙〈雜談七字歌仔〉發表 *陳兆南〈閩台「歌冊」目錄略稿 —— 敘事篇〉發表 *楊秀卿開始收學生傳藝	*4.26 台北中央日報大樓爆炸 *11.5 美參議院通過「臺灣人民前途決議案」 *臺灣電影院有 736 間，此後因爲錄影帶、MTV 興起，逐年衰退。 *臺灣民間開始流行「大家樂」集體下注簽賭（以愛國獎券號碼爲依據）	*6.18 中國恢復國家主席（李先念） *9.1 蘇聯擊落韓航客機 *12.12 科威特的美、法大使館及機場等六處同時爆炸案 *美國正式生產數位電視機
1984	甲	子	中華民國	中華人民共和國	36	73	昭和 59	*6 許常惠《多采多姿的民俗音樂》出版，內有〈說唱音樂〉 *1983 年後幾年內，吳天羅灌錄〈大家樂勸世歌〉（引自陳健銘）	*3.20 蔣經國當選總統 *3.21 李登輝當選副總統 *MTV 正式興起，成爲歌曲重要宣傳方式。 *5 華視想製作台語流行歌曲排行榜節目，被新聞局以違反國語政策而反對。 *10.15 作家江南遇刺	*3 非洲飢餓深刻化 *4.26 雷根訪中國 *6.22-23 鄧小平提出「一國兩制」 *10.31 印度總理甘地夫人遇刺身亡，其子拉吉夫甘地繼任 *11.1 雷根連任美國總統 *12.19 中英正式簽署香港問題的聯合聲明
1985	乙	丑	中華民國	中華人民共和國	37	74	昭和 60	*6 李李完成碩士論文《臺灣陳辦歌研究》 *7 陳香《陳三五娘研究》出版，內有〈陳三五娘故事的影響（歌仔簿是旁流）〉 *薛汕《書曲散記》在中國北京出版，內有〈臺灣歌仔冊〉	*俞隆華詞曲、陳小雲主唱的台語歌〈舞女〉發表受到國內媒體的集體封殺，卻由夜市走唱的方式轟動全台，總共賣 250 萬張，創下台語流行歌有史以來最高銷量。但因政府以歌詞影射臺灣人遭遇而被禁。	*3.11 戈巴契夫繼任蘇聯總書記 *3.26 美國聯邦最高法院裁定承認同性戀者的權利 *9.19 墨西哥大地震，8000 人死亡 *11.9 雷根、戈巴契夫在日內瓦會談 *這一年愛滋病蔓延全球
1986	丙	寅	中華民國	中華人民共和國	38	75	昭和 61	*6 張炫文《臺灣的說唱音樂》出版	*9.28 民主進步黨成立，突破黨禁。 *11.10 江鵬堅當選民進黨主席 *碟影「CVD」唱片在臺灣上市。	*4.26 蘇聯車諾比核電廠爆炸 *10.15 蘇軍開始撤出阿富汗 *12.5 中國安徽學潮，要求民主，波及上海、北京、天津各大學 *美國回收衛星成功

| 1987 | 丁 | 卯 | 中華民國 | 中華人民共和國 | 39 | 76 | 昭和62 | *1、3 鄭志明〈臺灣勸善歌謠的社會關懷〉發表
*4.27 王振義發表〈鄉土情結與現代化暗影崇拜——回歸運動的盲點〉
*12 三田裕次、沼崎一郎〈關西范家所藏的『臺灣歌』手抄本〉發表
*蔡曼容碩士論文《臺灣地方音樂文獻資料之整理與研究》完成
*楊秀卿受「全美同鄉會」邀請，赴美演出兩個月
*8 王振義〈淺說臺灣閩南社會的唸歌〉發表 | *7月15日臺灣解除戒嚴（1949～）。
*8月教育廳通令全省各中小學，不得再以體罰、罰錢等不當方式處罰在校說方言的學生。
*10月15日「開放民眾赴大陸探親」。
*11月2日三家電視台開始推出每日20分鐘的台語新聞。
*「水晶」唱片成立，為臺灣非主流「新音樂」的開拓者。 | *1.16 中共胡耀邦下台，趙紫陽代理黨中央總書記
*1.27 美國承認蒙古人民共和國
*3.26 蘇聯企業開始破產
*4.13 中葡簽署關於澳門問題的聯合聲明
*9 波斯灣戰爭升高
*9.27-10.5 西藏獨立示威
*12.6 盧泰愚當選南韓總統 |
| 1988 | 戊 | 辰 | 中華民國 | 中華人民共和國 | 40 | 77 | 昭和63 | *3 陳健銘〈閩台歌冊綜橫談〉發表
*3 王振義〈「錦歌」，「錦歌」，什麼錦歌〉，發表
*7.31 李國俊〈繁富多姿的臺灣歌仔——先民生活寫照〉發表
*7.31 陳兆南〈臺灣歌仔略說〉發表
*7 陳兆南〈陳三五娘唱本的演化〉發表
*7 周純一〈從萬曆本金花女到歌仔簿金姑看羊——金花女故事探討〉發表
*7 曾子良〈臺灣閩南語說唱文學—— | *1.13 蔣經國總統去世，副總統李登輝繼任總統。
*元旦解除報禁。
*2月臺灣外匯存底高達750億美元，超越西德，僅次日本，位居世界第2。
*7.8 李登輝為國民黨主席
*8.30 政治犯聯誼會主張臺灣獨立
*10.12 蔡友全、許曹德「台獨案」被捕
*臺灣家庭擁有「彩色電視機」的戶數占全台97.34%。 | *7.11 聯合國宣布今日為「50億人口日」
*8.20 兩伊停戰
*10.1 戈巴契夫當選最高蘇維埃主席 |

1989	己	巳	中華民國	中華人民共和國	41	78	平成1	歌仔的內容及其反映之思想〉發表 *9 臧汀生〈試論臺灣閩南語民間歌謠之文字記錄〉發表 *10.25 陳兆南〈皇民的悲歌 —— 臺灣歌仔的抗日心聲〉發表 *6 臧汀生博士論文《臺灣閩南語民間歌謠新探》完成 *7 黃榮洛《渡台悲歌 —— 臺灣的開拓與抗爭史話》出版，內有〈勸君切莫過臺灣 ——「渡台悲歌」的發現與研究〉 *羅時芳〈近百年廈門"歌仔"的發展情況〉收在《閩台民間艺术散论》 *教育部頒發薪傳獎給楊秀卿	*4.7 鄭楠榕自焚 *8月26日大約2萬名號稱「無殼蝸牛」的無住屋者夜宿台北街頭抗議，突顯臺灣社會貧富不均。	*1.7 日本裕仁天皇去世，平成天皇即位 *3.5-7 西藏人反中國統治 *4.15 胡耀邦去世 *5.18 天安門示威 *5.22 李鵬總理掌權 *6.4 北京戒嚴部隊向民衆開槍（天安門事件） *6.23 江澤民爲中共總書記 *11.9 東德拆除柏林圍牆
1990	庚	午	中華民國	中華人民共和國	42	79	平成2	*1 臧汀生〈臺灣民間歌謠韻字之討論〉發表 *6 曾子良博士論文《臺灣閩南語說唱文學「歌仔」之研究及閩台歌仔敘錄南「落陰」歌謠初探〉發表	*3.16-5.20 學生在中正紀念堂靜坐，演變爲反軍人干政示威 *5月新聞局取消電視方言播出限制。 *李登輝當選「中華民國」第8任總統。 *臺灣「錸德科技公司」在新竹科	*2.15 拉托維亞宣布脫離蘇聯獨立 *3.11 立陶宛宣布獨立 *3.30 愛沙尼亞宣布獨立 *8.2 伊拉克入侵科威特 *9.17 伊拉克宣布併科威特爲第19個省 *10.3 東西德統一 *11.8 新加坡總理李光耀退休
								* 魏立發表〈歌的故事 —— 彰化「鄉井謠」與漳州盲藝女〉	學園區設廠量產CD，國內CD價格才逐漸降低。	
1991	辛	未	中華民國	中華人民共和國	43	80	平成3	*6 竹碧華碩士論文《楊秀卿歌仔說之	*臺灣「國語」普及率達90%。 *2月前衛出版社	*6.4 中國.江青在獄中自殺

							研究》完成 *11 月 20 日水晶有聲出版社發行《來自臺灣底層的聲音（壹）》（2 片 CD）。	出版《臺灣作家全集・短篇小說卷・第 1 輯・日據時代》 *年初「蕃薯詩社」在台南成立，主張用臺灣本土語言創造正統的臺灣文學，由林宗源擔任社長 *3.10 張學良赴美 *5.9-5.17 陳正然等「獨台會案」 *雲門舞集首演林懷民舞碼《我的鄉愁，我的歌》	
1992	壬	申	中華民國	中華人民共和國	44	81	平成 4	*3 王順隆學士論文〈閩南語「歌仔冊」所使用的台語漢字及詞彙〉完成 *5 竹碧華《楊秀卿的臺灣說唱》出版 *12 李李〈一首抗清歌謠——「臺灣陳辦歌」〉發表 *年底.日本漢學家波多野太郎將部分藏書轉讓筑波大學，包含歌仔冊 *龍彼得輯《明刊閩南戲曲絃管選本三種》台北：南天書局影印出版	*7 裁撤警備總部。 *8「中華民國」與「南韓」斷交。 *11.16 解除金門、馬祖戒嚴	*1.18-2.21 鄧小平南巡 *7.9 日本政府就慰安婦事件公開道歉 *8.24 中國和南韓建交 *4.29 美洛杉機黑人暴動 *9.26 加拿大魁北克獨立公投失敗
1993	癸	酉	中華民國	中華人民共和國	45	82	平成 5	*9 王順隆發表〈談台閩「歌仔冊」的出版概況〉發表 *劉美芳碩士論文《陳三五娘研究》完成 *9.30 張秀蓉〈牛津大學所藏有關臺灣的七首歌謠〉發表	*2.23 連戰就任行政院長 *4.27 辜振甫、汪道涵新加坡會談 *8.22 國民黨脫黨者成立「新黨」 *9 月教育部公布新訂「國民中小學課程標準」，明訂自 1996 年 9 月起全台各中小學實施臺灣本土教育，校方可安排	*5.25 西藏人反中國起義 *12.15 英、愛爾蘭首相迫IRA 放棄武力，發表北愛問題和平解決宣言

								*12 邱春美碩士論文《臺灣客家說唱文學「傳仔」的研究》完成	方言學習。 *臺灣通過「有線電視法」，電視媒體進入戰國時代。 *臺灣電影院有247間。 *蕭泰然在美國完成臺灣音樂史詩〈1947序曲〉發表	
1994	甲	戌	中華民國	中華人民共和國	46	83	平成6	*2月「第1屆台語文學營」在南鯤身代天府舉辦，有二、三百人參加。 *4 陳兆南〈臺灣歌仔綜錄〉發表 *6 王釗芬碩士論文《「周成過臺灣」故事的形成及演變》完成 *6 簡榮聰《臺灣農村的民謠與詩詠》出版，內有〈臺灣農村的說唱民謠〉 *9 王順隆發表〈閩台「歌仔冊」書目·曲目〉發表 *曾子良到雲林土庫訪問唸歌藝人吳天羅	*3.31 臺灣旅客在中國浙江千島湖遭強盜殺害32人 *12月3日北、高二市首長及臺灣省長首度由市民直選。民進黨陳水扁當選台北市長，國民黨吳敦義當選高雄市長。 *臺灣家庭擁有「有線電視」頻道設備的戶數占全台43.4%。	*5.10 南非曼德拉當選總統 *7.21 英工黨布萊爾爲新黨魁 *9.1IRA 無條件停戰 *12.11 俄軍入侵車臣
1995	乙	亥	中華民國	中華人民共和國	47	84	平成7	*莊永明主講《臺灣百年前塵今生》CD出版。 *4.30 曾子搜集「閩南說唱歌仔（唸歌）資料蒐集計畫成果報告」（共468種完成） *6 連慧珠碩士論文《「萬生反」——十九世紀後期臺灣民間文化之歷史觀察》研究《辛酉一歌	*4.30 江澤民對臺灣發表「江八點」 *6.7 李登輝總統訪美 *臺灣家庭擁有「彩色電視機」的戶數占全台99.29%。擁有「有線電視」頻道設備的戶數占全台54.2%。	*1.17 日本阪神大地震 *3.20 日本東京地下鐵發生沙林毒氣殺人事件，死12人，輕重傷超過5500人 *7.11 美、越建交 *10.16 華盛頓百萬黑人大遊行 *10.30 加拿大魁北克獨公投失敗 *11.16-12.3 南韓前總統盧泰愚、全斗煥接受審訊 *12.13 中共以陰謀顛覆罪名，判處異議人士魏京生有期徒刑14年

							詩〉、《戴萬生反清歌》。 *10 陳兆南編《臺灣歌冊綜錄》完成		
1996	丙	子	中華民國	中華人民共和國	48	85	平成 8	*1 水晶有聲出版社發行《來自臺灣底層的聲音（貳）》（1 片 CD） *3 王順隆發表〈「歌仔冊」書目補遺〉發表 *3 邱春美〈客家「姜紹祖抗日歌」探析〉發表 *4 臧汀生《台語書面化研究》出版，內有〈傳統民間口語文獻的面貌與用字方法〉 *5 周純一〈「臺灣歌仔」的說唱形式應用〉發表 *劉春曙〈閩台錦歌漫議——歌仔戲形成三要素〉發表 *9 陳健銘〈從歌仔冊看臺灣早期社會〉發表 *12 時報文化初版《音樂臺灣》冊+CD，陳郁秀、盧修一編著。 *涂順從採《蔡添登七字歌仔彈唱》有聲書出版	*3.8-3.25 總統選舉期間，「中華人民共和國」在臺灣外海試射飛彈，文攻武嚇。 *3.23 臺灣第一次全民直選總統。5 月李登輝總統、連戰副總統就職。	*7.3 葉爾欽再當選俄羅斯總統 *8.28 英黛安娜王妃離婚 *9.30 中國異議份子王丹被判刑 11 年 *11.5 柯林頓連任美國總統 *11.27 南非與臺灣斷交 *12.11 香港特區首長董建華（上海人） *12.16 南韓前總統盧泰愚、全斗煥判刑 17 年
1997	丁	丑	中華民國	中華人民共和國	49	86	平成 9	*2 王順隆〈閩南語「歌仔冊」的詞彙研究〉發表 *2.13 吳天羅在「第一屆鹿耳門臺灣文學營」彈〈台	*11.29 選舉民進黨獲得 43.3%選票	*2.19 鄧小平去世（1904-） *7.1 香港回歸中國，成立特別行政區 *9.12 江澤民再任中共總書記

								灣歷史說唱〉 *5.13 陳益源邀請吳天羅到中正大學彈唱〈臺灣歷史說唱〉 *6 黃榮洛編著《臺灣客家傳統山歌歌詞》出版（2002.12 再版） *6 竹碧華〈臺灣北部客家說唱音樂之研究〉發表 *6 曾子良〈臺灣朱一貴歌考釋〉發表 *6 劉美芳〈偷情與宿命的糾纏 —— 臺灣『陳三五娘』的版本探析〉發表 *8 陳憲國、邱文錫編註《臺灣演義》出版，內有《辛酉一歌詩》、《臺灣民主國》、《西仔反》三條「歌仔」。 *大甲：歌仔冊創作者林達標過世（1909～）		
1998	戊	寅	中華民國	中華人民共和國	50	87	平成10	*2 王順隆發表〈論臺灣「歌仔戲」的語源與臺灣俗曲「歌仔」的關係〉發表 *3 鹿耳門漁夫《臺灣白話史詩》出版 *3 陳兆南〈「白賊七」故事研究〉發表 *5 姚榮松〈臺灣閩南語歌仔冊的詞彙解讀 —— 以《最新落陰相褒歌》爲例〉發表	*12 月北、高二市首長第二次由市民直選。馬英九擊敗陳水扁當選台北市長。	*12.25 江澤民訪問日本

								*7.31 簡上仁《臺灣福佬系民歌——老祖先的臺灣歌》出版,內有〈說唱唸歌與民謠〉 *12.25 呂興昌〈古早七字入文林:論鹿耳門漁夫的臺灣白話史詩〉發表		
1999	己	卯	中華民國	中華人民共和國	51	88	平成11	*4 王順隆〈閩南語"歌仔冊"的詞匯研究——從七種《孟姜女歌》的語詞看"歌仔冊"的進化過程〉發表 *4 林慶勳〈臺灣歌仔簿押韻現象考察——以《人心不知足歌》爲例〉發表 *5 張裕宏校注《十九世紀歌仔冊 台省民主歌》出版 *6 鄭志明《文學民俗與民俗文學》出版,內有〈從「戶蠅蚊仔大戰歌」談民間文學的創作意識〉 *9 王順隆、中研院「閩南語俗曲唱本『歌仔冊』全資料庫」正式公開 *12 王順隆發表〈「歌仔冊」韻字的研究〉發表 *12.25 吳天羅編《集集大地震歌》在台北市府廣場震災活動中彈唱(曾子良2003注釋)	*7.9 李登輝宣稱中國與臺灣是國與國的特殊關係(兩國論) *臺灣中部發生921集集大地震,7.3級,死亡2413人,傷1萬人以上,屋全毀48000棟,半毀19587棟。	*1.1 歐洲發行統一貨幣「歐元」(EURO) *7.22 中國禁法輪功 *12.20 澳門回歸中國
2000	庚	辰	中華民國	中華人民共和國	52	89	平成12	*3.11 陳淑容〈庶民觀點	*3.18 民進黨陳水扁、呂秀蓮當	*5.24 美國眾議院決議永久給中國最惠國待遇

西元	干支		國				日本	歌仔冊	臺灣	世界
								的臺灣意象 —— 以歌仔冊《寶島新臺灣歌》kap《鄭國姓開台歌》爲例〉發表 *5 李芝瑩〈閩南二十四孝歌仔研究〉發表 *5.28 吳天羅在「第9屆賴和獎頒獎典禮」彈唱〈抗日七字仔歌〉、〈彰化媽祖和仔先的故事〉。 *6 施炳華〈談歌仔冊的音字與整理〉發表 **7.1 唸歌藝人吳天羅在雲林土庫過世（1930.2.15-，71歲） *12 雲林縣文化局出版《雲林縣閩南語歌謠集（二）》紀念吳天羅 *台北：國立傳統藝術中心籌備處出版《聽到臺灣歷史的聲音——1910～1945 臺灣戲曲唱片原音重現》CD10片（李坤城收藏品公開）	選臺灣第2任全民直選總統、副總統。（5.20就職） *3.24 李登輝辭國民黨主席，連戰接任 *9月成功大學臺灣文學研究所碩士班第一屆新生入學。 *10.27 行政院宣布停建核四廠，不久後又再決定復建	*6.13 南韓總統金大中訪北韓 *11.7 美國總統大選 *12.13 美國民主黨高爾敗給共和黨布希
2001	辛	巳	中華民國	中華人民共和國	53	90	平成13	*4月楊秀卿、楊再興唸歌《廖添丁傳奇》有聲書出版 *6 黃玲玉《臺灣傳統音樂》出版，內有〈臺灣的說唱音樂〉。 *7 周定邦《義戰嘄吧哖——台語七字仔白話史詩》有聲書出版 *官宥秀碩士	*2.23 日本小林善紀《臺灣論》在臺灣引起風暴，使該書成爲暢銷書 *7.24 黃主文成立「臺灣團結聯盟」任黨主席 *9月臺灣小學新生開始實施「九年一貫」教育，母語教育開始實施。 *9月張春凰、江永進、沈冬青合著《台語文學概	*2.22 英國傳出口蹄疫病情 *3.15 俄客機被車臣人劫持 *9.11 中東恐怖份子劫持4架民航機，自殺式撞擊紐約世貿大樓雙塔，第3架撞擊五角大廈 *9.19 美國宣布「無限正義」，打擊恐怖份子軍事行動 *10.8 英、美聯軍攻擊阿富汗

							論文《臺灣閩南語移民歌謠研究》完成 *10.1 胡紅波〈稻田尹的《臺灣歌謠集》〉發表 *12 簡上仁《福爾摩沙之美 —— 臺灣的傳統音樂》出版，內有〈唸歌（說唱）的音樂〉	論》初版。
2002	壬	午	中華民國	中華人民共和國	54	91	平成14	*1 王順隆〈潮汕方言俗曲唱本「潮州歌冊」考〉發表 *4 陳郁秀編著、陳淳如註解、楊秀卿演唱《臺灣民主歌》有聲書出版。 *5《宜蘭縣口傳文學》出版，有〈噶瑪蘭古早無歷史〉、〈我的阿祖眞本等〉七字仔歌 *6 王順隆〈「歌仔冊」的押韻形式及平仄問題〉發表 *6 王順隆「潮汕方言俗曲唱本『潮州歌冊』資料庫」上線 *6 王順隆〈漢語方言中「有音無字」的書寫問題—從閩南語俗曲唱本「歌仔冊」的用字來看〉發表 *9 王順隆「客家語俗曲唱本資料庫」、「福建省仙遊市發行俗曲唱本」上線 *陳雍穆碩士論文《孟姜女歌仔冊之語	*5 月教育部第一次舉辦「中小學鄉土語言教師檢核甄試」。 *9 月承認「蒙古國」獨立於「中華民國」之外，兩國建交。 *12 月北、高二市首長第三次由市民直選。	

							言研究 ——以押韻與用字爲例》完成 *陳姿昕碩士論文《臺灣閩南語相褒類歌仔冊語言研究 —— 以竹林書局十種歌仔冊爲例》 *9 洪瑞珍邀請國寶級唸歌藝人巡迴臺灣演出「唸歌唱曲鬧猜猜」活動 *10 楊秀卿演唱《哪吒鬧東海》有聲書出版	
2003	癸	未	中華民國	中華人民共和國	55	92	平成15	*3 陳兆南〈臺灣說唱的哪吒傳說〉發表 *7 施師炳華註釋《李三娘汲水歌》、《周成過臺灣》、《最新運河奇案》完成 *黃信超碩士論文《台閩奇案歌仔研究》完成 *郭淑惠碩士論文《歌仔冊《八七水災歌》語言研究》完成 *11.30 呂興昌〈臺灣歌仔冊中的災難書寫〉發表 *11. 陳兆南〈臺灣歌仔呂柳仙的說唱藝術與文學〉、曾子良〈臺灣地震歌 —— 兼懷民族說唱藝人吳天羅先生〉、周純一〈臺灣說唱歌仔的女性描述〉發表、洪淑苓〈臺灣說唱文學中的梁祝故事〉	

							發表在「2003年說唱藝術學術研討會」 *藍雪霏《閩台閩南語民歌研究》在中國福州出版 *11 周定邦將許丙丁台語小說《小封神》改編成七字仔歌《臺灣風雲榜》出版。		
2004	甲	申	中華民國	中華人民共和國	56	93	平成16	*施師炳華註釋《最新落陰相褒歌》、《最新寶島歌》、《荔枝記陳三歌》完成 *6 柯榮三碩士論文《有關新聞事件之臺灣歌仔冊研究》完成 *曾學奎碩士論文《臺灣客家〈渡台悲歌〉發表研究》完成 *秦毓茹碩士論文《梁祝故事流布之研究——以臺灣地區歌仔冊與歌仔戲為範圍》完成 *李蘭馨碩士論文《「開臺」、「過臺」台語歌仔冊之用韻死與詞彙研究》完成 *江美文碩士論文《臺灣勸世類歌仔冊之語文研究——以當前新竹市竹林書局所刊行台語歌仔冊為範圍》完成 *7 麥楨琴〈客家走唱藝人蘇萬松之唱腔音樂——從有聲資料中的一段解	*3.20 臺灣總統大選，陳水扁、呂秀蓮連任 *12.11 臺灣立法委員改選，泛綠未過半。民進黨仍為國會第一大黨。 *12 陳水扁辭去民進黨主席 *12-2005.1 李登輝獲日簽證去日本京都旅遊	*11 美國總統大選，民主黨凱瑞敗給共和黨布希 *巴勒斯坦精神領袖阿拉法特去世

							讀〉發表 *10 余佩眞〈從日治時期「臺灣歌仔冊」及出版社林立看民族意識的興起〉發表		
2005					57	94	平成 17		*1 蘇進強接任「臺灣團結聯盟」黨主席 *1.29 中國臺灣飛機包機直航 *2.1 謝長廷任行政院長	

附錄六　相關臺灣歷史表格

（一）歷代臺灣行政區域建置沿革表　　　蔡說麗/製表

時間		行　政　區　域											
鄭氏時期													
永曆15年 (1661)	一府 二縣	東都承天府											
		天興縣						萬年縣					
永曆18年 (1664)	二州	東寧承天府											
		天興州						萬年州					
清代													
康熙23年 (1684)	三縣	福建省臺灣府											
		諸羅縣					臺灣縣		鳳山縣				
雍正元年 (1723)	一府 四縣 二廳	淡水廳		彰化縣		諸羅縣	臺灣縣		澎湖廳 雍正5年設	鳳山縣			
嘉慶17年 (1809)	四縣 三廳	噶瑪蘭廳	淡水廳		彰化縣	嘉義縣		臺灣縣	澎湖廳	鳳山縣			
光緒元年 (1875)	二府 四廳 八縣	福建省臺北府					福建省臺灣府						
		宜蘭縣	基隆廳	淡水縣	新竹縣	彰化縣	埔里社廳	嘉義縣	臺灣縣	澎湖廳	鳳山縣	恒春縣	卑南廳
光緒11年 (1885)	一省 三府 一州	臺灣省（省會初設於橋孜圖，即今臺中市南區，因設備未周暫駐臺北，1894年移省會於臺北）											
	三府	臺北府（北路）			臺灣府（中路）			臺南府（南路）					
	十一縣 四廳	宜蘭縣	基隆廳	淡水縣 南雅廳	新竹縣	苗栗縣	臺灣縣	彰化縣	埔里 社廳	雲林縣	嘉義縣	安平縣	澎湖縣	鳳山縣	恒春縣	臺東 直隸州
日治時期													
1895.6	三縣一廳	臺北縣（直轄八堡）			臺灣縣			臺南縣					澎湖 島廳
明治28年 1895.8	一縣一廳 二民政支部	臺北縣			臺灣民政支部			臺南民政支部					
	四支廳 九出張所	宜蘭 支廳	基隆 支廳	淡水 支廳	新竹 支廳	苗栗 出張所	彰化 出張所	埔里社 出張所	雲林 出張所	嘉義 出張所	安平 出張所	鳳山 出張所	恒春 出張所	臺東 出張所
1896.3	三縣一廳	臺北縣			臺中縣			臺南縣					澎湖 廳
1897.5	六縣三廳	宜蘭廳	臺北縣	新竹縣	臺中縣		嘉義縣	臺南縣		鳳山縣			臺東廳	
1898.6	三縣三廳	宜蘭廳	臺北縣		臺中縣			臺南縣					臺東廳	澎湖 廳
明治34年 1901.11	二十廳	宜蘭 廳	基隆 廳	深坑 廳	臺北 廳	桃仔 園廳	新竹 廳	苗栗 廳	臺中 廳	彰化 廳	南投 廳	斗六 廳	嘉義 廳	鹽水 港廳	臺南 廳	鳳山 廳	蕃薯 寮廳	阿猴 廳	恒春 廳	臺東 廳	澎湖 廳
明治42年 1909.10	十二廳	宜蘭 廳	臺北 廳	桃園 廳	新竹 廳	臺中 廳	南投 廳	嘉義 廳	臺南 廳	阿緱廳 (1903.12.18更名)	花蓮 港廳	臺東 廳	澎湖 廳
大正9年 1920.10	五州二廳	臺北州		新竹州	臺中州		臺南州		高雄州		花蓮 港廳	臺東廳 (屬高 雄州)	
大正15年 1926.7	五州三廳	臺北州		新竹州	臺中州		臺南州		高雄州		花蓮 港廳	臺東廳	澎湖廳
戰後													
民國34年 1945.12	八縣 九省轄市 一局	臺北縣	基隆市	臺北市	草山 管理局	新竹縣	新竹市	臺中市	臺中縣	彰化市	嘉義市	臺南縣	臺南市	高雄市	屏東市	花蓮縣	臺東縣	澎湖縣
民國39年 1950.9.8	十六縣 五省轄市 一局	宜蘭縣	臺北縣	基隆市	臺北市	陽明山 管理局	桃園縣	新竹縣	苗栗縣	臺中縣	臺中市	南投縣	彰化縣	雲林縣	嘉義縣	臺南縣	臺南市	高雄縣	高雄市	屏東縣	花蓮縣	臺東縣	澎湖縣
民國56年 1967.7.1	十六縣 四省轄市	宜蘭縣	基隆市	臺北縣 臺北市 升為院轄市	桃園縣	新竹縣	苗栗縣	臺中縣	臺中市	南投縣	彰化縣	雲林縣	嘉義縣	臺南縣	臺南市	高雄縣	高雄市	屏東縣	花蓮縣	臺東縣	澎湖縣
民國68年 1979.7.1	十六縣 三省轄市	宜蘭縣	基隆市	臺北縣	桃園縣	新竹縣	苗栗縣	臺中縣	臺中市	南投縣	彰化縣	雲林縣	嘉義縣	臺南縣	臺南市	高雄縣 高雄市 改院轄市	屏東縣	花蓮縣	臺東縣	澎湖縣
民國71年 1982.7.1	十六縣 五省轄市	宜蘭縣	基隆市	臺北縣	桃園縣	新竹縣	新竹市	苗栗縣	臺中縣	臺中市	南投縣	彰化縣	雲林縣	嘉義縣	嘉義市	臺南縣	臺南市	高雄縣	屏東縣	花蓮縣	臺東縣	澎湖縣

出處：許雪姬（總策畫），《臺灣歷史辭典》附錄表4，台北市：行政院文建會，2004.5.18，p.A079。

（二）清領時期臺灣地方行政分治區劃表（3-1）

表4-3　康熙二十三年至光緒二十一年臺灣行政建置分期

一、康熙二十三年至康熙六十一年間一小時期地方分治區劃如下：

（1684～1722）

府	縣	下　級　官　司	
臺灣知府	臺灣知縣	臺灣縣丞	康熙二十三年新設
		新港巡檢	康熙二十三年新設
		澎湖巡檢	康熙二十三年新設
	鳳山知縣	淡水巡檢	康熙二十三年卜地大崑麓，而設於下淡水東港，後移於赤山莊。
	諸羅知縣	佳里興巡檢	康熙二十三年新設

二、雍正元年至乾隆五十二年一小時期之地方分治區劃如下：

（1723～1787）

府	廳　縣	下　級　官　司	
臺灣知府	臺灣知縣	臺灣縣丞	康熙九年遷移羅漢門。
		新港巡檢	乾隆二十六年遷移斗六門。
		澎湖巡檢	雍正五年改設通判。
		羅漢門縣丞	雍正九年自臺灣縣治移此。
	鳳山知縣	淡水巡檢	雍正九年在崁頂改建。
		萬丹縣丞	雍正九年新設，乾隆二十年遷移阿里港。
		阿里港縣丞	乾隆二十六年自萬丹移此，乾隆五十年移下淡水。
	諸羅知縣	佳里興巡檢	雍正九年移鹽水港，乾隆五十三年移大武壠。
		笨港縣丞	雍正九年新設。
		斗六門巡檢	乾隆二十六年自新港移此。
	彰化知縣	鹿港巡檢	雍正九年新設。
		貓霧捒巡檢	（犁頭店）巡檢　雍正九年新設。
		南投縣丞	乾隆二十四年新設。
	淡水同知	竹塹巡檢	雍正九年新設（原在沙轆，後移竹塹）。
		八里坌巡檢	雍正九年新設，乾隆十五年移新庄。
		新庄巡檢	乾隆十五年自八里坌移此。
	澎湖通判		

出處：簡後聰（編輯總召集），《福爾摩沙傳奇 —— 臺灣的歷史源流》（上），台中：行政院文化建設委員會中部辦公室，2000.3.21，pp.117-120。

（二）清領時期臺灣地方行政分治區劃表（3-2）

三、乾隆五十三年至同治十三年間一小時期之地方分治區劃如下：

（1787～1874）

府	廳　縣	下　級　官　司	
臺灣知府	臺灣知縣	羅漢門縣丞 羅漢門巡檢	乾隆五十四年改為巡檢。 道光十五年改自縣丞。
	鳳山知縣	下淡水阿猴巡檢 興隆舊城巡檢	乾隆五十三年移往興隆 乾隆五十三年移自淡水，同治十二年移往枋寮。
	嘉義知縣	笨港縣丞 斗六門巡檢 斗六門縣丞	 道光十五年改為縣丞。 道光十五年改自巡檢。
	彰化知縣	南投縣丞 鹿港巡檢	 嘉慶十四年移往大甲。

（續上頁）

府	廳　縣	下　級　官　司	
臺灣知府	彰化知縣	貓霧捒巡檢	
	淡水同知	竹塹巡檢 新庄巡檢 新庄縣丞 艋舺縣丞 大甲巡檢	 乾隆五十五年改為縣丞。 乾隆五十五年改自巡檢，嘉慶十四年移往艋舺。 嘉慶十四年移自新庄，光緒元年裁撤。 嘉慶十四年移自鹿港。
	澎湖通判		
	噶瑪蘭通判	頭圍縣丞 羅東縣丞	嘉慶十七年新設。 嘉慶十七年新設，光緒元年裁撤。

出處：簡後聰（編輯總召集），《福爾摩沙傳奇──臺灣的歷史源流》（上），台中：行政院文化建設委員會中部辦公室，2000.3.21，pp.117～120。

（二）清領時期臺灣地方行政分治區劃表（3-3）

四、自光緒元年至光緒十年間一小時期間之地方分治區劃如下：

（1875～1884）

府	廳　縣	下　　級　　官　　司	
臺灣知府	臺灣知縣	羅漢門巡檢 大武壟巡檢	
	鳳山知縣	下淡水縣丞 枋寮巡檢	
	嘉義知縣	笨港縣丞 斗六門縣丞	光緒十二年裁撤。
	彰化知縣	南投縣丞 貓霧捒巡檢	
	恆春知縣		
	澎湖通判		
	卑南同知		
	埔里社同知		
臺北知府	淡水知縣		
	新竹知縣	新竹巡檢 大甲巡檢	光緒元年由竹塹巡檢改稱。
	宜蘭知縣	頭圍縣丞	
	基隆通判		

五、光緒十一年至二十一年間之地方分治區劃如下：

（1885～1895）

府	廳　縣	下　　級　　官　　司	
臺灣知府	臺灣知縣	南投縣丞 葫蘆墩巡檢	光緒十三年移於鹿港。 光緒十三年新設。
	彰化知縣	貓霧捒巡檢 鹿港縣丞	光緒十三年移自南投。
	雲林知縣		
	苗栗知縣		
	埔里社通判		
臺北知府	淡水同知		
	新竹知縣		
	宜蘭知縣		
	基隆同知		
	南雅通判		
臺南知府	安平知縣	羅漢門巡檢 大武壟巡檢	光緒十三年移入八罩。
	鳳山知縣	下淡水縣丞 枋寮巡檢	
	嘉義知縣	笨港縣丞	
	恆春知縣		
	澎湖通判	八罩巡檢	光緒十三年移自羅漢門。
臺東直隸州（校按：上字原文誤脫）知州		卑南州同花蓮港州判	

出處：簡後聰（編輯總召集），《福爾摩沙傳奇——臺灣的歷史源流》（上），台中：行政院文化建設委員會中部辦公室，2000.3.21，pp.117-120。

（三）清領時期臺灣官制表

表4-2　清治臺官制

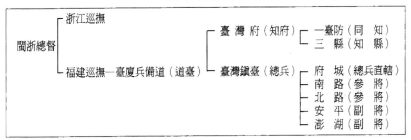

出處：簡後聰（編輯總召集），《福爾摩沙傳奇——臺灣的歷史源流》（上），台中：
　　　行政院文化建設委員會中部辦公室，2000.3.21，p.117。

（四）清領時期臺灣住民抗清一覽表（5-1）

表4-7　清代民變表

時　間			地　點		領導者	簡　由	備　註
年號	年代	西元	舊名	今名			
康熙	23	1684	臺灣縣	臺南縣	林　盛	鄭氏部下密謀抗清，未起事即被捕。	
康熙	23	1684	鳳山縣	高雄縣	蔡機功	繼林盛之業，聚眾散，欲圖抗清。	
康熙			諸羅縣	南投縣	陳　辛	鄭氏部下結合番民抗清。	詳細時間不可考，唯可確知，是25～30年間。
康熙	35	1696	諸羅縣	臺南縣	吳　球	招眾密議，未起事即被捕。	
康熙	40	1701	諸羅縣	臺南縣	劉　卻	以迷信招誘群眾，起事攻汛、搶掠。	
康熙	60	1721	鳳山縣 臺灣縣 諸羅縣	高雄縣 臺南縣 嘉義縣	朱一貴	以官逼民反為藉口，以朱姓為號召，占城稱王。	
雍正	4	1726	鳳山縣	屏東縣	陳三奇	聚眾欲攻統領營，未果。	
雍正	6	1728	諸羅縣	臺南縣	湯　完	聚眾結父母會。	

出處：簡後聰（編輯總召集），《福爾摩沙傳奇——臺灣的歷史源流》（上），台中：
　　　行政院文化建設委員會中部辦公室，2000.3.21，pp.149-153。

（四）清領時期臺灣住民抗清一覽表（5-2）

時間			地點		領導者	簡由	備註
年號	年代	西元	舊名	今名			
雍正	10	1732	鳳山縣	高雄縣	吳福生	地方官疑其交結「匪類」，乃起意邀人造反。	
雍正	12	1734	鳳山縣	高雄縣	許　祖	招人豎旗意圖滋事。	
乾隆	7	1742	彰化縣	彰化縣	郭　興	豎旗誣陷。	
乾隆	15	1750	淡水廳	新竹縣	陳　蓋	造言惑眾。	
乾隆	17	1752	彰化縣	雲林縣	蔡　倪	豎旗誣陷。	
乾隆	18	1753	諸羅縣	嘉義縣	吳　典	窩藏搶犯、聚眾抗官。	
乾隆	18	1753	鹿　港	彰化縣	施天賜	執械打傷差役，搶劫囚犯。	
乾隆	18	1753	鳳山縣	屏東縣	張　鳳	豎旗誣陷。	
乾隆	33	1768	臺灣縣	臺南市	黃媽成	造作匿名揚帖，欲圖陷人於反亂之罪。	
乾隆	33	1768	臺灣縣 鳳山縣	臺南縣 高雄縣	黃　教	遭官府緝捕，乃聚眾攻汛相抗。	
乾隆	47	1782	鳳山縣	高雄縣	陳　虎	豎旗欲圖搶劫。	
乾隆	47	1782	彰化縣	彰化縣	謝　笑	由漳泉械鬥擴大，演成殺害汛弁。	
乾隆	51	1786	諸羅縣	雲林縣	楊光勳	兄弟爭產械鬥，演變成劫囚戕弁。	
乾隆	51	1786	臺灣縣 彰化縣 彰化縣 鳳山縣 諸羅縣	臺南縣市 臺中縣 彰化縣 高雄縣 嘉義縣	林爽文	天地會眾以吏治不良，爲導因，起事抗官。	
乾隆	55	1790	彰化縣	南投縣	張　標	糾人結天地會自保。	
乾隆	57	1792	彰化縣	彰化縣	吳光彩	爲報仇而糾人結會。	
乾隆	59	1794	鳳山縣	高雄縣	鄭光彩	糾人結小刀會，歃血訂盟，欲圖搶奪。	
乾隆	60	1795	鳳山縣	高雄縣	陳光愛	歃血盟，攻汛傷兵。	
乾隆	60	1795	鹿　港	彰化縣	陳周全	歃血定盟，攻鹿港破彰化。	

出處：簡後聰（編輯總召集），《福爾摩沙傳奇 —— 臺灣的歷史源流》（上），台中：
行政院文化建設委員會中部辦公室，2000.3.21，pp.149-153。

（四）清領時期臺灣住民抗清一覽表（5-3）

時　間			地　點		領導者	簡　由	備　註
年　號	年　代	西　元	舊　名	今　名			
嘉慶	1	1796	彰化縣	彰化縣	施　蘭	兄於陳周全案被正法，欲為兄報仇，而圖結會起事。	
嘉慶	2	1797			廖　掛	欲豎旗聚眾搶掠。	
嘉慶	3	1798	嘉義縣	臺南縣	徐　章	糾夥搶劫，恐兵役查拿，結小刀會拒捕。	
嘉慶	5	1800	鳳山縣	高雄縣	汪　隆	集眾起事。	
嘉慶	5	1800	嘉義縣	臺南縣	陳錫宗	戕官焚汛，拒敵官兵。	
嘉慶	6	1801	鹽水港	臺南縣	白　啓	結小刀會包庇叛案逸犯，搶掠民家。	
嘉慶	7	1802	鹽水港	臺南縣	吳允錫	豎旗誣陷。	
嘉慶	10	1806	淡水廳	臺北縣 臺南縣市 鳳山縣	蔡　牽	海寇欲據臺為王，糾黨攻城。	
嘉慶	15	1810	鳳山縣	高雄縣	許　比	集眾起事。	
嘉慶	16	1811	淡水廳	臺北縣	高　夔	散布反政府言論，戕斃兵丁。	
道光	1	1821	噶瑪蘭	宜　蘭	朱　蔚	宣傳反政府言論被捕	
道光	3	1823	噶瑪蘭	宜　蘭	林泳春	由抗辦軍工木料進而聚眾抗官。	
道光	4	1824	鳳山縣	高雄縣	許　尙	聚眾攻城。	
道光	10	1830	彰化縣		王溪水	糾夥造謠焚搶抗官拒捕。	
道光	12	1832	嘉義縣	嘉義縣 臺南縣	張　丙	不滿官府措施，遂聚眾起事。	
道光	13	1833	嘉義縣	臺南縣	許憨成	聚眾密謀起事。	
道光	14	1834	彰化縣	臺中市	陳　長	謀藉米貴造謠滋事。	
道光	16	1836	嘉義縣	臺南縣	沈　知	藉歉收搶糧戕弁。	
道光	18	1838	彰化縣	臺中縣	蔡水藤	平素搶劫，官府嚴拏，乃結會抗官。	
道光	18	1838	嘉義縣	嘉義縣	賴　三	搶劫並豎旗誣陷。	
道光	18	1838	嘉義縣	臺南縣	呂　寬	前科犯，糾眾結會抗官滋事。	

出處：簡後聰（編輯總召集），《福爾摩沙傳奇——臺灣的歷史源流》（上），台中：
　　　行政院文化建設委員會中部辦公室，2000.3.21，pp.149-153。

（四）清領時期臺灣住民抗清一覽表 （5-4）

時間			地點		領導者	簡由	備註
年號	年代	西元	舊名	今名			
道光	18	1838	鳳山縣	高雄縣	張貢	結合偷竊、尋仇、搶掠、抗官之事件。	
道光	18	1838	嘉義縣	臺南縣	胡布	無業遊民因飢寒而起事。	
道光	21	1841	嘉義縣	臺南縣	江見	趁英船犯臺，乘機起事。	
道光	21	1841	鳳山縣	高雄縣	陳沖	見北路滋事，欲與洋船勾結豎旗攻汛。	
道光	22	1842	彰化	南投縣	陳勇	地方土豪築造石圍，聚眾滋事。	
道光	23	1843	嘉義縣	臺南縣	洪協	集眾起事。	
道光	24	1844	嘉義縣	臺南縣	葉周	派飯搶奪，拒敵官兵。	
道光	30	1850	嘉義縣	嘉義縣	王湧	散布邪言，糾黨攻搶。	
咸豐	1	1851	嘉義縣	臺南縣	林鬧	趁年歲豐收與地方清莊，無處容身之際，乃糾眾搶掠。	
咸豐	3	1853	鳳山縣 臺灣縣 嘉義縣 彰化縣	高雄縣 臺南縣 嘉義縣 彰化縣	林恭	趁內地太平軍起事之機會，豎旗集眾舉事。	
咸豐	3	1853	噶瑪蘭	宜蘭	吳磋	不滿官府徵糧措施，遂集眾豎旗抗官。	
咸豐	4	1854	嘉義縣	嘉義縣	賴胥	集眾起事。	
咸豐	4	1854	雞籠港	基隆	黃位	廈門小刀會餘眾欲攻佔臺灣。	
咸豐	5	1855	嘉義縣	雲林	林房	攻入斗六門，殺害縣丞。	地點不詳。
咸豐	5	1855	鳳山縣	高雄縣	王辨	豎旗集眾。	
同治	1	1862	彰化縣	彰化縣 雲林縣	戴潮春	原本結天地會自保，後因會黨勢力膨脹無法控制，遂演成抗官攻城之局。	

出處：簡後聰（編輯總召集），《福爾摩沙傳奇——臺灣的歷史源流》（上），台中：行政院文化建設委員會中部辦公室，2000.3.21，pp.149-153。

（四）清領時期臺灣住民抗清一覽表（5-5）

時　　間			地　　點		領導者	簡　　由	備　　註
年號	年代	西元	舊名	今名			
光緒	14	1888	彰化縣	彰化縣	施九緞	不滿官府措施，集眾圍城。	
光緒	1	1875	嘉義縣	嘉義縣	蔡顯老	拒捕傷兵。	
光緒	6	1880			劉參根	糾眾滋事。	
光緒	7	1881	嘉義縣	嘉義縣	莊　芋	地方土豪拒捕抗官。	
光緒	7	1881	臺灣縣	臺　南	王春華	哥老會黨欲圖起事。	
光緒	11	1885	嘉義縣	嘉義縣	顏擺彩	地方土棍恃眾拒捕。	
光緒	11	1886	彰化縣	南投縣	許添丁	集眾抗官拒捕。	
光緒	12	1888	嘉義縣	臺南縣	吳金印	地方土豪恃眾拒捕。	
光緒	14	1888	臺東州	臺　東	劉添汪	附和番社起。	

出處：簡後聰（編輯總召集），《福爾摩沙傳奇——臺灣的歷史源流》（上），台中：
　　　行政院文化建設委員會中部辦公室，2000.3.21，pp.149-153。

（五）嘉慶 16 年（1811）臺灣人口統計表

表4-9　嘉慶十六年（1811）各廳縣人口

廳縣別	人　　口		備　　註
	人口數	百分比	
臺　灣　縣	300,622	15.4%	土著人口不詳，未計入
鳳　山　縣	184,551	9.5%	土著人口不詳，未計入
嘉　義　縣	818,659	42.0%	土著人口不詳，未計入
彰　化　縣	342,166	17.6%	土著人口不詳，未計入
淡　水　廳	214,833	11.0%	土著人口不詳，未計入
噶瑪蘭廳	45,390	2.3%	土著人口不詳，未計入
澎　湖　廳	41,004	2.1%	採噶瑪蘭志略之數據
合　　計	1947,233	100%	

出處：簡後聰（編輯總召集），《福爾摩沙傳奇——臺灣的歷史源流》（上），台中：
　　　行政院文化建設委員會中部辦公室，2000.3.21，p.162。

（六）光緒 19 年（1893）臺灣人口統計表

表4-10　光緒十九年（1893）臺灣府州廳縣漢人人口統計

府州別	府州轄境	廳縣別	廳縣人口	百　分　比		各府州人口	
				全府	全臺	各府州人口	佔全臺百分比
臺北府（臺灣北部地方）	蘭縣南邊東澳溪中港溪以北至宜	基隆廳	88,229	11.65	3.26	757,419	28
		宜蘭縣	114,095	15.06	4.22		
		淡水縣	407,754	53.83	15.07		
		新竹縣	147,341	19.46	5.45		
臺灣府（臺灣中部地方）	北港溪以北中港溪以南	埔裡社廳	15,614	1.86	0.58	840,664	31.08
		苗栗縣	65,274	7.76	2.41		
		臺灣縣	213,405	25.39	7.89		
		彰化縣	261,482	31.10	9.67		
		雲林縣	284,889	33.89	10.53		
臺南府（臺灣南部地方）	界之阿郎壹溪縣與臺東直隸州相北港溪以南至恆春	澎湖廳	67,541	6.13	2.50	1101,412	40.27
		嘉義縣	423,615	38.46	15.66		
		安平縣	196,153	17.80	7.25		
		鳳山縣	393,556	35.73	14.55		
		恆春縣	20,547	1.87	0.76		
臺東直隸州	東澳溪以南阿郎壹溪以北				0.20	5,519	0.20
總　計	3府1州	3廳11縣			100%	2705,014	100%

出處：簡後聰（編輯總召集），《福爾摩沙傳奇—— 臺灣的歷史源流》（上），台中：
　　行政院文化建設委員會中部辦公室，2000.3.21，p.162。

附錄七　相關臺灣地圖

（一）廈門、金門與鹿耳門相關位置圖

出處：李欽賢（繪圖）、王詩琅（著），《臺灣歷史故事》，台北市：玉山社，1992.2，
　　　p.49。

（二）清代的中國南東部

出處：陳澧（著），小島晉治、上田信、栗原純（日譯），《問俗錄》，東京都：平
凡社，1988.12.9。

（三）清代道光年間福建省

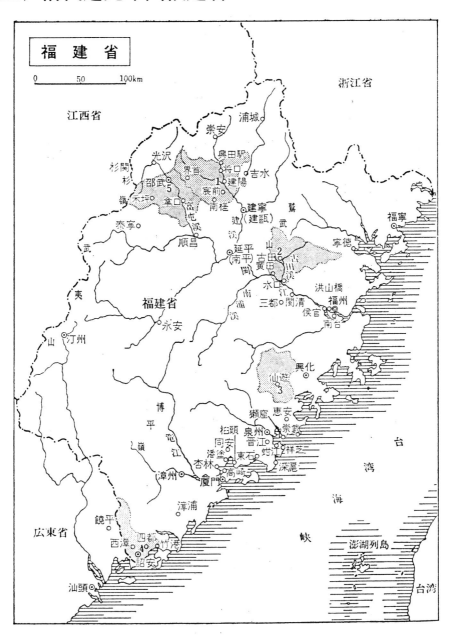

出處：陳澧（著），小島晉治、上田信、栗原純（日譯），《問俗錄》，東京都：平
　　　凡社，1988.12.9。

（四）清代道光年間福建省臺灣府

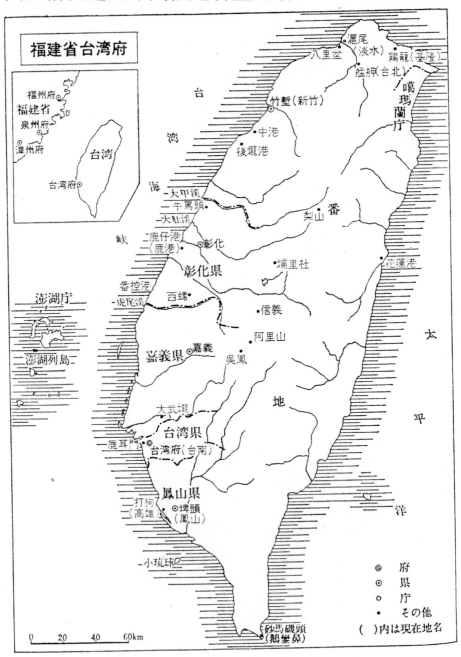

出處：陳盛（著），小島晉治、上田信、栗原純（日譯），《問俗錄》，東京都：平
凡社，1988.12.9。

（五）「道光臺灣輿圖」（改繪圖 2-1）

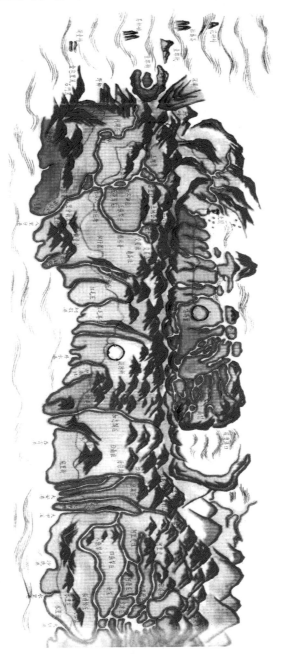

出處：夏黎明（總論），王存立、胡文青（編著），《臺灣的古地圖———明清時期》，
　　　台北市：遠足文化事業公司，2002.10，pp.183-186。

（五）「道光臺灣輿圖」（改繪圖 2-2）

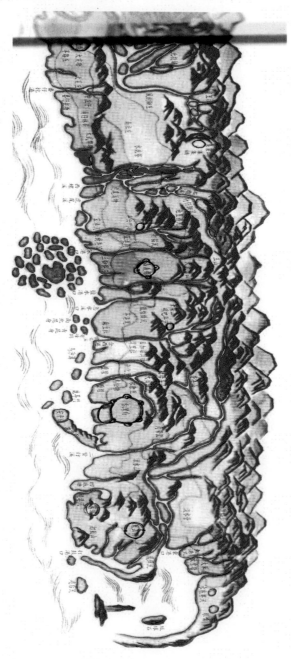

出處：夏黎明（總論），王存立、胡文青（編著），《臺灣的古地圖 —— 明清時期》，
台北市：遠足文化事業公司，2002.10，pp.183-186。

（六）乾隆 12 年（1747）「臺灣府總圖」（2-1）

出處：范咸（纂修），《重修臺灣府志》,「臺灣文獻叢刊 105 種」,高賢志（主編）,
　　　《臺灣方志集成　清代篇——第一輯(13)》,台北市：宗青圖書出版公司,
　　　pp.2-3。

（六）乾隆 12 年（1747）「臺灣府總圖」（2-2）

出處：范咸（纂修），《重修臺灣府志》,「臺灣文獻叢刊 105 種」,高賢志（主編），
《臺灣方志集成　清代篇 —— 第一輯(13)》,台北市：宗青圖書出版公司，
pp.2-3。

（七）嘉慶 12 年（1807）「臺灣府圖」（2-1）

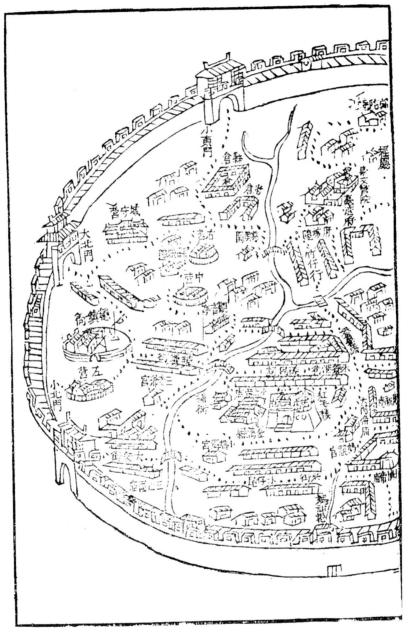

出處：謝金鑾、鄭兼才（纂修），《續修臺灣縣志》，高賢志（主編），《臺灣方志集
　　成　清代篇──第一輯（13）》，台北市：宗青圖書出版公司，pp.4～5。

（七）嘉慶 12 年（1807）「臺灣府圖」（2-2）

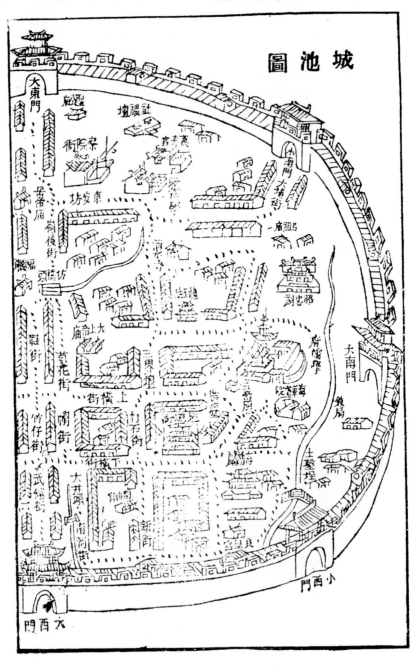

出處：謝金鑾、鄭兼才（纂修），《續修臺灣縣志》，高賢志（主編），《臺灣方志集成　清代篇──第一輯（13）》，台北市：宗青圖書出版公司，pp.4-5。

（八）乾隆 12 年（1747）「臺灣縣圖」（2-1）

出處：范咸（纂修），《重修臺灣府志》，「臺灣文獻叢刊 105 種」，高賢志（主編），
　　　《臺灣方志集成　清代篇——第一輯(13)》，台北市：宗青圖書出版公司，
　　　pp.4-5。

（八）乾隆 12 年（1747）「臺灣縣圖」（2-2）

出處：范咸（纂修），《重修臺灣府志》，「臺灣文獻叢刊 105 種」，高賢志（主編），
《臺灣方志集成　清代篇——第一輯（13）》，台北市：宗青圖書出版公司，
pp.4-5。

（九）嘉慶 12 年（1807）「臺灣縣全圖」（2-1）

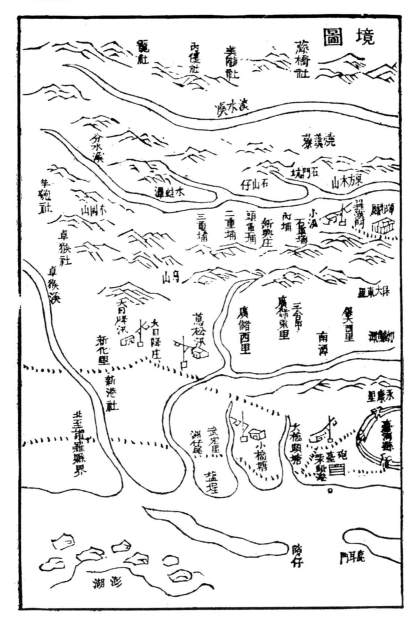

出處：謝金鑾、鄭兼才（纂修），《續修臺灣縣志》，高賢志（主編），《臺灣方志集成　清代篇──第一輯（13）》，台北市：宗青圖書出版公司，pp.2-3。

（九）嘉慶 12 年（1807）「臺灣縣全圖」（2-2）

出處：謝金鑾、鄭兼才（纂修），《續修臺灣縣志》，高賢志（主編），《臺灣方志集成　清代篇——第一輯（13）》，台北市：宗青圖書出版公司，pp.2-3。

（十）乾隆 29 年（1764）「鳳山縣全圖」（6-1）

出處：王瑛曾（纂修），《重修鳳山縣志》，高賢志（主編），《臺灣方志集成　清代篇──第一輯（13）》，台北市：宗青圖書出版公司，pp.2-7。

（十）乾隆 29 年（1764）「鳳山縣全圖」（6-2）

出處：王瑛曾（纂修），《重修鳳山縣志》，高賢志（主編），《臺灣方志集成　清代篇——第一輯（13）》，台北市：宗青圖書出版公司，pp.2-7。

（十）乾隆 29 年（1764）「鳳山縣全圖」（6-3）

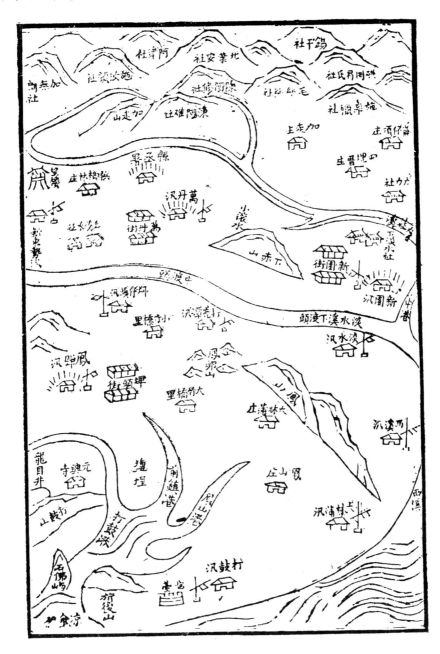

出處：王瑛曾（纂修），《重修鳳山縣志》，高賢志（主編），《臺灣方志集成 清代篇——第一輯（13）》，台北市：宗青圖書出版公司，pp.2-7。

（十）乾隆 29 年（1764）「鳳山縣全圖」（6-4）

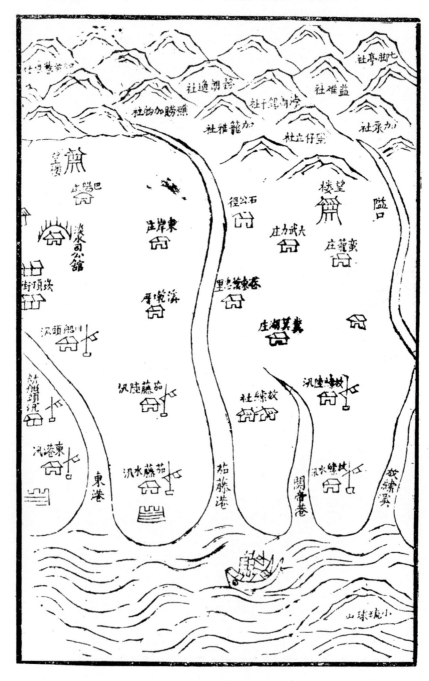

出處：王瑛曾（纂修），《重修鳳山縣志》，高賢志（主編），《臺灣方志集成　清代篇——第一輯（13）》，台北市：宗青圖書出版公司，pp.2-7。

（十）乾隆 29 年（1764）「鳳山縣全圖」（6-5）

出處：王瑛曾（纂修），《重修鳳山縣志》，高賢志（主編），《臺灣方志集成　清代篇——第一輯（13）》，台北市：宗青圖書出版公司，pp.2-7。

（十）乾隆 29 年（1764）「鳳山縣全圖」（6-6）

出處：王瑛曾（纂修），《重修鳳山縣志》，高賢志（主編），《臺灣方志集成　清代篇——第一輯（13）》，台北市：宗青圖書出版公司，pp.2-7。

（十一）乾隆 29 年（1764）「鳳山縣城圖」（2-1）

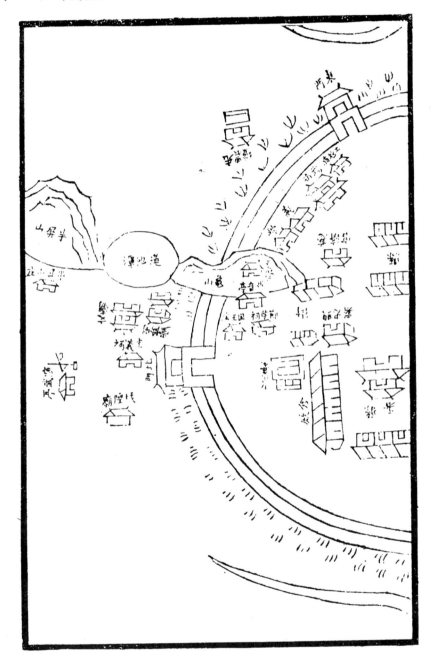

出處：王瑛曾（纂修），《重修鳳山縣志》，高賢志（主編），《臺灣方志集成　清代
　　　篇——第一輯（13）》，台北市：宗青圖書出版公司，pp.2-7。

（十一）乾隆 29 年（1764）「鳳山縣城圖」（2-2）

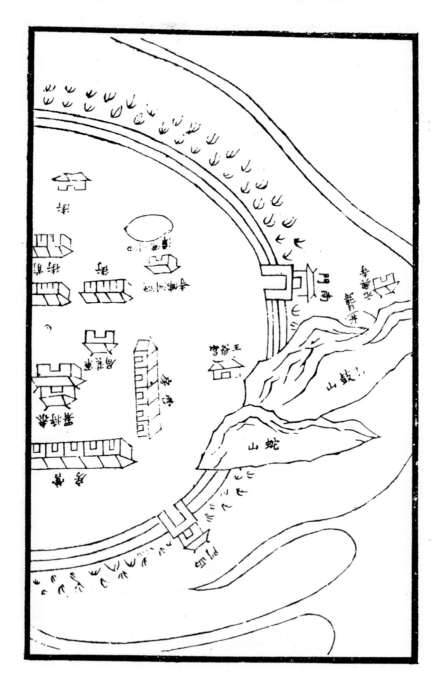

出處：王瑛曾（纂修），《重修鳳山縣志》，高賢志（主編），《臺灣方志集成　清代篇——第一輯（13）》，台北市：宗青圖書出版公司，pp.2-7。

（十二）乾隆 12 年（1747）「諸羅縣圖」（2-1）

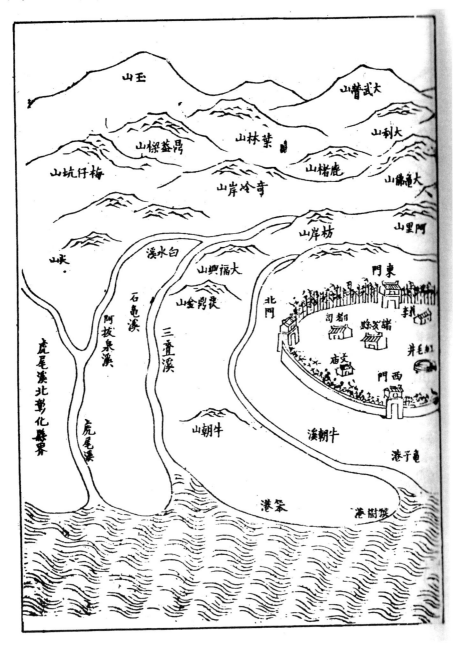

出處：范咸（纂修），《重修臺灣府志》，「臺灣文獻叢刊 105 種」，高賢志（主編），
《臺灣方志集成 清代篇——第一輯(13)》，台北市：宗青圖書出版公司，
pp.8-9。

（十二）乾隆 12 年（1747）「諸羅縣圖」（2-2）

出處：范咸（纂修），《重修臺灣府志》，「臺灣文獻叢刊 105 種」，高賢志（主編），
　　　《臺灣方志集成　清代篇——第一輯(13)》，台北市：宗青圖書出版公司，
　　　pp.8-9。

（十三）道光 16 年（1836）「彰化山川全圖」（重繪圖）

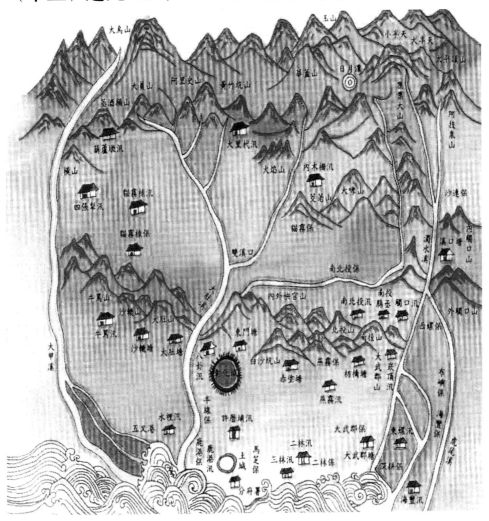

出處：夏黎明（總論），王存立、胡文青（編著），《臺灣的古地圖——明清時期》，
　　　台北市：遠足文化事業公司，2002.10，p.51。

（十四）同治年間「彰化縣圖」（重繪圖）

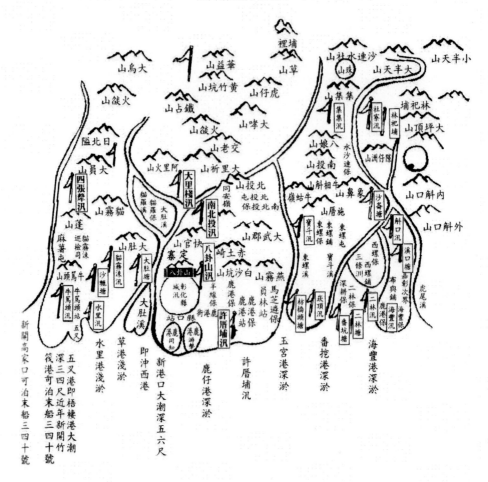

· 清同治年間彰化縣圖，（本圖係電腦重繪，原稿出自清同
治年間編纂的《台灣府輿圖纂要》）。

出處：閻萬清、陳宗仁，《彰化政治發展史》，彰化縣立文化中心，1997.6，p.71。

（十五）道光 16 年（1836）「彰化山川全圖」（2-1）

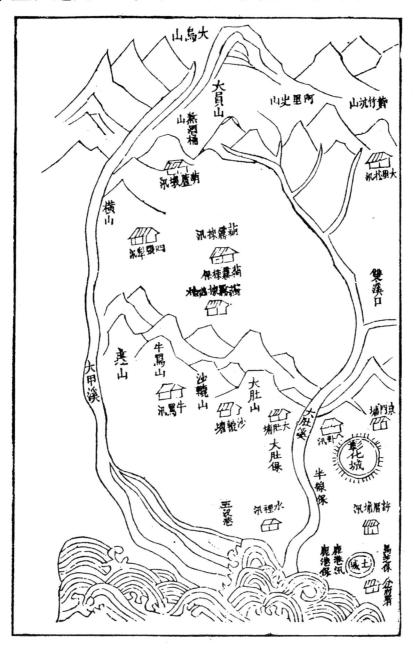

出處：周璽（纂修），《彰化縣志》，南投縣：臺灣省文獻會，1993.6.30，pp2-3。

（十五）道光 16 年（1836）「彰化山川全圖」（2-2）

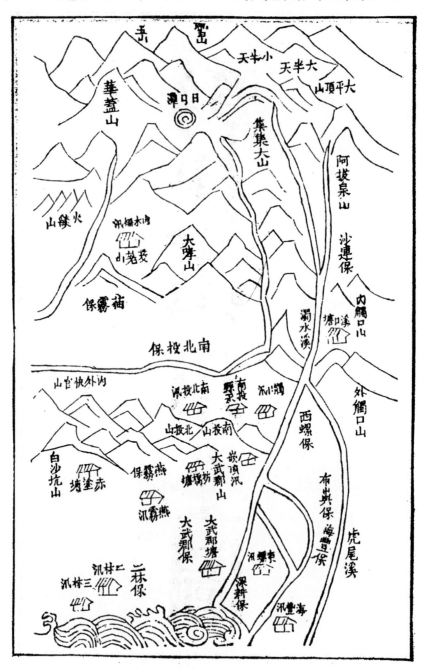

出處：周璽（纂修），《彰化縣志》，南投縣：臺灣省文獻會，1993.6.30，pp2-3。

（十六）道光 16 年（1836）「彰化縣城圖」（2-1）

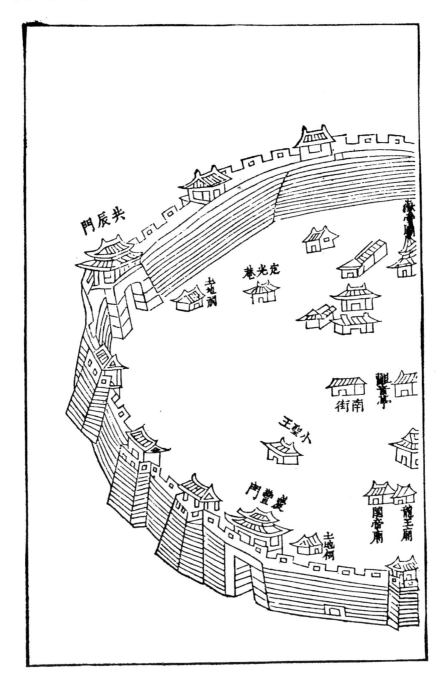

出處：周璽（纂修），《彰化縣志》，南投縣：臺灣省文獻會，1993.6.30，pp2-3。

（十六）道光 16 年（1836）「彰化縣城圖」（2-2）

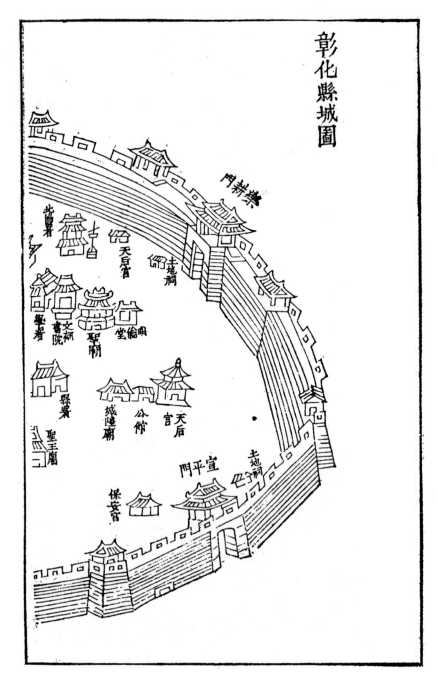

出處：周璽（纂修），《彰化縣志》，南投縣：臺灣省文獻會，1993.6.30，pp2-3。

（十七）乾隆 12 年（1747）「淡水廳圖」（2-1）

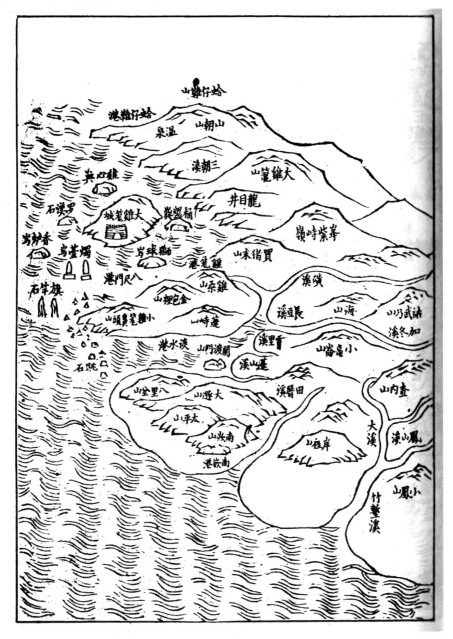

出處：范咸（纂修），《重修臺灣府志》，「臺灣文獻叢刊 105 種」，高賢志（主編），
　　　《臺灣方志集成　清代篇――第一輯(13)》，台北市：宗青圖書出版公司，
　　　pp.12-13。

（十七）乾隆 12 年（1747）「淡水廳圖」（2-2）

出處：范咸（纂修），《重修臺灣府志》,「臺灣文獻叢刊 105 種」,高賢志（主編）,
　　　《臺灣方志集成　清代篇——第一輯(13)》,台北市：宗青圖書出版公司,
　　　pp.12-13。

附錄八　臺灣客語「歌子」
《新編戴萬生作反歌》

連慧珠重新打字版（1995）

圖三　署名天賜者重抄之〈新編戴萬生作反歌〉

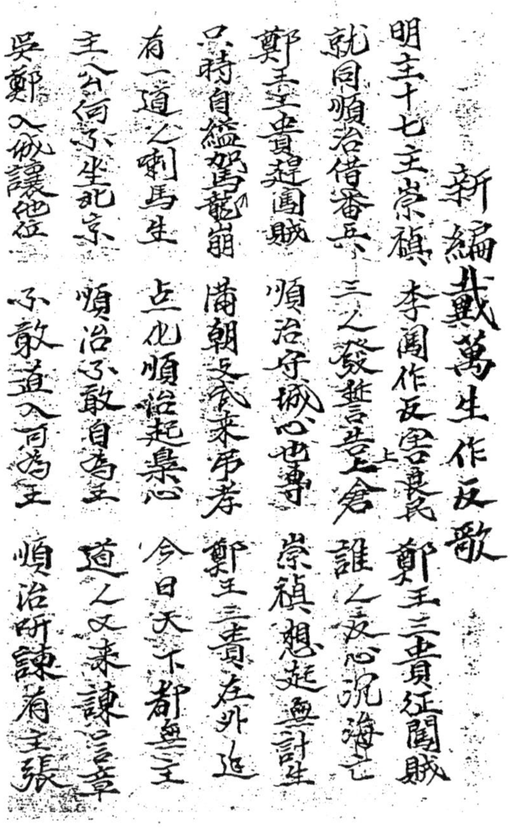

新編戴萬生作反歌

明主十七主崇禎　李闖作反容襄京　鄭王三貴延闖賊
就同順治借番兵　三之發誓吾占倉　誰之反心沈海亡
　　　　　　　　順治守城心也事　崇禎想起無計里
鄭王三貴趙圖賊　　　　　　　　　鄭王三貴左外延
滿朝文武來爭孝　　　　　　　　　今日天下都無主
只待自縊墜龍崩　丘儿順治起桌心
有一道之喇馬生　順治不敢自為王　道之文來諫言章
主公何不坐北京　順治不敢自為王　順治所諫有主張
吳鄭□微讓□　不敢道□可為王

出處：天賜（重抄）（大正 4 年.1915）、洪敏麟（收藏）、連慧珠（打字）《新編戴
萬生作反歌》，收錄於連慧珠《「萬生反」──十九世紀後期臺灣民間文化
之歷史觀察》（台中：東海大學歷史系碩士論文，1995.6），pp.141-155。

附錄（一）：

〈新編戴萬生作反歌〉

明主十七主崇禎　　　李闖作反害良民　　　鄭王三貴征闖賊
就同順治借番兵　　　三人發誓告上倉　　　誰人反心沉海亡
鄭王三貴趕闖賊　　　順治守城心也專　　　崇禎想起無計生
只時自縊駕龍崩　　　滿朝文武來弔孝　　　鄭王三貴在外□
有一道人喇馬生　　　點化順治起梟心　　　今日天下都無主
主公何不坐北京　　　順治不敢自為王　　　道人又來諫言章
吳鄭入城讓他位　　　不敢直入可為王　　　順治听諫有主張

打掃金殿坐長安　　　有日天下歸我管　　　馬生就是開国王
不日吳鄭勝回兵　　　將到城下正知音　　　如今殿位被人篡
三貴就去坐南京　　　鄭王開口罵無廷　　　背盟番狗枉為人
盟言有福三人享　　　今日然敢起梟心　　　鄭王當時販西京
看見臺地喜欢欢　　　志在臺灣路圖遠　　　計殺清朝復轉明
鄭王帶兵就起身　　　兵馬來到海中心　　　紅毛捧看千里鏡
照見鄭王鯉魚精　　　紅毛只時不敢戰　　　鄭王兵馬就上嶺
四處番兵都走尽　　　鄭王有福在臺灣　　　不說鄭王在臺灣

再說順治坐北京　　　国號大清天注定　　　国泰民安天下平
順治思念鄭国姓　　　當初還是全起兵　　　今在台灣身受苦
詔轉京中享太平　　　鄭王台灣也開成　　　听知天子來親征
只時架起大銅銃　　　打落順治海中心　　　順治死落無身屍
當日發誓神明知　　　龐涓誓馬憐道　　　殷郊天子受犁鋤
古人閒話休絮煩　　　從頭一二說台灣　　　常常拜盟來作反
官府愛征實在難　　　台灣風波每每漂　　　皆因誓懷番仔樓
昔日番樓拆別去　　　安平王城墜水中　　　台灣原係龜蛇形

番樓指景海内平
沙連出有紋水河
朱氏一貴作大哥
奪去鳳諸彰化縣
彰溪械鬥因賭□
万生祖父理官事
招人拜盟來扶其
今日万生為盟主

寫批去通友利知
友利看批甚垓然
爾過台灣辦万生
就對孔道來酌議
姓林天河露奸情
行文就到竹塹府
府裡孔到也行起
此時孔道為主帥

就點分府作先鋒
分府執意就愛行
自願縮手入大山
眾位兄弟若來到
又通林各併劉安
竹坑去通陳狗麻
海口陳秀陳狗麻
又有張坤併陳魯

下縣三鳳廖併潭
三獻劉灶江高明
南頭李河併李千
又有廖屯張丁山

番拆樓別龜蛇鬥
大清大亂百姓磨
乾隆五十壹清
算來殺了拾八鎮
道光又出曾鷄谷
姓少丁弱被人欺
万生拜盟人人懼
可比曹操懼劉備

台灣万生為盟主
如何万生敢拜盟
總鎮受賄就起行
此事愛辦如何行
台喜竹塹秋分府
分府接文著下驚
文武官員也十廳
參月拾柒就起行

秋公札在犁頭店
万生听知心甚煩
万生施想未定班
堂堂酌議如何行
部子賴矮併科成
橫山又有張老爺
去通海蛇王和尚
傳了陳勿併廖淵

陳榮陳后蕭和尚
參巾住在小半天
差之去报康大哥
三位算來係大哥

四處百姓極無情
康熙六十清一擺
爽文作亂反害民
吳福林辦併蔡享
同治又出戴万生
田畑屋地被人佰
天河不久也听知
天河思想去計施

速定良謀來辦其
用銀買作休總兵
速備火船到府城
府道鎮議要興兵
此人剛強又分明
□任來到彰化縣
各帶兵馬到彰化
孔道文官武不通

彰溪粵人亂紛紛
今日為福反招禍
即時叫人就傳單
本地通了陳祖生
大墩通了林文端
有富住在西大墩
又有一介王被肩
埔心姓陳啞狗零

沙坑還有葉虎鞭
北頭洪番併洪六
又請嚴辦侯九勞
城内去通江有仁

二

到位兄弟暗傳明
此庄有介王阿灰
成廣孟子尽通來
土牛對河併劉鹿

社口狗古蕭干梅
又有陳潭併周愛
葫盧墩有李亮□
此人大姓錢又有

圳寮庄内有廖仁
圳肚頭人王彊駕
南坑張保喊得就
茅埔有個劉向權

上埔凵有劉水生
上山賴六張阿桂
今日官府來辨理
各位听知鬧啾啾
一不做來二不休
如今人心拾歸九
來領義勇作頭前
秋公帶兵就出門

又有來松池立清
火湖陳德吳記生
只為當初拜會事
細作紛紛探情由
此時殷首一百余
然何大哥不起旗
秋公收來做内勇
一直札到東大墩

義民只有潘成興
四處喊人去通知
天河稟我起紅旗
如今官府來迫反
各帶人馬一千餘
姓林慧城眞係奸
此係馬岱隨魏延
万生不做反叛事

不想慧城殺秋公
此係秋公不認眞
慧城上日有仇恨
秋公被他殺別裡
去到半路人報知
今日分府被賊害
兩位總理就先上
拾玖羅廖就起行

同治算來係賢君
慧城收來做義民
合著慧城殺秋公
羅廖二公也盲知
羅澤廖鳳心慌忙
縮轉呂朗大火房
林泉火房縮一夜
景景收兵入内山

□奈万生是賊虫
壬戌參月拾捌日
想著當初就反心
一知都想去相助
就對總理來慘�
劉鹿衍梯黃熙光
悶悶不樂到天光
來到半路賊來截

恰似關公困麥城
布房問口戰一場
退入林泉屋内藏
是他天年不使講
羅廖二人無主張
万生听著心欢喜
韓信棄楚扶漢王
二人心内都明白

只時帶勇隨路上

入在火房眞受虧
可比孔明收姜維
兩位總理來想勸
羅廖二人都來降
羅廖二人就凵降
先謀脱身后主張

大會攔途在三庄

大會人馬就來圍
萬生寫批來招降
不得無奈漸且降
我今得了二虎將
万生喊他愛過香
羅廖二人轉内山

東勢盃子心不干　　　今日放他兩人轉　　　可比放虎去回山

羅廖兩人請按庄　　　再說万生就傳單　　　城內大會拾有玖
何怕孔道來守城　　　城內有介江友仁　　　守把北門三百兵
萬生寫批通入去　　　就喊友仁為內應　　　友仁城邊放倒梯
斷約人馬半夜來　　　大會一暨盤墻過　　　聲聲要捉孔道台
大會行兵暗沉沉　　　文武官員不知音　　　大喝一聲暗號出
孔道無防被他擒　　　捉到孔道不可剮　　　作反一案分奔其
一心要他來作主　　　四品孔道自縊死　　　參月貳拾彰化破
官府人民都受遭　　　正堂原是雷本縣　　　逃走削髮念阼陀

子時破城至午時　　　官民殺死已百余　　　順者生來逆者死
人人懼怕寔慘悽　　　万生眞眞是村夫　　　將把彰城結帝都
去清復明稱囯號　　　可比士誠結□州　　　万生彰化為帝都
慧城喊攻阿罩烏　　　友利與我不兩立　　　今日興兵报前仇
林各來到說無情　　　今印交還戴萬生　　　今日親房不能保
做了股首也枉然　　　慧城原是一匹夫　　　四月初拾來攻阿罩烏
天河之子名萬德　　　佈棑守庄不見輸　　　初拾來攻人馬多
拾壹來攻又靠磨　　　人馬冷退走到了　　　皆因打死有悍多

東勢角併罩蘭庄　　　後生貪才做民壯　　　每月守庄銀捌個
平陽無路行山崗　　　慧城听知甚煩惱　　　可恨內山民壯到
思想一陣來剿滅　　　今日果然奈□何　　　慧城做事無仁義
喊人挖骸敗地理　　　挖起骨頭放火燒　　　燒化骨頭又何如
萬生心下想為王　　　天書寶劍地下藏　　　請到軍師來占卦
天書宝劍八卦山　　　八卦山頂取天書　　　銅鑼宝劍果然有
此是先藏以後挖　　　惑人不知正天書　　　萬生傳令大家知
今日天書取倒裡　　　已然我是正命主　　　兄弟各各共心機

眾人開口就仝聲　　　天從人願禮當行　　　既然主公眞命主
速登宝位莫放寬　　　此時萬生眞威風　　　三餐食飯鼓三通

左片有人背劍卯
四個斬首不離身
不說萬生顯威風
不見贏來不見輸
一月半月攻不破
萬生想攻諸羅山

自稱千歲戴潮春
得勝回朝正敕封
將把諸羅圍得蜜
志謀不足害自身
總兵師爺是姓康
設計破賊報清王
圍圍圍住係大會
布袋各裡札大城

諸羅被困實難當
願求百姓不可傷
即時寫信通入去
康府師爺係忠臣
姓康師爺有主張
報說淡水到大官
丁道到來上竹塹
丁時叫人就收兵

轉到家中就問妻
定是師爺說計施
當下命人拖去殺
劉安轉到白砂坑
不想虎鞭殺彩良
新曾看見心欻喜

右片有人背鐵弓
大監文武鎗刀巷
戇城在阿罩烏
戇城日夜甚煩心
無計可施著收兵
就對眾位來酌議

就令彩良做先鋒
彩良帶兵就起行
總兵無計守營盤
晚間巡守不機蜜
被賊所□屈投降
府裡新曾札上來
糧草鉛藥船運來
五月初四落大雨

縣主寫批去报降
師爺一時探听知
就說淡水兵來裡
就對狗鈴漸安退
即時假批有一張
狗鈴將把信來觀
家眷不顧枉費心
不攻諸羅收兵轉

尔寫書信喊回師
只時就弔康老師
武士拖出就過刀
彩良命他作先行
虎鞭殺了戴彩良
日後太平該封賞

橋前先鋒係鐵人
可比有亮一般形
大小攻了幾拾陣
廷徒日久工夫深
戇城收兵轉彰化
誰人敢去做先行

尔今忠心來報囤
一直札倒諸羅山
斗六札營林總兵
內攻外應命歸畑
苦等朝中良將到
咸水港裡結師□
新曾連札兩三菅
皆因入水正彩菅

本員生死平軍令
眼中流淚暗切啼
縣主看批甚分明
且慢十日正來降
就假狗鈴妻子信
看見信中寫分明
狗鈴看批著下驚
一程到了小埔心

妻子說道無此事
尔敢假信來賺我
師爺死得也忠臣
先鋒人馬都過去
就將首級來投降
老曾原係在福州

听知作反心甚憂
要過台灣來出征

點齊旧舅就起身
此時運糧都不得
未知何日大平時
就罵虎鞭無仁義
愛請羅廖做先鋒
阿鹿做事真係癲
誰脂去到討哨皮
羅澤廖鳳為虎將
大會听知心甚疑

人馬出到伯公下
一團和氣莫冤家
出到南坑就燒屋
閑人去报兩三番
萬生人报不肯信
今來助我定太平
萬生親身出來看
點倒人馬來對陣

羅澤廖鳳有障陘
一直札透南坑山
尤斗火房設總局
阿鹿復攻大甲城
好得城內無歪人
眾人舉請張世英
早前三日火牌到
大會欄途□得過

萬生是我螟蛉子
提督台前就領令

老曾鹿港札等裡

不說老曾札鹿港
不報此仇不為王
賜他劍令紅馬褂
愛去大甲帶撅司
劉府衍梯黃總理
五百義民請便裡
貳拾貳日愛出陣

紅旗白旗鬧喧嘩
羅廖帶勇就出門
險險趕到葫蘆墩
內山羅廖白旗出
亂坐謠言罪非輕
人馬札在八靈魂
當時看見失下魂
午時交兵戰到暗

分撥隊伍就札菅
兩個總理翁社庄
大凡小事好慘怛
竹塹城內無分府
四門出入查分明
留辦軍務就係伊
愛來大甲復城池
義民陸續同他戰

今日拜盟罪該誅
就擇良時併吉日

有兵無糧實慘悽

且說萬生哭彩良
万生想事枉費功
兩人忠義誓不從
一心貪功來望賞
兩人商量就起義
五月廿就祭旗
北片紅頭喊相刪

頭人店戶來阻當
戰鼓旗銃甚威風
當下萬生在管盤
看他行狀係扶官
羅廖是我先首鋒
燒屋火煙滿天榮
丁時萬生就發兵
日落西山正收兵

轉各潭乾斷路頭
就對廖元好商量
不淡翁社札大菅
姓林清光設障陘
大家抽分來起義
點便人馬定日期
分府來到上店河
殺散賊匪就過河

分府來到大甲街
通城頭來出來帶
掃北先鋒劉阿鹿
不分勝負垓垓然
五月十二又來攻
一直趕到大甲東
官兵埋伏樹林內
點倒人馬就來追

阿鹿逃在八櫃山
問他此事如何行
登時寫信通上去
就對劉安說分明
就通鍾桂賴六知
下埔義民同他剛
崗頂上埔紅旗出
三人商量若何如

人馬退上上辛庄
兄弟各各都平安
貧窮富貴皆受苦
天大積惡都敢做
姓劉阿河詭計多
不得無奈漸且和
去到山頂接一陣
听知內變心甚煩

羅澤生夜轉來裡
就喊義勇札頂裡
午時交兵戰到暗
十份崁頭排戰場

香案結彩鬧彩彩
大會細作來探听
點倒人馬就圍城
糧草鉛藥困到不
分府開城來出陣
十四十五又來剛
劉鹿險險收拾裡
殺死賊匪都無數

想轉東勢又著驚
阿河听知著下驚
定我哨息有障陘
羅澤廖鳳在翁社
點便人馬定日期
兩片人馬札河乾
義民望見面憂容
內肚庄庄都變賊

大家接到喜欻欻
初四大會到河東
冷刀殺人枉英雄
通倒上河鐘阿桂
又喊愛攻又喊和
阿鹿丁時就傳人
大會失落四五人
兩人營中就商議

黃□家中心甚虛
頭陣劉鹿攻不開
兩邊軍士看到呆
大會入截亂銃打

大老一時不敢進
听知分府入裡城
壹連攻了十餘天
想愛困水也枉然
忽然上天落陣雨
分府陣圖排便裡
官兵起勝就起威
劉安阿鹿入八櫃

寫信來奔阿河秀
阿鹿兵敗走入山
阿鹿看信就知情
來□鄧艾取陰平
六月初三午時到
戰鼓打得亂紛紛
成晴阿茶吳阿二
營頭漸且讓□伊

營頭失了無打景
刮搶百姓亂紛紛
眾人咒罵劉阿河
害累百姓甚水波
上辛庄內人馬少
點齊人馬攻橫併
羅澤廖鳳在外菅
羅澤先入治水班

好得澤哥有主意
初九朝唇再進來
十一去攻七份庄
拖个拖來扛個扛

七份山庄攻不開
阿鹿阿河一暨呆
捌百艮子來和息
廿六來攻菜園寮

兩邊戰鼓響冬冬
不使孔明一陣風
講著愛攻州府縣
就罵紅頭無彩工
友田原來係姓林
辭了提督就起身
既然唐山大官到
兩人歡喜樂無廷

友田到裡翁社庄
山下一派就歸降
菅頭放別劉衍梯
此人算來眞可憐
回家菅中安人心
守營合膽愛同心
今日有主好所靠
竹塹義民眞高強

義民得勝有障呈
上領先札新石城
三更夜半就發火
攻轉番社併中科
此時兵馬眞高強
張邊聲價唬江南
紅頭暗約毒心事
不得無奈著私通

旁人言語講得衰
上庄業戶楊阿滿
過了四百就反班
未時起兵攻到暗

紅頭雖多係賊虫
大和局長劉阿河
小小營頭奈不何
任尔做去無出益
就係友利同胞親
友田轉到大甲城
各保家眷總靠菅
友田就對分府説

就對廖鳳説一場
無智無謀黃熙光
軍務事情自己當
三次五次請分府
分府不日到來臨
分府到裡翁社庄
不怕紅頭陣高強
攻開朴口金生面

暗酌機謀復內山
柒月拾捌復河東
賊匪□走北無綜
奪有賊菅兩三個
賊匪聞知心膽寒
再説廿二下辛庄
飲酒以後殺善良
假作上山撿柴子

姓鐘阿桂賴老六
听信阿路邱阿三
阿河得銀就反梟
紅頭失命十數條

曹操人馬數百萬
然何菜寮攻不破
阿河听知怒氣仲
潛身縮手轉家中
听知台灣萬生亂
紅頭听之著下驚
分府接著林大人
徙營翁社好安民

我今帶兵先轉屋
潛身縮手轉火房
東勢有個藍云勝
一把口舌眞眞能
大家听知心效喜
廖鳳衍梯甚泪喜
七月初七就攻朴口庄
義民出入好來往

兵馬無船倫過水
先札石城新伯公
拾玖貳拾人馬到
紅頭無計讚石鑼
王者之兵如破竹
眾人作福來平安
好人聞知怒氣沖
紅頭盤問詐耳聾

生夜偷入上辛庄
此時兵馬眞高強
今日空營都不敢
即時喊人請澤哥
羅澤就說列位听
我被他困就靠難
分撥帶隊人三個
庄中鼓樂響不停
說明帶隊三個人

鳥傳札在劉元慶
將把茅屋放著火
庄內歪人走到空
廖鳳火房賊菅近
河講連開兩三重
公館面前不敢過
心心愛攻下辛庄
捌月拾捌又來攻

戍時暗後正收兵
札入南片艮五百
他是無膽老實人
有榮就招魏阿芹
帶兵札在自屋中
攻了一日過一夜
羅澤抬出大軍
鳥鎗小銃響無亭

黑風猛雨落無亭
後有退兵河難過

將此情由說眾听
異日硬攻就靠難
下庄有人來通透
愛復下庄尔先行
大家異口應一聲
三十餘猛就起行
忽然上天雲遮月
羅□札在呂保林

三個營頭札定裡
紅頭晉見心都虛
上埔寮下未前破
大會喊人挖地墼
營頭相拒各用謀
見打見著得人愁
大小攻了十餘陣
人馬札庄下八分

羅澤就說大家听
一庄都被銀壹擔
小弟友榮愛內應
兩人生夜就私通
閏捌月初一札入庄
賊匪死守盲肯降
午末未初開一營
賊子喪膽又寒心

各各走到大河蛇
殺官害民天不容

愛復下庄著今晚
眾人異口實難和
問尔尊意是何如
倘有不測我接應
澤哥說話有障呈
來到庄邊天漸明
盤牆入庄不留亭
劉敬札在自己屋

一庄紅頭也不知
義民各各陞英雄
上下辛庄著撼更
廖善听知有此事
廖善就搭望高樓
阿河阿鹿併劉安
不分勝敗無相干
午時交兵戰到暗

誰能有能去刮營
南片貢生黃立昇
立昇苦苦不因成
去上上辛庄見羅澤
義民札到陳屋斷
初二午時日當中
哄得紅頭失了魂
劉安阿鹿遮河走

橋樑斷別失下魂
羅澤廖鳳有仁義

好歪無分是何如
從今知過要心解
大會聞風不敢剮
且說河東都征平
生夜逃走不流停
眾人酌議攻劉屋

稱說羅廖武藝深
分府就問羅阿元
恐驚夜後來刮菅
先通羅澤併廖鳳
出陣之時大北風
順勢趕到葫蘆墩
別作良圖正旦軍
林潔西南攻下轉

就喊張燕來求和
分府即時無張防
紅頭插起逞高強
當日圳寮爾擔保
大老息怒請放寬
分府即時怒氣沖
分府被他徒到強
紅頭來攻去接陣

分府接到泪汪汪
分府就喊廖庚芳
仍然五品賞庚芳
總理義首來祭奠
當初起義我五人
日思夜想泪汪汪

今日賊匪既殺敗
好人歸家顧妻兒
初四朝乾攻上埔
河東一代係白旗
賊匪心驚不敢戰
歪人走別好人降

分府听知喜欣欣
被他征得一掃平
南坑賊菅近翁社
就喊大會出□單
閏捌月十五攻南坑
心驚膽戰走無蹤
收兵回轉翁仔社
分府親臨來押軍

圳寮賊匪詭計多
等看救兵有到磨
貳拾貳夜人馬到
就吊張燕罵一場
張燕近前說言章
誰知逆賊心不良
此時賊多攻不破
廖屯火房他札菅

登時扛轉翁仔社
不卻失了一將良
阿元原係五品頂
大老辛臨來吊喪
衍梯哭到泪淋淋
劉備關張共條心

听知啼哭心慈悲
即時傳令眾人知
莫□賊匪死執迷
人馬退上上山去
將把河西再說明
土牛一帶石崗庄

看著總理請放寬
內山賊匪拾有九
現今賊匪在南坑
廖元為事有障呈
又傳外面矮子泉
賊銃逆風打不響
當日賊多也難攻
貳拾壹來攻葫蘆墩

紅頭縮入圳寮庄
此係孤營勸敵眾
就維紅頭來投降
分府怒氣滿胸膛
然何今日又逞強
係我一時無見識
就分撥五日夜隊攻
翁社義首廖阿元

著鉛一粒傷黃泉
現今地方未平靜
兄弟職份尔著當
吩咐禮房辦豬羊
石人無泪心頭酸
可比桃園三結義

氣成一病在高床　　　命生調治全無救　　　喊人扛轉自火房
大該阿河真不人　　　不念同胞骨肉親　　　總理今日歸陰府

聲聲不維入門庭　　　當今天他係無靈　　　乞廁衍梯悍忠心
起義之時為著主　　　一旦功勞化作塵　　　恩隆心下就分陰
幸得我兄做義民　　　今日我兄歸陰府　　　一族無福靠誰人
不唱總理喪黃泉　　　且說鄭三大甲城　　　鄭三只恐城有失
就喊廖鳳放生番　　　拾二月初拾就起行　　　帶有生番一百零
生番介介都壯勇　　　紅頭看見心就驚　　　義民順勢攻南埔
殺死賊匪都無數　　　此係圍魏救趙法　　　義民讀過烈囯書
壬戌過了癸亥正　　　慧城又攻大甲城　　　正月拾九興兵到

上山來拜鄭王井　　　去到井乾就點香　　　慧城開口祝鄭王
係我天年早平靜　　　不能歸統身早亡　　　又排香案祝天神
但願皇天降太平　　　即然不是我天下　　　莫來害累眾良民
焚香既畢就攻城　　　官兵攔途就結戰　　　當下入陣亂銃打
慧城著銃就走厘　　　大會听著心就虛　　　圳寮紅頭也听到
貳拾二夜逃走裡　　　且說圳寮都投降　　　過枝接葉成廣庄
姓陳子爲王天贊　　　兩人私下就商量　　　天贊說出一篇情
即時就向眾良民　　　或戰或守有定勢　　　今日何不扶義民

當下成廣都出降　　　羅澤帶勇就入庄　　　羅澤安妥諸百姓
家家戶戶莫驚防　　　誰料賊匪不仁心　　　相招結黨殺義民
當下羅澤在圳肚　　　知內變就點兵　　　即時趕到庄腳下
賊竟打出真難惹　　　嗚呼義民在庄內　　　一點靈魂歸屋下
陳潭朱愛真不仁　　　攔途伏路殺義民　　　義民且戰又且走
陸續失了數拾人　　　万生當時帶兵上　　　來到此庄封義倉
好人暗中就酌義　　　殺了万生來扶官　　　万生听知心就虛
帶等人馬就走裡　　　深夜帶兵落埤子　　　然何主帥心悍愚

萬生走到埤子庄　　　天贊陳爲又商量　　　既然紅頭敗陣走

再喊螺澤復成廣
好歪走在圳肚內
歪子走了好人降
為有大墩廖有富
果然有富死賊奴
守景菅頭不出戰
兩人計好就安妥

當下羅廖入大墩
後來仍然抗大軍
衍梯之子就去見
喊人去請徐仲山
丁道看稟事已知
昔仝我父共起義
是尔一家分兩国
恩隆助艮一萬兩

罪歸阿鹿併阿河
官內拖出來過刀
老曾札在□同下
西南兩門磨上下
銃庫城牆都打壞
官兵愛攻也還難
只時點兵轉家中
克復彰化獻頭功

城內听知加斗破
入城守將將二更深
老曾總理有胸歆
也係內地廣東人
復轉彰化功為首

貳拾四來復成廣庄
羅澤仁心不燒庄
分府札在犁頭店
紅旗插著不願輸
就令羅廖攻大墩
分府令嚴日夜攻
今日情願降官府

軍民人等一曁存
不唱大墩攻營盤
承父原職水晶頂
兩人酌議避罪事
就問阿岳是何如
丁道所著笑西西
罪既免了助兵需
阿河都是送匪首

維容尔等後拿到
姓陳豬麻何阿秀
賊多兵少也不怕
炮台頂上大將軍
滿城賊子亂紛紛
不料家中出信到
城內好人來私通
丁道札入枷斗庄

滿城賊子亂忙忙
殺別股首貳參拾
就設顯主凌国眞
丁道文官係梟雄
他文奪了總兵功

一庄好歪走到空
西片一派圳肚庄
四張犁街一掃光
分府听知心發怒
此時有富計孤窮
有富兄弟廖河江
勉致軍民日夜勞

此係有富綏兵計
丁道又到大甲城
恩隆听知就著驚
做張稟就先行
阿岳說是我叔父
眾稟尔叔起紅旗
就發告示兩三張
阿鹿也是賊匪黨

不卻阿河占病死
各獻村庄來領功
炮台搭起十餘丈
能打大銃廣東勇
此時慧城守彰化
喪了一子到黃泉
今夜城中無主帥
也係內變來投降

老曾帶勇就起身
又殺獻城江友仁
国眞一門都忠義
港口禁船就行文
不談彰化北事多

－789－

再説友利征長毛　　听知斗六林總失　　生夜帶兵到諸羅
諸羅即係嘉義城　　友利隨路勦賊菅　　復回斗六併鄉下
不日也到彰化城　　慧城听知著下驚　　已得昔日莫謀反

此時獨守三座屋　　相似喪家狗一般　　友利轉到自屋下
就傳號令攻慧城　　慧城並無左右將　　總□租先當抵芽
租先心下也分明　　看見孤營事難成　　昔日友利曾結拜
今日通批為内應　　祖先做事有章陞　　將把大銃釘鐵釘
慧城巡營看大銃　　當時看見著下驚　　慧城想著事不濟
自用火藥炮死裡　　將屍抬凵有利看　　就命守下分四比
不説狀城一命亡　　万生逃在張屋庄　　有人報知曾總鎮
總鎮點兵亂忙忙　　總鎮點兵就來圍　　姓張三獻眞受虧

官兵圍得係鐵桶　　万生三獻泪垂誰　　一連攻二了三天
三獻使人見總兵　　今日万生我看獻　　總愛我家得安然
總鎮丁時就因彼　　三獻即時就轉去　　就對萬生來説道
官兵圍困若何如　　万生听知涙忙忙　　實言就對三獻講
當初不敢想謀反　　無奈慧城做我當　　想起前情流涙啼
今日想悔鐵相遲　　大難都也難逃避　　人生難免世一死
當下三獻□万生　　總兵接著怒沖天　　就命武士拖去殺
萬生伸頸無記言　　將把首級來號令　　也係勸尒世上人

奉勸世人莫謀反　　殺官害民不容情　　万生一案都結完
埔心完有啞狗零　　新曾大人傳羅澤　　帶兵全下攻賊營
羅澤下到小埔心　　整頓衣冠見大人　　兩人營中就酌議
先觀地理後用兵　　去到賊營看一轉　　看見賊營係窩藏
總兵看見心歡喜　　狗零不日就滅亡　　孫子兵出有所云
地底安菅怕水陰　　高山安營怕絕水　　水面結菅忌火侵
即時傳令三軍听　　快去結水陰賊菅　　三軍遵令就去結
　　　　　　　　　　　　　在軍中
將把□稿洩水涵　　且説羅澤併營古　　不防賊菅銃一門

打死羅澤併菅古
大小三軍都舉哀
總兵令人請稿夫
靈前香火不斷烏
狗零營頭都入水
全家男婦都捉完
此時官民笑咞咞
不料有富反青旗
噯喲一聲歸陰門
總兵看見也揮淚
生夜扛轉入東勢
不題羅澤殯葬完
一家大細實難堪
押到校場個個斬
今日天下太平時
有富眞眞大不堪
登時扛轉菅頭來
澤兄忠心為国危
請僧超度殯葬了
新會日夜困狗零
官兵爭先就入營
田地抄封一暨秤
士農工商歸本業
又招賊黨攻彰化

此時正堂凌本縣
縣主閉門不出戰
官兵銳氣甚難堪
窮寇不追理所行
可恨友富無仁義
賊營堅固攻不通
有富被困無計施
隨口應承就維伊
小心細意來攻城
等到賊兵备困□
紅頭爭先走先行
友富收兵轉大墩
今日不滅流禍根
兩家相□數十日
使人求和見友利
有富准降笑咞咞
賊兵初到銳難堪
縣主開門就出城
縣主收兵入城內
友利聞知怒氣沖
即時點軍就來攻
友利無計好變門
友利想著攻不破
就助白銀發兵需

小小薄禮願收去
不久回唐就出征
粗俗歌子不成文
紅巾故曰紅巾記
設席排筵敬待伊
此時台灣都平靜
留來日後可傳存
編成一本紅巾記
紅巾記終
當下友利就收兵
可笑万生反不成
大會拜盟頭上包
万歲千秋同治君

嘉慶壬申年　楊桂森懺語

英雄二八殺秋期
十月早覺建邦畿
有意立心分上下
支干□唱大平時
四野紛紛戩滿池
一夫御日正王位
丁藏戊內可安畿
土押田頭干戈共
焚膠致用火先除
若問何年干戈定

又童居水懺語　係戴万生個軍師
打城開漳大吉利　彩樓拆卦便知機　三汲會中難和合
斬築打難來祭旗　開埔打斗來救饑　開山打鹿食補皮
若要此人論囝事　免得心中亂猜疑

乙卯大正四年六月拾四日置

天賜清笔再抄

番婆掐景海中平　番拆樓別海起園　四鼓庄百姓極血情
沙連出有放水河　大清天乱百姓厝　康熙十二十情攬
朱氏一貴做大哥　乾隆五十壱清　爽文作受官東氏
寧去鴛諸乾化頭　算來杀了拾於顧　吳福昴辦何蔡亭
彰線碱洞回賭小　道光文出普雞谷　同治文出戴万生
万生祖父理軍事　姪攻丁弱彼之敗　田畑屋地被人佰
招之結盟來扶其　万生拜盟之志懼　天陌好見如所知
今日万生為盟主　可比曾操懼劉備　天河思想去討論